Perle Besserman · Manfred B. Steger
Zen Rebellen, Radikale und Reformer

AURUM

ZEN REBELLEN, RADIKALE UND REFORMER

Perle Besserman und Manfred B. Steger

Zen Rebellen, Radikale und Reformer
Perle Besserman & Manfred B. Steger

ISBN 978-3-89901-466-2

© Aurum in J. Kamphausen, Bielefeld 2011
info@j-kamphausen.de
www.weltinnenraum.de

Originalausgabe:
Crazy Clouds, Zen Radicals, Rebels & Reformers
erschienen bei Shambhala Publications, Inc.
300 Massachusetts Avenue, Boston, Massachusetts 02115, USA

1. Auflage 2011

Übersetzung: Wolfgang I Waas
Lektorat: Ursula Richard
Umschlaggestaltung: Kerstin Fiebig | ad department
(in Anlehnung an das Cover der amerikanischen Originalausgabe)
Gestaltung und Satz: Kerstin Fiebig | ad department
Druck: Westermann Druck Zwickau

Bibliografische Information der Deutschen Nationalbibliothek
Die Deutsche Nationalbibliothek verzeichnet diese Publikation
in der Deutschen Nationalbibliografie; detaillierte bibliografische Daten
sind im Internet über http://dnb.d-nb.de abrufbar.

Dieses Buch wurde auf 100% Altpapier gedruckt und ist alterungsbeständig.
Weitere Informationen hierzu finden Sie unter www.weltinnenraum.de

Die Verwertung der Texte und Bilder, auch auszugsweise, ist ohne
Zustimmung des Verlages urheberrechtswidrig und strafbar. Dies gilt auch
für Vervielfältigungen, Übersetzungen, Mikroverfilmungen und für die
Verarbeitung mit elektronischen Systemen.

Inhalt

Danksagung 8
Vorbemerkungen des Übersetzers 9
Einführung 11

P'ang-yün: Der Laie 20
Rinzai: Der spirituelle Sturm 38
Bassui: Der Liebhaber der Geräusche 62
Ikkyu: Kaiser der Abweichler 82
Bankei: Dem Volk aufs Maul geschaut 108
Hakuin: Der alte Ketzer unter dem Sala-Baum 138
Nyogen Senzaki: Der heimatlose Pilz 168
Nakagawa Soen: Der Meister des Spiels 194

Das Zen der Verrückten Wolken für den Westen 214
Epilog 228

Quellenangaben 238

Glossar 244

Bibliographie 252

Die Autoren 256

»Das Ziel des Lebens,
sein einziges Ziel, ist – frei zu sein.
Frei wovon?
Nur frei, das ist alles.
Frei durch uns selbst; frei, traurig zu sein,
Schmerz zu empfinden;
frei, alt zu werden und zu sterben.
Das ist es, was unsere Seele ersehnt,
und diese Freiheit
muß und soll sie haben.«

R. H. Blyth

Danksagung

Dank gebührt vor allem dem inzwischen verstorbenen Ehepaar Robert und Anne Aitken für die vielen persönlichen Erinnerungen an Nakagawa Soen und Nyogen Senzaki, die sie so bereitwillig mit uns teilten, aber auch für die Bücher und anderen Unterlagen, die sie uns überließen und die mit ihren Zen-Erfahrungen in Japan und den USA zusammenhingen. Dank schulden wir auch all den Gelehrten, Übersetzern und Historikern, deren hingebungsvolle Arbeit mit den Originalquellen dieses Buch erst ermöglicht hat. Der ebenfalls verstorbene Prof. David Chappell vom Fachbereich Religion der Universität von Hawaii hat uns mit seiner wissenschaftlichen Hilfestellung beim Thema Zen-Buddhismus sehr geholfen, besonders bei dem Kapitel über Hakuin. Unsere liebe Dharma-Schwester Jennie Peterson unterhält einen lebhaften Zen-Dialog, der bis heute anhält. Wir möchten auch den folgenden Dharma-Freunden danken: Bill Boyle, Hetty Baiz und den Mitgliedern der Princeton Area Zen Group, Paul Boston, Jeff Shore, Ursula Baatz und Rev. Thich Thong Hai. Besonders dankbar sind wir unserem Freund Wolfgang I Waas; er hat sich sehr für die deutschsprachige Ausgabe eingesetzt und die Übersetzung auf sich genommen. Unser Dank gilt auch dem Aurum-Verlag für die Veröffentlichung dieser Neuauflage.

Ein nachträgliches Gassho in Dankbarkeit an Robert Aitken Roshi für seine Leitung unserer Zen-Praxis in der Diamond Sangha in Honolulu.

Und schließlich möchten wir den Rebellen, Radikalen und Reformern, denen in diesem Buch oder sonstwo, die Hand reichen...

Vorbemerkung des Übersetzers

Diese Übersetzung hat eine bemerkenswerte Vorgeschichte. Anfang 1997 wurde ich von der Redaktion der Zeitschrift ZEN gefragt, ob ich einen Artikel über den Laien P'ang schreiben wolle. Bei der Literatursuche stieß ich auf das Buch *Crazy Clouds*, und als kurz darauf in der deutschen Zen-Mail-Liste eine Diskussion über Meister Rinzai begann, erinnerte ich mich, dass das zweite Kapitel dieses Buches dem Gründer der Rinzai-Schule gewidmet ist und dass ein Interview mit den Autoren, Perle Besserman und Manfred Steger, gerade erst in der österreichischen Zeitschrift *Ursache & Wirkung* erschienen war. Ich bat die Redaktion um Prof. Stegers Adresse, erhielt aber unabhängig davon noch am gleichen Tag von ihm selbst eine E-Mail: Er und seine Frau kämen in der folgenden Woche nach Innsbruck, da er dort einen Vortrag halten müsse, und ob wir uns nicht sehen könnten.

Beim ersten Treffen fragte ich die beiden, ob ich nicht das Linchi-Kapitel übersetzen und in die Textsammlung der Mail-Liste stellen dürfe, und sie hatten auch nichts dagegen. Einige Zeit später machte mir Manfred den Vorschlag, das ganze Buch ins Deutsche zu übersetzen. Daran hatte ich selbst schon gedacht, weil die Art der Darstellung meinem eigenen Verständnis sehr entsprach. Der Theseus Verlag hat sich dann für dieses Projekt interessiert, und die Zusammenarbeit mit der Lektorin Ursula Richard war sehr konstruktiv und unterstützend für mich. Perle und Manfred haben mir bei der Übersetzung völlig freie Hand gelassen, und ich habe eigene Anmerkungen, die ich für das Verständnis wichtig fand, teils im Text [kenntlich durch eckige Klammern] und teils am Kapitelende beigefügt. Da im deutschen Sprachraum weitgehend auch die ursprünglichen Namen der chinesischen Personen und Orte bekannt sind (z. B. Rinzai, Chao-chou), habe ich diese verwendet und die japanische Aussprache beim erstmaligen Erscheinen in Klammer dazugesetzt. Ist der japanische Name wenig gebräuchlich (z.B. »Laie Ho« für P'ang-yün) oder war er nicht leicht feststellbar, habe ich ihn weggelassen. Ebenso wird der Begriff Ch'an verwendet, wenn von der chinesischen Urform des Zen die Rede ist.

Bei der Arbeit an den Texten ist mir immer wieder aufgefallen, wie sehr Perles und Manfreds Zugang zum Zen dem meinen ähnelt; vollends erklärlich ist mir dies allerdings erst geworden, als ich ihren für die deutsche Ausgabe geschriebenen Epilog las, um den der Verlag sie gebeten hatte. Was sie in New Jersey so erfolgreich entwickelt und aufgebaut haben, habe ich, allerdings mit weniger Erfolg, zur gleichen Zeit in Innsbruck versucht. Ohne voneinander zu wissen, wählten wir sogar den gleichen Namen – Graswurzel-Zen – für das, was uns da vorschwebte. Und so möchte ich diesem Epilog an dieser Stelle ein wenig vorgreifen mit einem Zitat aus meinem Editorial zur ersten Ausgabe der (inzwischen nicht mehr existierenden) Zeitschrift *GraswurZEN* von 1994: *Der Begriff Graswurzel-Zen stammt aus dem Chinesischen und bezeichnet eine Art von Zen, die sich ohne offizielle Weitergabe und Übertragung, ohne Meister, Mönche und Klöster, sozusagen im Untergrund, weiterverbreitet. Und das wäre (zumindest für mich) »ein Ziel, aufs Innigste zu wünschen«.*

Zur 2. Auflage

Anfang 2011 ist die zweite Auflage dieses Buches unter neuem Titel in den USA erschienen, und der Aurum-Verlag hat es zu meiner großen Freude unternommen, diese leicht veränderte Neuausgabe auch auf Deutsch herauszubringen – das Buch und der Zugang von Perle und Manfred sind, wie Brad Warner schreibt, »eine großartige Arbeit, um diese meine Helden zum Leben zu erwecken«. Ein Rezensent der 1. Auflage schrieb »Der Strom des Zen wird sinnigerweise nicht von jenen vorangebracht, die mit ihm schwimmen, sondern von denen, die sich ihm wie Klippen in den Weg stellen.« Das hat wohl etwas für sich ...

Der in der ersten deutschen Auflage angesprochene Epilog schließt hier nahtlos an den neuen Epilog an und ist in diesem enthalten.

Wolfgang I Waas   *[wolfgang.i.waas@gmx.at]*

Einführung

Die Geschichte des Zen beginnt im sechsten Jahrhundert v. u. Z. mit der Meditation des Buddha unter dem Bodhi-Baum und seinem Erwachen beim Anblick des Morgensterns. Die Erkenntnis, dass seine Selbst-Natur und die aller Wesen ein und dieselbe, ja, mehr noch, dass sie völlig leer ist, ließ ihn zum wandernden Lehrer werden. Vierzig Jahre lang verbreitete er seine Botschaft: Alle Dinge sind vergänglich, alle Dinge sind voneinander wechselseitig abhängig, und alle Dinge sind leer. Nichts ist von Dauer, nicht einmal ein Ich. Hinter den Phänomenen steht kein Gott oder irgendeine letzte Wahrheit; alles ist einfach.

Zeit seines Lebens bestand der Buddha darauf, dass diese Wahrheiten durch Meditation individuell erfahren werden müssten, und er begründete einen »Mittleren Weg«, der asketische ebenso wie hedonistische Positionen ablehnte. Doch all seinen Warnungen zum Trotz entwickelten seine Schüler aus seinen Lehren ein weitgehend doktrinäres System, das sich in Ritual und Scholastik erschöpfte. Nach dem Tod des Buddha spalteten sich seine Jünger in Sekten auf, von denen viele genau die Mittel und Zwecke vertraten, vor denen ihr Lehrer immer wieder gewarnt hatte.

Im ersten Jahrhundert u. Z. knüpfte der buddhistische Philosoph Nagarjuna[1] an die Erkenntnisse des Buddha und dessen Mittleren Weg an. Er argumentierte, dass der Geist nie reale Substanz erlangt, weder in sich selbst noch durch das Mittel äußerer Objekte; und er versuchte die Buddhisten von dualistischen Ideen wie der einer Seele oder eines göttlichen Selbst zu befreien, indem er den Idealismus der »Nur-Geist-Schule« verwarf. Er begründete seinen Erkenntnisanspruch auf die direkte Erfahrung der Wirklichkeit und beschrieb die Welt und das Selbst als »leer« oder »so, wie es ist«, frei von metaphysischer Spekulation oder Wille und Vorstellung. Im Westen wurde dies als Nihilismus gedeutet [Schopenhauer]. Buddhisten nennen es Befreiung. In der Auflösung des Ich sehen sie das Ende des Leidens; nicht das Schwarze Loch des absoluten Nichts, sondern einen endlosen Ozean des Glanzes, eins mit dem Prozess der Dinge, so, wie sie sind. Diese Wahrheit, sagte

Nagarjuna, wird dem Geist in der lebendigen Erfahrung der Erleuchtung offenbar.

Fünf Jahrhunderte später nahm der Reformator Bodhidharma seine Botschaft der Meditation auf eine gefährliche Reise nach Osten mit – und begründete damit das chinesische Ch'an, den Zen-Buddhismus. Er mag tatsächlich gelebt haben oder eine legendäre Figur sein; worauf es ankommt, ist, dass sein Name für die Radikalität der buddhistischen Praxis steht, jenes eindeutige Beharren auf der individuellen Erfahrung des »alles so, wie es ist«. Seine Nachfolger in China, Korea, Vietnam, Japan und im Westen benutzen heute noch dasselbe Werkzeug der Meditation wie der Buddha unter dem Bodhi-Baum, um die lebendige Wahrheit von sunyata – Leerheit – zu entdecken. Bodhidharma war kein Philosoph, und Zen ist keine Philosophie, kein Glaube an irgendeine Abstraktion oder ein religiöses Konstrukt. Bodhidharma war ein Übender der Zen-Meditation, ein Mann, der die Erfahrungstatsache der Selbstverwirklichung zum Ausdruck brachte, in der die Identifikation mit der begrenzten »Person« wegfällt und das Selbst als Gesang der Vögel zurücklässt, als das Geräusch der Wellen, die gegen das Riff donnern, oder als das des in der Küche brodelnden Kaffees.

Die Nachfolger Bodhidharmas verwirklichten die Botschaft ihres Lehrers und erkannten, dass tatsächlich nichts Heiliges da ist, dass Heilig und Profan keine Gegensätze sind und dass der gewöhnliche Augenblick, das ganz gewöhnliche Ereignis heilig sind, so, wie sie eben sind. Plötzlich galt das Pflücken einer Blume, das Essen eines Reiscrackers oder das Miteinander-Schlafen als ebenso heilig wie die Niederwerfungen vor dem Buddha oder das Rezitieren seines Namens. Ungeachtet dessen hielten traditionelle chinesische Buddhisten an der Idee fest, dass Buddha, die Patriarchen und Bodhidharma selbst etwas Besonderes seien, ja, sie wurden als Götter betrachtet. Viele Zen-Übende hörten auf zu meditieren und begannen zu diesen »übermenschlichen« Wesen zu beten, damit diese für sie Fürsprache einlegen und Wunder wirken sollten. Um dem zu begegnen, mussten die Zen-Meister zu drastischen Mitteln greifen. Hsüan-chien, ein chinesischer Zen-Lehrer des neunten Jahrhunderts, sagte bei einem dharma-Vortrag:

*Es gibt keinen Buddha und keine Patriarchen;
Bodhidharma war nur ein alter bärtiger Barbar.
Sakyamuni [Buddha] und [sein Nachfolger] Kasyapa,
[die Bodhisattvas] Manjusri und Samantabhadra sind
nur Kulis in einer Jauchegrube ... Nirvana und
Bodhi sind tote Baumstümpfe zum Anbinden von
Eseln, und die zwölf Abteilungen der heiligen Lehren
nichts als Listen von Geistern, Papierfetzen, nur gut,
den Eiter von euren Geschwüren zu wischen.*

Trotzdem blieb die Neigung der Schüler erhalten, sich auf Götter, den Buddha und die »heiligen« Schriften zu verlassen. Im 18. Jahrhundert wies der japanische Zen-Meister Hakuin eine eifrige Schülerin auf ähnlich drastische Weise zurück: »Nichts kann Licht verbreiten in deinem Arschloch!« Natürlich liegt eine Gefahr solcher Äußerungen in der Möglichkeit, dass sie von Lehrern imitiert werden, die selbst keine Verwirklichung erfahren haben. Tatsächlich hat diese Art von Bilderstürmerei in der Vergangenheit in Zen-Kreisen immer wieder zu einer missverständlichen Auffassung von Über-den-Dingen-Stehen geführt sowie zu Skandalen um sogenannte Zen-Meister, wie sie auch heute noch vorkommen.

Dieses Buch beschäftigt sich nicht mit Skandalen, sondern konzentriert sich auf jene religiösen Genies im Zen, deren Übung, Hingabe und Verwirklichung sie zu einem freien Leben geführt hat, nicht beengt von religiöser Etikette, Hierarchie und Regelgerechtigkeit. Das Leben dieser großen Nonkonformisten zu erforschen kann vielleicht helfen, diese Grauzone des Zen zu erhellen, indem wir Missverständnisse über seine possenhaften oder asketischen Extreme richtigstellen und somit zu einem Mittleren Weg zurückkehren.

Kyo-un, »Verrückte Wolke«, ist der literarische Name, den der berühmte Zen-Dichter, Maler, Kalligraph und wandernde Lehrer Ikkyu annahm. Es ist ein Wortspiel mit dem japanischen Wort unsui (Wolke-Wasser). Unsui ist die Bezeichnung für »buddhistischer Mönch«, denn die Losgelöstheit vom weltlichen Leben lässt einen Mönch wie eine

Wolke über das Wasser treiben. Die Verrückten Wolken in diesem Buch sind jene innovativen Reformer, Rebellen und Radikalen des Zen, jene wandernden Sucher und Weisen, deren einzigartiger Zen-Weg die traditionelle Übung der Meditation sowie die spirituelle, soziale und politische Haltung des Zen-Buddhismus bis in die Gegenwart tief beeinflusst hat. Oft traten sie als Bettler, Wanderprediger, Baumhausbewohner, ja manchmal einfach als Verrückte in Erscheinung. Diese Zen-Meister standen in der historischen Kontinuität Zen-buddhistischer Praxis seit deren Entstehen in China, und dies prägte ihre Haltung zu Meditation, Erleuchtung, Lehrer-Schüler-Verhältnis, Zölibat, Laien-Praxis, Frauen, Natur, sozialem Herkommen und politischem Klima. Ihr Leben spiegelt zum einen die verschiedenen religiösen Bewegungen ihrer Zeit, zum anderen bildet es einen deutlichen Kontrast zu den herrschenden Traditionen, von denen diese Zen-Meister ausgingen und von denen sie sich trennten.

Dieses Buch spannt einen Bogen vom China der T'ang-Zeit bis zum Amerika der Gegenwart. Es geht dem Leben und den Lehren von Reformatoren und Exzentrikern des Zen nach – beschreibt den verschrobenen Laien P'ang und den grimmigen Rinzai (jap. Rinzai) im China der T'ang, den Bilderstürmer Bassui, den Abtrünnigen Ikkyu, den Revolutionär Bankei, den innovativen Hakuin sowie den ruhelosen Nyogen Senzaki und den poetischen Soen Nakagawa in den USA des 20. Jahrhunderts. Die radikale Art und Weise, in der sie Zen zum Ausdruck brachten, war für ihre Zeitgenossen häufig zu unverständlich und avantgardistisch; aber für ihre spirituellen Nachfahren heute, unabhängig von deren Zen-Tradition oder Nationalität, bieten sie einen unschätzbaren Reichtum an Inspiration. Noch wichtiger für die moderne Welt: Diese archetypischen Verrückten Wolken sprechen die Zen-Übenden der Gegenwart ganz speziell an, die geprägt und durchdrungen sind von westlichen Normen und Werten wie Individualismus, politisches Engagement, Befreiungstheologie, Feminismus und Strukturkritik jeder Hierarchie, sei sie nun religiös oder sozial begründet. Diese revolutionären Männer des Zen sind durchaus brauchbare Modelle für unsere eigenen Zeiten des Umbruchs.

Wir leben im zweiten Jahrzehnt des 21. Jahrhunderts, und das Wort Demokratie ist in aller Munde. Zu oft allerdings ist das nur ein Lippenbekenntnis, ein passives Hinnehmen einer offenbar legitimen Autorität. Die demokratische Freiheit der Verrückten Wolken ruft uns die unzweideutige moralische Autorität des Individuums wieder ins Gedächtnis, das in letzter Instanz immer die formalen Strukturen hinter sich lassen und zu seinem eigenen souveränen Ausdruck gelangen muss. Die Haltung der Verrückten Wolken ist nicht lediglich ein revolutionärer Ausbruch gegen die Autorität, sondern fest verwurzelt in den Grundlagen des Buddhismus. Verwirklicht in einem Leben, in dem anitya, pratitya samutpada und sunyata [Vergänglichkeit, Interdependenz und Leerheit] verkörpert sind, verweist diese Haltung darauf, dass jeder Begriff und Entwurf, auch der schönste und edelste, der Unbeständigkeit unterworfen ist.

Wie beim Buddha selbst – dem nachgesagt wird, dass er immer noch übe –, ist es dieses ständige Hinterfragen des eigenen Daseins, vor und nach der Erleuchtung, die Weigerung, in statisches Vergessen zurückzusinken, oder, wie es die Zen-Meister nennen, »auf der Spitze einer hundert Fuß hohen Stange zu sitzen«, was die Verrückte Wolke ausmacht. Indem ein solcher Mensch alle Strukturen in Frage stellt und jede Idee aufgibt, das Nirvana schon erreicht zu haben, schließt er sie alle mit ein, und gleichzeitig transzendiert er sie. Dieses kreative Infragestellen von Autorität, das so selten ist im religiösen, politischen und sozialen Leben, begegnet uns in dem jahrhundertealten Dialog der Verrückten Wolken immer wieder. Wir werden ermutigt von ihrer Hingabe, ihrem harten Training und ihrer Verwirklichung der Leerheit, die sie veranlasst hat, ihre Erfahrung hinauszutragen in die Welt und ein Leben als all-erbarmende Bodhisattvas zu führen. Ihre Biographien verdeutlichen immer und immer wieder, dass Zen das Individuum ständig auf sich selbst zurückverweist und dass es stets die persönliche Disposition und die individuelle Erfahrung respektiert.

Individualismus bringt aber auch Verantwortung mit sich. 17 Jahrhunderte nach Nagarjuna vertrat der deutsche Philosoph Immanuel Kant die Ansicht, dass der Geist keine eigenständige Substanz besitze, die phänomenale Welt vergänglich sei und Gott ein Konzept unter anderen. Er erweiterte die buddhistische Erkenntnis durch die Annahme, dass jedes einzelne rationale Agens, obwohl zeitlich begrenzt, für sich entscheiden muss, was recht und unrecht ist, und dass die letzte moralische Verantwortung beim Individuum liegt und nicht hierarchischen Strukturen zuzuschreiben ist. Kant leugnete diese Strukturen keineswegs, ebenso wie Zen die Welt der Form nicht leugnet. Wie der Buddha, der seine eigenen Lehren mit einem Floß verglich – nützlich, ja notwendig, um zum anderen Ufer des Flusses zu gelangen, aber unnütze Bürde, sobald man dort angekommen ist –, sah auch Kant, dass institutionelle Strukturen ab einem gewissen Punkt zur Bürde werden. Beide warnen uns, dass Lehre, Hierarchie und Institution nicht als Selbstzweck gesehen werden sollten, sondern als Upaya – als nützliche Hilfsmittel, um spirituelle Freiheit und moralische Autonomie zu erreichen.

Die Verrückten Wolken laden uns ein, mit ihnen auf dem schmalen Grat zwischen grundlegender Freiheit und moralischer Verantwortung zu wandeln. Wir müssen uns vorsehen, nicht ihre Exzentrizität nachzuäffen oder daraus einen Freibrief abzuleiten für irgendeine »kreative Anarchie«. Ihr Verhalten ist ohne die Erfahrung hart erkämpfter Verwirklichung und ohne Übung, die in jedem Fall eine religiöse Institution und einen Lehrer einschloss, nicht denkbar. Jemand, der sie bloß imitiert, geht damit ein gefährliches und eventuell auch unmoralisches Wagnis ein. Das Zen der Verrückten Wolken illustriert, dass Meditation eine lebendige Erfahrung ist, die sich weder auf Klöster und Tempel noch auf zeitliche oder nationale Grenzen beschränken lässt. Es verwischt das herbe und verschlossene Bild, das sich viele Leute von Zen gemacht haben, und bringt stattdessen die Freude an der Entdeckung, dass »Leere Form ist und Form Leere«, zum Ausdruck und verkörpert eine Vision, groß genug, das All zu umschließen.

Wir beginnen im China des achten Jahrhunderts mit dem Laien P'ang, dessen Zen-Partnerschaft mit seiner ebenso erleuchteten Tochter – ebenso wie seine Weigerung, Mönch zu werden, trotz feierlicher Bestätigung durch die beiden größten Ch'an-Meister seiner Zeit – ihn zum geeigneten Vorbild für unsere eigene Zeit macht, in der die Hälfte der

Zen-Übenden Frauen sind. Er verstieß gegen den Mönchskodex des indischen Buddhismus, der die Praxis für Frauen erschwerte, indem er das Familienleben nie aufgab und seine Tochter als Reisegefährtin und erste Schülerin annahm.

Nur kurze Zeit später schockierte Rinzai, der große Zen-Rebell der T'ang-Dynastie, das religiöse und politische Establishment: Er packte Priester und Regierungsvertreter beim Kragen und schleuderte selbst hochstehenden Persönlichkeiten Beleidigungen ins Gesicht in seinem Bemühen, sie zur Erleuchtung anzustacheln.

Der japanische Zen-Meister Bassui schockierte im 14. Jahrhundert auf ganz ähnliche Weise die Zen-Hierarchie: Er bezog ein Baumhaus und weigerte sich zu lehren, nachdem er die Bestätigung seiner Erleuchtung von einem der großen Zen-Meister seiner Zeit erhalten hatte.

Nicht lange nach Bassuis Tod geriet die Verrückte Wolke par excellance, Ikkyu, in einen direkten und gefährlichen Konflikt mit der weltlichen Macht: Als illegitimer Sohn des japanischen Kaisers Go-komatsu lebte er, ungeachtet seines Mönchsstatus, in ständiger Gefahr, einem Anschlag zum Opfer zu fallen. Aber das hinderte ihn weder daran, sich auf ein öffentliches »Fasten bis zum Tode« einzulassen [so wie Gandhi 500 Jahre später] als gewaltlosen Protest gegen die verheerende Wirtschafts- und Religionspolitik der Ashikaga-Shogune, noch daran, mit den Obdachlosen, Bettlern und Prostituierten, die seine »Straßengemeinde« frequentierten, umherzuziehen.

Im 17. Jahrhundert verwarf Bankei, der japanische Volksprediger, eine immer korrupter gewordene koan-Praxis und forderte im Alleingang das religiöse Establishment heraus: Er sprach im Freien, auf offenem Feld, zu den Massen, und er weigerte sich, dies in der traditionellen [chinesischen] Sprache des Zen zu tun. Stattdessen drängte er seine Zuhörer, den ungeborenen Buddha-Geist im Heulen der Wölfe und im Geruch der Erde unter ihren Füßen wahrzunehmen.

Ebenso auf sich allein gestellt und ähnlich hartnäckig wie Bankei war Hakuin im 18. Jahrhundert: Er verlieh sich selbst den Titel eines Abtes seines Heimat-Tempels, gab sich selbst seinen dharma-Namen, und er belebte und straffte die koan-Praxis, die bis zum heutigen Tag beinahe zum Synonym für Rinzai-(Lin-chi-)Zen geworden ist. Wie seine Vorgänger brach auch Hakuin alle Regeln; er nahm Frauen im Laienstand als Schülerinnen an und intervenierte bei den japanischen Feudalherren für die Bauern, die den größten Teil seiner Zuhörer bildeten.

Nyogen Senzaki steht für Japans großen Bruch mit der Tradition: Geboren während der Meiji-Zeit, als sich ein lange von der Außenwelt isoliertes Land für Einflüsse aus dem bis dahin verbotenen Westen öffnete, entfremdeten ihn sein Antimilitarismus und seine Ablehnung religiöser Hierarchien so sehr den klösterlichen Autoritäten, dass er das Exil vorzog. Im amerikanischen Westen pflanzte Senzaki die fruchtbaren Samen seiner eigenen radikalen Methode der Zen-Praxis für Laien.

Nakagawa Soen, unser Zeitgenosse, ließ diese Samen aufkeimen: Indem er ein Zen improvisierte, das sich beseelen ließ von Shakespeare und Hakuin, von Beethoven und Rinzai, hinterließ dieser poetische Zen-Meister unauslöschliche Spuren in den westlichen Formen der Praxis. Er zeigte uns ein freies und kreatives Beispiel, das die weitgespannte Familie der Verrückten Wolken treffend charakterisiert.

---

1) vgl. Nagarjunas Gedicht:

Ich ehre den Buddha,
den ersten der Lehrer.
Seine Lehre war
das Abhängige Entstehen,
das Ende der Begriffsspiele.
Keine Schöpfung, kein Auslöschen;
keine Dauer, keine Unbeständigkeit;
keine Identität, keine Differenz;
keine Ankunft, kein Abschied.
Um alle irrigen Ansichten zu widerlegen,
lehrte der Erhabene die Leerheit.
Wer aber die Leerheit für wirklich hält,
kann von allen Buddhas zusammen
nicht mehr gerettet werden.

p'ang-yün
der laie

Von allen Geschichten über die Verrückten Wolken spiegelt vielleicht die des Laien P'ang am besten das gegenwärtige Zen im Westen wider. Als einziger bedeutender Laien-Zen-Lehrer der chinesischen Geschichte trug er seine Botschaft vom Zen des Alltagslebens außerhalb der Klöster auf seinen Wanderungen durch ganz China und verweigerte die Angebote, Dharma-Nachfolger der größten Ch'an-Meister der T'ang-Periode zu werden. Stattdessen begründete P'ang eine sangha von Familie, Freunden und Gefährten auf dem Weg. Sein Leben spielte sich ab vor dem Hintergrund einer stürmischen Periode in der Geschichte der T'ang; er lebte in einer Zeit, die geprägt war von konfuzianischen Regeln, von Hochkultur und Literatur, beinahe ununterbrochener Rebellion im Inneren und vernichtenden Niederlagen gegen die mongolischen Invasoren.

Im Jahre 712 bestieg Hsüan-tsung den Thron nach dem Fall der Kaiserin Wu, einer leidenschaftlichen Buddhistin. Seine 44-jährige Herrschaft sollte die längste der ganzen T'ang-Dynastie werden. Er machte die buddhistische Politik seiner Vorgängerin rückgängig und brachte Taoismus und Konfuzianismus wieder in ihre ursprünglichen einflussreichen Positionen. Obwohl er die Buddhisten nicht aktiv verfolgte, bestimmten ihn politische Überlegungen, die ungeheure soziale und wirtschaftliche Macht des buddhistischen Klerus zu beschneiden. 30 000 Mönche wurden »zwangslaisiert«, und der Neubau von Tempeln wurde verboten. Jede Renovierung von alten Tempeln musste von Regierungsbeauftragten genehmigt werden, und kleinere Schreine konnten ihre Unabhängigkeit nicht beibehalten, sondern wurden größeren Tempeln unterstellt. Der Grundbesitz der Klöster wurde beschränkt, und Mönche und Nonnen durften nicht mehr in der Öffentlichkeit predigen oder buddhistische Bücher und Bilder auf der Straße verkaufen. Seit 747 konnten religiöse Bescheinigungen nur mehr von der Regierung ausgestellt werden, und klösterliche Institutionen wurden durch schwere Steuern belastet.

Eingeleitet wurde der Niedergang Hsüan-tsungs durch die Ränke seiner Lieblingskonkubine, der bildschönen Yang Kuei-fei. Er wurde von seinen eigenen militärischen Beratern gezwungen, sie enthaupten zu lassen, als der Hof vor den heranrückenden Armeen der Barbaren floh. [Noch ausgeprägter als im klassischen Griechenland galt in China jeder Ausländer als »Barbar«.] Der Kaiser legte seine Macht in die Hände seiner Generäle und schuf dadurch die Grundlagen für den An-Lu-shan-Aufstand, der von 755 bis 763 dauerte. In diesem Jahr eroberten die Tibeter die große westliche Hauptstadt Ch'ang-an, und der neue Kaiser Hsientsung wandte sich an die nördlichen Barbaren um Hilfe. Es war eine Zeit der schnell wechselnden Loyalitäten in der Zivilverwaltung, in Religion und nationaler Zugehörigkeit. Für den gewöhnlichen Bürger bedeuteten das drückende Steuern, zwanzig Tage Zwangsarbeit jährlich für den Staat und eine schlangengleiche Bürokratie, die jede Freiheit des täglichen Lebens zu erwürgen drohte.

Nach dem An-Lu-shan-Aufstand zerbrach das System dann gänzlich. Der Buddhismus, der sich der Protektion der machthabenden Elite erfreut hatte, verlor im Rahmen seiner Wiederbelebung seinen philosophischen und aristokratischen Anspruch und ließ populäre Sekten wie das Ch'an für die Bevölkerung des flachen Landes entstehen. Dieser Buddhismus der neuen Art konnte sich nun ungehindert vom Glanz des Hofes und von metaphysischen Haarspaltereien dem gewöhnlichen Leben der ganz normalen Menschen widmen und einen einfacheren, humaneren Zugang zu den alltäglichen Angelegenheiten gewinnen.

Der Großteil der Zen-Laufbahn des Laien P'ang fiel in die Regierungszeit des Kaisers Te-tsung (779–805), dessen gewalttätige Regierung und dessen höchste Protektion genießende Palastgarde Rebellionen im ganzen Land provozierten. Die Situation war so unsicher, dass der kaiserliche Hof von allen Provinzgouverneuren erwartete, Zivilverwaltung und Militärgesetzgebung zu verbinden.

Die massiven Versuche des Kaisers, die vor dem Aufstand übliche wirtschaftliche und politische Autonomie der Provinzen wieder zu beschneiden, führten zu einem Zusammenschluss der nordöstlichen Provinzen im Jahr 781 und ihrer Kriegserklärung an den Kaiser. Aber Unstimmigkeiten unter den Rebellen sicherten Tetsung die Macht, und er konnte die zivile Kontrolle des Reiches durch ein System von erfolgreichen Finanzreformen wiederherstellen. Schließlich aber fiel er den militärischen Hof-Eunuchen zum Opfer, denen er die Macht anvertraut hatte, um die zivile Ordnung aufrechtzuerhalten. Sein kurzzeitiger Nachfolger Shuntsung konnte sich ebenfalls nicht halten, er wurde vertrieben und schließlich durch Hsien-tsung ersetzt, den Kaiser, der während der letzten Lebensjahre P'angs regierte – eine Zeit der Wiederbelebung lokalen, dezentralen Denkens. Ohne konfuzianisch inspirierte Hindernisse vonseiten der Zentralregierung entwickelten die lokalen Kaufleute ihre Märkte selbst, und der Handel blühte. Das ökonomische Schwergewicht verlagerte sich von der Landwirtschaft auf den Handel, und Silbergeld verdrängte als neues Zahlungsmittel die alte Reis-Währung. Auf Schnüre gereihte Münzen wurden zum Tauschmittel und symbolisierten den Zusammenbruch des festgelegten hierarchischen Rangsystems, das dem AnLu-shan-Aufstand vorangegangen war.

Es gab in dieser Zeit nicht wenige Menschen wie P'ang-yün, Sohn eines konfuzianischen Provinzgouverneurs, die von den blitzschnell wechselnden Loyalitäten in Politik und Wirtschaft desillusioniert waren und einfach aus dem System ausstiegen. Der daraus resultierende Mangel an Beamten führte dazu, dass die tägliche administrative Gewalt in der Hand von militärischen Autoritäten lag wie z. B. von Yü-ti, dem Gouverneur von Hu-chou und Su-chou, einem Ch'an-Freund und Gönner des Laien P'ang. Yü-ti regierte mit eiserner Faust. Er hatte den rebellierenden Wu Shaoch'eng, den Gouverneur einer Nachbarprovinz, besiegt und erfreute sich für diese Leistung der Gunst von Kaiser Te-Tsung. Dieser bemerkenswerte Mann von zentralasiatischer Abstammung beendete aber sofort seine grausame und willkürliche Verfolgung der ansässigen Buddhisten, als er von Tsu-yu Ho-shang, einem Nachfolger von Ma-tsu [jap. Baso], zum buddhistischen Glauben bekehrt wurde. [1] Er wurde ein ebenso leidenschaftlicher Ch'an-Anhänger, wie er vorher dessen Verfolger gewesen war, befreundete sich mit dem Laien P'ang, besuchte ihn täglich und führte mit ihm lebhafte Dharma-Dialoge. Als P'ang gestorben war, trug der Gouverneur den einzigen noch erhaltenen Bericht über das Leben des großen Ch'an-Laien zusammen. [2]

Wenn man die Situation des durchschnittlichen chinesischen Laien der T'ang-Zeit betrachtet, sah sie ungefähr so aus: Die Bauern wurden gezwungen, Leiharbeiter zu werden, mehr oder weniger Leibeigene für Landbesitzer, denen es durch die größere soziale Mobilität gelungen war, riesige Ländereien anzusammeln. Diese Landbesitzer waren von einer armen, landhungrigen Bevölkerungsgruppe zur neuen Elite in den Provinzen aufgestiegen. Der Süden wurde zum Zentrum des Salzhandels, während sich Kiangsi, wo das Kloster des Ch'an-Meisters Ma-tsu lag, einen Namen als Chinas wichtigster Teeproduzent machen konnte. Kleine Handelsknotenpunkte dominierten das Geschäftsleben und halfen mit, eine Kleinstadtkultur zu verbreiten, in der die meisten Städte gleichzeitig als Garnisonen der allgegenwärtigen Armee dienten. Diese Zentren waren weitgehend autark und versorgten den Durchschnittsbürger mit allen lebensnotwendigen Waren sowie mit Arbeit, Handel, sozialen Kontakten und Religion. Die Steuerbelastung der Kaufleute war besonders hoch, so dass viele reiche Geschäftsleute ihre Söhne ermutigten, dieser sozialen Diskriminierung zu entgehen, indem sie sich den staatlichen Prüfungen unterzogen und das Amt eines Beamten oder Gelehrten anstrebten. In dieser unsicheren Situation, mit einer zusammenbrechenden Zentralregierung und nur einem Flickwerk von Sozialstruktur, mit einer überall stationierten reizbaren Armee, ist es umso verwunderlicher, dass ein begabter Ch'an-Laie wie P'ang-yün nicht Zuflucht in einem Kloster suchte.

Er wurde irgendwann um das Jahr 740 geboren und starb eine Woche nach der Sonnenfinsternis vom 3. August 808, nur wenige Jahre vor der Geburt von Rinzai. Die hervorragenden und lebendigen Ch'an-Klöster aus den Traditionslinien der »dharma-Großväter« Ma-tsu und Shih-t'ou [Sekito] waren jetzt in den Händen von Pai-chang [Hyakujo], Yüeh-shan [Yakusan], Nanch'üan [Nansen] und ähnlich leuchtenden Namen. Sie waren sein Übungsfeld. P'angs Engagement für das Ch'an der Laien stellte ihn in die Reihe buddhistischer Gläubiger, die chü-shih [»wohnender Herr«] genannt wurden, Praktizierende, die das formale Leben in einem Kloster ablehnten und sich im Allgemeinen lieber einen Platz außerhalb des chinesischen religiösen Establishments suchten. Aber das hielt Sucher wie den Laien P'ang nicht davon ab, bei verschiedenen

Ch'an-Meistern seiner Zeit zu lernen, für einige Zeit in ihren Klöstern zu bleiben und dann wieder weiterzuziehen, um die eigene Einsicht zu schärfen.

Der Laie, der den Namen P'ang-yün, »Erhabenes Inneres«, erhalten hatte, Sohn eines konfuzianischen Kleinstadt-Beamten in Hsiang-yang, zog mit seiner Familie nach Heng-yang, als sein Vater dort Präfekt wurde. Seine frühen Jahre sind durch keine Besonderheiten gekennzeichnet; er tat alles, was man von einem Konfuzianer erwarten durfte: Er heiratete, gründete ein Unternehmen und wurde Vater einer Tochter und eines Sohnes. Erst später begann er ein Verhalten an den Tag zu legen, das seine Nachbarn sicherlich für ein übertriebenes Interesse an spirituellen Dingen hielten – er errichtete eine kleine Klause als Anbau seines Hauses, wohin er sich mit seiner Familie zur Meditation zurückzog. Hier schrieb er auch Gedichte und philosophierte. Der Laie klagte: »Wie schwierig, wie schwierig! Meine Studien sind wie der Versuch, 10 000 Pfund Flachs zu trocknen, indem ich sie in die Sonne hänge.« Seine Frau meinte dazu: »So leicht, so leicht: Es ist wie den Fuß auf den Boden zu setzen, wenn du morgens aus dem Bett steigst. Ich habe die Lehre in den Trieben der blühenden Pflanzen gefunden.«

Und seine spirituell hochbegabte Tochter Ling-chao, die ihn als Weg-Gefährtin sein Leben lang begleiten sollte, ergänzte: »Meine Praxis ist weder leicht noch schwer – wenn ich hungrig bin, esse ich; wenn ich müde bin, raste ich.« [Ein verblüffender Vorgriff auf einen späteren bekannten Ausspruch Rinzais] Wenig erwähnt wird P'angs Sohn Keng-huo, der zu Hause blieb, sich bei einem Bauern verdingte und sich um seine Mutter kümmerte, als sein Vater irgendwann zwischen 785 und 790 das Haus als Tempel stiftete, den ganzen Hausrat auf ein Boot lud, dieses im Wasser versenkte und mit seiner Tochter Ling-chao auf Pilgerschaft ging. Ihren Lebensunterhalt stellten sie dadurch sicher, dass sie Bambuswaren anfertigten und diese auf den Märkten verkauften.

Im Jahre 786 erschien P'ang-yün im Kloster auf dem Nanyüeh-shan bei Meister Shih-t'ou und fragte ihn: »Wer ist der Mensch, der nicht mit den 10 000 dharma geht?« Der Meister antwortete, indem er ihm den Mund zuhielt, und der Laie war auf der Stelle erleuchtet. Er blieb ein Jahr bei Shih-t'ou und übte Ch'an als Laienschüler unter den Mönchen. Eines Tages fragte ihn der Meister: »Wie hast du Ch'an geübt, seit du auf diesen Berg gekommen bist?« P'ang antwortete: »Es gibt nichts, was ich über mein tägliches Tun sagen könnte.« »Gerade weil ich weiß, dass du keine Worte gebrauchen kannst, frage ich dich jetzt«, sagte Shih-t'ou. Daraufhin legte der Laie ein Gedicht vor, dessen zwei letzte Zeilen Inbegriff des Zen geworden sind:

In meinem täglichen Leben ist nichts,
als was mir jeweils von selbst zufällt.
Nichts ergreifend oder zurückweisend
gibt es kein Hindernis, keine Trennung.
Ich habe kein anderes Ehrengewand
als der blauen Berge strahlende Klarheit.
Meine wunderbare magische Kraft
liegt im Wasserholen und Holzhacken.

Shih-t'ou bot ihm daraufhin eine Mönchsrobe an, aber der Laie wies sie zurück und sagte: »Ich will ungebunden bleiben.« Sein nächstes Ziel war Kiangsi und das Kloster des großen Ma-tsu.

Auch dort fragte er den Meister bei ihrem ersten Gespräch: »Was ist das für ein Mensch, der unter den 10 000 dharma keinen Gefährten findet?« Ma-tsu antwortete: »Wenn du mit einem Schluck das Wasser des West-Flusses ausgetrunken hast, werde ich es dir sagen.« Da erfuhr P'ang eine noch tiefere Erleuchtung und beschloss wieder, einige Zeit als Laienschüler zu bleiben. Nach einem Jahr bot ihm Ma-tsu ebenfalls die schwarze Mönchsrobe an im Tausch gegen sein »weißes Hungerleidergewand«, und wieder lehnte der Laie ab. Im sicheren Bewusstsein seines Verständnisses forderte er den Meister heraus und sagte: »Ein Mann der unverdunkelten Selbst-Natur bittet Euch, Euren Blick nach oben zu richten.« Ma-tsu blickte demonstrativ nach unten. P'ang sagte: »Nur Ihr spielt so herrlich auf der Laute.« Ma-tsu schaute nach oben. P'ang verbeugte sich tief, und Ma-tsu ging in seinen Raum zurück. Der Laie bemerkte: »Jetzt wollte er besonders klug sein und hat es vermasselt.«

Dieser spielerische Dialog illustriert die Metapher von Gast und Gastgeber, die in den koan der Ma-tsu-Schule eine so wichtige Stelle einnimmt [und später bei Tung-shan; vgl. S. 57 ff.]. Hier haben beide Personen ihre Rolle angenommen und wieder gewechselt, sie sind spielerisch zwischen Leerheit und Form hin- und hergesprungen in einem Schauspiel, in das beide sich eingliedern konnten.

Während seiner Reisen befreundete sich P'ang mit einem anderen wandernden Sucher, der als Taglöhner in Shih-t'ous Kloster gearbeitet hatte und dort zu der Überzeugung gekommen war, sich den Kopf zu scheren und Mönch zu werden. Tan-hsia T'ienjan (besser bekannt unter dem japanischen Namen Tanka und berühmt geworden dadurch, dass er eine hölzerne Buddha-Figur verbrannte, um sich in einer Winternacht vor der Kälte zu schützen) war ein höchst lebhafter Dichter und unorthodoxer Mönch und wurde schließlich einer von Shih-t'ous Dharma-Nachfolger, obwohl er einen großen Teil seiner Zeit auf Wanderschaft mit P'ang und Ling-chao verbracht hatte. Die Freunde wanderten von Kloster zu Kloster, maßen ihre Einsicht im Ch'an mit allen, die sich das zutrauten, und ergingen sich gemeinsam mit Ling-chao in informellen Dharma-'Gefechten' am Straßenrand.

Zu Hause übte in der Zwischenzeit Frau P'ang zusammen mit ihrem Sohn Ch'an. Ein reizvolles Beispiel ihrer erleuchteten Einsicht findet sich in Yü-tis Buch: Eines Tages brachte sie ein Speiseopfer zu einem nahe gelegenen buddhistischen Tempel, und der Priester fragte sie, für wen das Opfer bestimmt sei, damit er den Namen zur Übertragung des Verdienstes auf ein Kärtchen schreiben könne. Frau P'ang nahm ihren Kamm, steckte ihn sich verkehrt herum ins Haar, sagte: »Das Verdienst ist übertragen« und ging heim.

Da es nicht viele biographische Einzelheiten über das spirituelle und alltägliche Leben der P'ang-Familie gibt, können wir nur annehmen, dass ihre Mitglieder sich nicht wirklich trennten und ihrer Wege gingen, sondern dass sie in Kontakt blieben und ihrer jeweils bevorzugten Praxis nachgingen – Frau P'ang und ihr Sohn in der Landwirtschaft und Herr P'ang selbst mit seiner Tochter als umherziehende Händler. P'ang und Ling-chao wurden schließlich ebenfalls sesshaft und schlugen ihr Lager in einer Felsenhöhle dreißig Kilometer südlich von Hsiang-yang auf. Hier wurden sie täglich von dem bereits erwähnten Gouverneur Yü-ti besucht, dem freimütigen Präfekten und Teilzeit-Ch'an-Übenden, der später P'angs Taten, Gedichte und Dharma-Weisheit zusammentrug und veröffentlichte.

Ihren Zeitgenossen müssen die Mitglieder der P'ang-Familie wohl ziemlich seltsam erschienen sein. Sie hatten das relativ bequeme Leben einer Beamtenfamilie aufgegeben und gegen die Abhängigkeit von den Umständen auf ihrer Wanderschaft eingetauscht, freiwillig ihr soziales Umfeld verlassen und sich der Gefahr des Hungertodes ausgesetzt. Obwohl der Herkunft nach Konfuzianer, bezeichneten sie sich als Buddhisten, weigerten sich jedoch, in ein Kloster einzutreten. Obwohl P'ang den Status eines erleuchteten Ch'an-Meisters erlangt hatte, bestätigt von niemand Geringerem als Shih-t'ou und Ma-tsu, hielt er keine Dharma-Vorträge und hatte keine Schüler. Er hatte nicht den traditionellen Schellenstab der buddhistischen Pilger, sondern den einfachen Bambusstock eines gewöhnlichen Reisenden. Er trug das weiße Gewand der armen Leute – das er »meine nahtlose Robe der Leerheit«[3] nannte – ohne irgendeine Ambition, sie gegen die schwarze Mönchsrobe einzutauschen, die seinen Ruf im Ch'an gesichert hätte. Die Chinesen hatten wenig Respekt für weiße Kleidung; bis heute ist sie ein Zeichen von äußerster Armut oder wenigstens von Trauer.

Das Chodang chip, eine koreanische Geschichte der chinesischen Ch'an-Meister aus dem Jahre 952, beschreibt den Laien so: »Schließlich trat sein Geist aus der Welt der Objekte, ohne dass er seine konfuzianische Tracht abgelegt hätte; seine Emotionen waren ungebunden, aber seine Handlungen entsprachen dem wahren Sinn.« Weiter heißt es dort, »sein Leben war verworren« und »er war wirklich in die Mysterien [des Tao] eingeweiht«, und sein Verhalten im Umgang mit Konfuzianern wie mit Taoisten, mit Militärgouverneuren und Kindern, mit umherziehenden Händlern und ebenso mit den hervorragendsten Ch'an-Meistern wurde als »rundum mühelos« bezeichnet. Sein Freund und Biograph Yü-ti charakterisierte ihn als einen »haushaltenden Bodhisattva«, eine chinesische Inkarnation des indischen Laien Vimalakirti Bodhisattva, der das Leben eines in der Welt lebenden Menschen nutzte, um anderen zur Erleuchtung zu verhelfen.

Nach zwei Jahren in der Felsenhöhle am Ling-men-shan (Gemsentor-Berg) nahe seinem Geburtsort Hsiang-yang beschloss der Laie, dass es nun Zeit sei, zu sterben. Er setzte sich in traditioneller Sitzhaltung hin und sagte seiner Tochter, sie solle vor dem Höhleneingang beobachten, wann die Sonne den Zenit erreiche. Zu Mittag wolle er sterben. Ling-chao ging hinaus und kam gleich wieder mit der Meldung zurück, es sei bereits Mittag, und da gebe es eine Sonnenfinsternis. Er solle kommen und sie ansehen. »Ist das so?«, fragte P'ang. Seine Tochter bejahte. Der Laie trat zum Eingang und schaute hinaus. In diesem Moment sprang Ling-chao auf den leeren Sitzplatz, kreuzte die Beine und starb auf der Stelle. Als der Laie sich umdrehte und sah, was geschehen war, sagte er: »Meine Tochter war immer schon schnell von Entschluss. Jetzt ist sie mir zuvorgekommen.« Er ging hinaus, sammelte Feuerholz für die Bestattung und hielt die traditionellen sieben Trauertage ein, bevor er selbst in Anwesenheit des Gouverneurs Yü-ti starb. Der war gekommen, um sich nach P'angs Befinden zu erkundigen. Der Laie legte seinen Kopf auf das Knie seines Freundes und sagte: »Ich bitte dich nur, alle existierenden Phänomene als leer anzusehen und dich davor zu hüten, die nicht-existierenden als wirklich anzunehmen. Nimm dich in acht in dieser Welt der Schatten und Echos.« Dann schied er friedlich dahin. Yü-ti ließ die Bestattungsriten vollziehen und benachrichtigte Frau P'ang.

Als die Frau des Laien von den Todesfällen erfuhr, rief sie aus: »Dieses dumme Mädchen und der närrische alte Mann sind gegangen, ohne mich zu benachrichtigen. Wie unerträglich!« Sie suchte ihren Sohn Keng-huo, der gerade ein Feld bearbeitete, und erzählte ihm die Neuigkeiten. P'angs Sohn stützte sich auf die Harke, seufzte einmal und starb im Stehen. Die Mutter sorgte für seine Bestattung, verabschiedete sich von ihren Freunden und zog sich ihrerseits in eine Einsiedelei zurück.

Man hörte nie wieder von ihr. Das Ende der exzentrischen Familie P'ang war nicht sehr verschieden von ihrem Leben: tiefgründig, einfach und ohne Spuren zu hinterlassen.

P'angs Vers, der seinen radikalen Lebensstil bezeugt, seinen nichtkonfuzianischen Zugang zum chinesischen Brauchtum, das absoluten Konformismus verlangte in Angelegenheiten von Familie, Tempel und Gemeinschaft, spiegelt zugleich sein gesellschaftliches Testament und sein Ch'an wider:

Ich habe einen Sohn ohne Braut,
eine Tochter ohne Bräutigam;
im Kreise dieser glücklichen Familie
sprechen wir über das Ungeborene.[4]

Die Lehre des Laien P'ang ist mehr in Erzählung und Gedicht verkörpert als in Predigten. Seine spirituelle Erfahrung ist Stoff für koan. Er kommt und geht, gestern wie heute; jetzt verstrickt er Meister Yüehshans Mönche in Diskussionen über Schneeflocken, dann treibt er Schabernack mit seinem Freund Tan-hsia – immer im Geiste der lebendigen Verwirklichung.

Eines Tage, als Tan-hsia kam und P'ang in seiner Höhle besuchte, erhob sich der Laie nicht von seinem Platz. Tan-hsia hob seinen Fliegenwedel, das Symbol der Autorität des Ch'an-Meisters. P'ang hob seinen hölzernen Hammer. »Ist das alles, oder gibt es noch etwas?«, fragte Tan-hsia. »Dich jetzt zu sehen und dich früher gesehen zu haben, das ist nicht dasselbe«, antwortete P'ang. »Geh und mach mich lächerlich so viel du willst«, meinte Tan-hsia. Der Laie erwiderte: »Vor kurzem hast du von meiner Tochter eine Niederlage einstecken müssen.« »Wenn das so ist, dann hast du mich zum Schweigen gebracht.« »Du bist stumm deiner eigentlichen Natur nach, und nun ärgerst du mich mit deinem Gebrechen.« Tan-hsia warf seinen Fliegenwedel zu Boden und ging hinaus. »Meister Tan-hsia, Meister Tan-hsia!«, rief P'ang ihm nach, aber der drehte sich nicht um. Der Laie sagte: »Nun ist er nicht nur stumm, sondern auch noch taub geworden!«

In solch spielerischer Wechselwirkung drücken P'ang und Tan-hsia ihre völlig unbekümmerte Methode des Kommens und Gehens in absoluter Stille aus. An einem anderen Tag war P'ang in der umgekehrten Lage; er stand vor Tan-hsia mit vor der Brust gefalteten Händen. Diesmal beachtete der ihn nicht. P'ang ging wieder und kam abermals herein, und wieder wurde er nicht beachtet. P'ang setzte sich nieder, und nach einiger Zeit stand Tan-hsia plötzlich mit gefalteten Händen vor ihm auf. Nach einer Minute ging er ebenso plötzlich zurück in sein Zimmer. »Ich komme rein, du gehst raus«, rief der Laie, »so kommen wir nirgendwohin!« »Dieser alte Herr kommt rein und geht raus, kommt rein und geht raus – wo wird das enden?«, rief Tan-hsia aus seinem Zimmer. »Du hast nicht die Spur eines Vergleichs«, sagte P'ang. Tan-hsia rief aus: »Ich habe diesen Kerl in diesen Zustand gebracht!« und kam aus seinem Zimmer zurück. »Was hast du?«, fragte ihn P'ang. Ohne Zögern nahm Tan-hsia die Kappe von P'angs Kopf und sagte: »Du bist genau wie ein alter Mönch!« Der Laie nahm seine Kappe zurück, setzte sie auf Tan-hsias Kopf und sagte: »Du bist genau wie ein junger Laie.« »Jawohl, jawohl!«, stimmte der lachend zu. »Du hast immer noch den Geist der alten Zeiten«, sagte P'ang, und Tan-hsia warf die Kappe zu Boden und meinte: »Die sieht einer Beamtenmütze sehr ähnlich.« »Jawohl, jawohl«, gab der Laie zurück. »Wie könnte ich den Geist der alten Zeiten vergessen?«, fragte Tan-hsia. P'ang schnalzte dreimal mit den Fingern und sagte: »Den Himmel bewegen, die Erde bewegen.«

Einbunden in eine solch übermütige Konfrontation, beschäftigt sich dieser possenhafte Diskurs mit nichts weniger als den großen Wahrheiten des Buddhismus: Vergänglichkeit, Einheit und Leerheit – manifeste Wirklichkeit, spielerisch zur Schau gestellt in der herrlich trivialen Geste, seinem Freund die Kappe runterzuziehen.

Bei einem ähnlichen Treffen, diesmal mit dem Ch'an-Meister P'u-chi (Fujaku) [5] versicherte P'ang: »Shih-t'ous Lehre … konnte Eis schmelzen und Ziegelmauern zerbrechen.« »Das ist selbstverständlich, auch ohne dass du es ausprichst«, erwiderte P'u-chi. P'ang warf daraufhin seinen Bambuskorb zu Boden und rief aus: »Wer hätte gedacht, dass sie nicht eine einzige Münze wert war?« P'u-chi bemerkte weise: »Obwohl sie keine einzige Münze wert ist, wie kann man ohne sie weiterkommen?« P'ang zeigte seine Zustimmung durch ein paar Tanzschritte und ging. Als er den Raum verlassen wollte, hielt P'u-chi den Korb hoch und rief ihn zurück: »Laie!« P'ang schaute zurück, und P'u-chi machte ein paar Tanzschritte und ging. Entzückt klatschte der Laie in die Hände und rief: »Heimkehren, heimkehren!« Hier feierten beide Ch'an-Adepten die Heimkehr zu ihrer wahren Natur mit den Lauten und Gesten des Lebens selbst.

P'angs Methode zu lehren war informell, exemplarisch im eigentlichen Sinn des Wortes; und sein Leben war völlig der szenischen Darstellung des Ch'an-Dramas gewidmet. Von Dorf zu Dorf wandernd auf der Suche nach einem würdigen Gegner, verbrachte er seine Zeit mit spiritueller Improvisation. Frei von Klosterregeln und hierarchischen Zwängen forderte er die Besten und Berühmtesten heraus. Er verachtete auch nicht die Märkte und Landstraßen, wo er Bettelmönche und Viehhirten ebenso ansprach wie Gelehrte und Adelige. Auf dem Marktplatz einer Stadt, wo professionelle Prediger Vorträge und Diskussionen über die buddhistischen Schriften hielten, stand er einmal unter den Zuhörern und hörte einem Vortrag über das Diamant-Sutra zu. Als der Sprecher die Stelle erreichte, an der es heißt: »Kein Selbst, keine Person«, rief der Laie aus der Menge: »He, Vortragsmeister, da es kein Selbst und keine Person gibt, wer ist der, der vorträgt, und wer hört zu?« Der wusste keine Antwort, und P'ang fuhr fort: »Obwohl ich ein gewöhnlicher Mensch bin, weiß ich ein wenig über den Glauben Bescheid.« »Was meinst du?«, fragte der Redner. P'ang antwortete mit einem kurzen Gedicht:

Es gibt weder Selbst noch Person.
Wie dann Verwandtschaft und Fremde?
Bitte hör auf, von Vortrag zu Vortrag zu reisen;
es ist besser, Wahrheit direkt zu suchen.
Die Natur der diamantenen Weisheit
schließt auch das kleinste Stäubchen aus.
Von »So habe ich gehört« bis »Das glaube ich«
ist alles nur eine Reihe unwirklicher Namen.

Der Vortragsmeister konnte nur mehr bewundernd seufzen.

Einmal verkauften der Laie und seine Tochter Bambuskörbe auf dem Markt. Als er von einer Brücke stieg, stolperte er und fiel hin. Als Ling-chao das sah, lief sie zu ihm und warf sich neben ihn in den Schmutz. »Was treibst du da?«, rief der Laie. »Ich sah Vater hinfallen, also half ich«, meinte Ling-chao. Der Laie schmunzelte: »Gut, dass niemand zugesehen hat!«

Als verwirklichte Frau des Ch'an war Ling-chao ebenso ihres Vaters dharma-Freundin wie seine Tochter. Porträts der beiden zeigen sie als ein Paar von scharfblickenden, wachen Gefährten, die ihre täglichen Arbeiten verrichten. Ihre Lebensweise wird festgehalten in den 300 Gedichten, die der Laie niederschrieb, von denen allerdings nur wenige erhalten sind. In ihnen skizziert er auch seine unstete, improvisierte und alltagstaugliche Ch'an-Methode. Hier einige Beispiele:

Ohne ein Anderes, ohne ein Selbst,
weder Schild noch Speer tragend,
stimme ich überein mit der Weisheit des Buddha;
wohlvertraut mit dem Buddha-Weg, gehe ich den
Nicht-Weg. [6]
Ohne die Sache des Alltäglichen aufzugeben,
werden Bedingtes und Name-und-Form zu Luftschlössern.
Namenlos, formlos lasse ich Leben-und-Tod hinter mir.
Wenn der Geist so ist, sind auch die Umstände so.
Es gibt kein »wirklich« noch »unwirklich«.
Der Existenz keine Beachtung schenkend
und an der Nichtexistenz nicht haftend,
bist du kein Heiliger noch ein Weiser, nur
ein Jedermann, der seine Sache erledigt hat.
Leicht, so leicht ... [7]

Einem Perfektionisten bietet P'ang folgenden Rat an:
Das Vergangene ist schon vorbei –
versuche nicht, es wiederzuerlangen.
Die Gegenwart bleibt nicht erhalten –
versuche nicht, den Augenblick zu bewahren.

*Die Zukunft ist noch nicht da –
denke nicht an sie im Voraus.
Wenn die drei Zeiten nicht existieren,
ist der Geist identisch mit dem Buddha-Geist.
Lautlos handeln, gestützt auf die Leere –
das ist der tiefe Grund des Handelns.
Nicht das geringste dharma existiert –
was dir vor Augen kommt, lass es sein.
Es gibt keine Gebote zu halten,
keinen Staub abzuwischen.
Mit leerem Geist wahrhaft durchdrungen,
haben die dharma kein Leben.
Wenn du das verwirklichst,
hast du die Quelle erreicht.*

Direkt zu seinen dharma-Erben in der Laientradition von heute spricht P'ang-yün:
*Nahrung und Kleider erhalten Leben und Körper –
ich rate dir zu lernen, so zu sein.
Wenn es Zeit ist, nehme ich meine Klause mit, gehe –
und Nichts bleibt zurück [– ein leerer Abfalleimer].*

---

1) Es gab eine Zeit, als der Präfekt Yü-ti von Hsiang-yang anordnete, dass alle wandernden Mönche in seinem Gebiet ergriffen und zu ihm gesandt werden sollten. Kein einziger kam mit dem Leben davon – alle wurden getötet. Es gab zahllose solche Fälle. Als er das hörte, wollte der Meister (Tsu-yü) dem Präfekten einen Besuch abstatten, und er suchte unter seiner Versammlung nach Gefährten. Ungefähr zehn Mönche wollten ihn begleiten. Er ging also an der Spitze von zehn Schülern los. An der Grenze jedoch fürchteten die sich weiterzugehen, und der Meister überquerte die Grenze allein. Die Soldaten sahen ihn kommen, legten ihm ein Halseisen an und trieben ihn unter Bewachung nach Hsiang-yang. Als er vor dem Regierungsgebäude ankam, zog er – immer noch im Halseisen – seine Mönchsrobe an und betrat den Gerichtssaal. Der Präfekt, der großartig auf seinem Stuhl saß, legte die Hand auf den Griff seines Schwertes und fragte: »Bah, du Lehrer – weißt du nicht, dass der Präfekt von Hsiang-yang die Macht hat, dich dem Schwert zu überantworten?« Der Meister antwortete: »Weißt du nicht, dass ein König des dharma keine Angst vor Geburt-und-Tod hat?« Der Präfekt sagte: »Ho-shang, hast du Ohren im Kopf?« Der Meister erwiderte: »Meine Augenbrauen und Augen sind frei von Hindernissen. Wenn ich, ein armer Mönch, mich mit dem Präfekten zu einem Gespräch treffe, was könnte es für Behinderungen geben?« Darauf warf der Präfekt sein Schwert von sich, legte seine Uniform ab, verbeugte sich und fragte: »Ich habe gehört, dass es in den Lehren eine Passage gibt, wo es heißt, dass der schwarze Wind die Schiffe treibt und sie zu der Insel der Rakshasas [Dämonen] bläst. [Zitat aus dem Kuan-yin-Sutra] Was heißt das?« »Yü-ti!«, rief der Meister. Das Gesicht des Präfekten wechselte die Farbe. Der Meister bemerkte: »Das Land der Rakshasas ist nicht weit!« Wieder fragte der Präfekt: »Was ist es mit dem Buddha?« »Yü-ti!«, rief der Meister nochmals. Der Präfekt fragte: »Ja?« Der Meister sagte: »Suche nirgends sonst.« Bei diesen Worten überkam den Präfekten die Erleuchtung, er verbeugte sich tief und wurde sein Schüler. (aus dem Chodang chip, zit. nach A Man of Zen. The Recorded sayings of Layman P'ang)

2) P'ang chü-shih yü-lu (A Man of Zen)

3) Weiße Kleidung ist in China Kennzeichen eines Menschen, der sich farbige Gewänder nicht leisten kann oder will – daher ist Weiß auch Trauerfarbe. (»Ich bin so betrübt, dass mir selbst die Farbe meines Gewandes gleichgültig ist.«) Später bezog P'ang die Farbe (rationalisierend?) auf den ebenfalls weißgekleideten Vimalakirti und schrieb ein Gedicht über seine »nahtlose Robe der Leere«:

Ich besitze eine herrliche Robe,
nicht aus weltlicher Seide.
Sie kann nicht gefärbt werden,
kristallklar wie Seidenfäden.
Keine Schere hat sie geschnitten,
kein Faden sie genäht.
Ich trage sie immer am Körper,
doch kein Mensch hat sie je gesehen.
Sie schützt die Welt vor Hitze und Kälte,
umhüllt Fühlendes und Fühlloses gleich.
Kannst du diese Robe je erlangen,
kannst du darin stracks den Palast
des Königs der Leere betreten.

Eine interessante Parallele findet sich in einem Gedicht von Han-shan:
Ich habe nun ein Gewand erworben,
nicht aus glatter oder gemusterter Seide.
Fragst du, welche Farbe es hat?
Weder Scharlach noch Purpur!
Im Sommer nehme ich es als Robe,
im Winter noch zum Zudecken.
Im Winter wie im Sommer,
so bleibt sie Jahr für Jahr.

4) Unverheiratet zu bleiben galt im konfuzianischen Weltbild als eine der schwersten Verfehlungen gegen die Kindespflicht. Und wu-sheng, das Ungeborene, ist ein uralter buddhistischer Bergriff, auch wenn er – als fusho – häufig mit Bankei (S. 106 ff.) in Verbindung gebracht wird, der selbstsicher behauptete: »Ich war der erste, der das gelehrt hat. Wenn irgend jemand behauptet, er habe von jemandem vor mir gehört, der die Menschen gelehrt hätte mit dem wahren Siegel des Ungeborenen, dann ist er ein Lügner.«

5) Ta-t'ung P'u-chi aus Li-chou (nicht zu verwechseln mit P'u-chi, dem dharma-Erben von Shen-Hsiu) war ein dharma-Erbe von Shih-t'ou. Sonst ist wenig über ihn bekannt, erwähnt wird er noch im 1654 erschienenen Wuteng yen-t'ung [Die strenge Regel (oder: erhabene Sukzession) der fünf Lampen, jap. Goto gento].

6) Nimmt Bezug auf das Vimalakirti-Sutra, in dem Vimalakirti den Manjusri mahnt: »Wenn ein Bodhisattva den Nicht-Weg geht, dann nennt man das ›mit dem Buddha-Weg wohlvertraut sein‹.«

7) Derselbe Gedanke, z.T. auch im gleichen Wortlaut, kommt mehrfach bei Chinul (Korea, 1158–1210) zum Ausdruck.

rinzai
der spirituelle sturm

Man nennt die T'ang-Dynastie in China (618 –907) das »Goldene Zeitalter« des Ch'an. In ihrer frühesten Phase gilt sie auch als die Periode der Erneuerung in Kunst, Religion, Diplomatie und Handel. Es war eine Zeit noch nie dagewesenen Weltbürgertums, so gab es u. a. die ersten Zeitungen und erstmalig Prüfungen für den öffentlichen Dienst. Die T'ang-Kaiser schufen ein Zentrum, in dem sich Mönche, Studenten, Kaufleute und Reisende trafen, die aus so entlegenen Gebieten wie Griechenland, Arabien, Indien, Persien, Syrien und der Türkei kamen.

In dieser dynamischen Epoche stellte sich auch das Problem einer Zentralisation des Staates, der in der »Zeit der Streitenden Reiche« (472–221 v.u.Z.) zu einem Zankapfel zwischen Parteien und mächtigen Regionalfürsten geworden war. Während der gesamten T'ang-Dynastie kämpfte die kaiserliche Regierung darum, die Exekutivgewalt im Lande den großen Clans wieder zu entreißen, die sich in ununterbrochener Rebellion befandenen. Stark geschwächt vom An-Lu-shan-Aufstand 755–763, konnte die Regierung nur noch die Macht unter die lokalen Militärgouverneure verteilen, die ihreseits uneingeschränkte Autonomie besaßen. Das war genau die Form der Provinzregierung, die es unabhängigen, anti-hierarchischen Zen-Reformern wie Rinzai möglich machte, die Erscheinungsform des Buddhismus im China der T'ang-Dynastie und auf Dauer zu verändern. Als Rinzai zwischen 810 und 815 geboren wurde, saß Kaiser Hsien-tsung auf dem Drachenthron. Er und seine Nachfolger waren voll und ganz mit der Unterdrückung von Aufständen am unteren Yangtse und in Szechuan beschäftigt und damit, eine wenigstens andeutungsweise einheitliche Verwaltung im Reich wiedereinzuführen. Das gelang ihnen auch weitgehend – außer in einigen widerspenstigen nordöstlichen Provinzen; aber sie hatten darüber hinaus keine Zeit, sich um die uninteressanten Affären irgendwelcher exzentrischen und hinterweltlerischen Ch'an-Mönche zu kümmern, wie es Rinzais Lehrer waren.

Im Jahre 820 bemächtigten sich die einflussreichen Hof-Eunuchen des Throns, ermordeten Hsien-tsung und vernichteten konsequent die zentrale Bürokratie, indem sie sich 20 Jahre lang darauf konzentrierten, eine Reihe von machtlosen Marionettenkaisern zu kontrollieren. Kaiser

Wu-tsung sah 840 seine Dynastie durch wechselhafte, instabile Außenbeziehungen, finanzielles Desaster und andauernde Aufstände ernsthaft gefährdet. Angestachelt von einem fanatischen taoistischen Minister, entschied sich der Kaiser, seine Probleme dadurch zu lösen, dass er sich auf die Buddhisten als Staatsfeinde konzentrierte – ein bequemer Vorwand, sich des enormen Reichtums der Klöster zu bemächtigen und eine neue Einkommensquelle zu erschließen. Diese Buddhistenverfolgung dauerte nur zwei Jahre. Kaiser Wu starb infolge des Genusses von zu viel taoistischem Unsterblichkeits-Elixier, und sein Nachfolger Hsüan-tsung erließ eine Amnestie für die Buddhisten und versuchte sich als Finanzreformer und Gesetzgeber. Aber die Rebellionen im Yangtse-Tal und in den wirtschaftlich wichtigen Südprovinzen machten seine Pläne zunichte. In der nordwestlichen Provinz Nan-chao zog sich der Krieg von 858 bis 866 hin, Linchis Todesjahr. Während der ganzen Spanne seines unauffälligen Mönchslebens befand sich China im Krieg, oft bedrängt von unloyalen Truppen, die auf dem Heimweg von irgendeiner Front mordeten und brandschatzten. Im Jahre 880 wurde die große westliche Hauptstadt Ch'ang-an selbst erobert und der Kaiser aus seinem Palast vertrieben. Politisches und wirtschaftliches Chaos herrschten, bis 907 der totale Zusammenbruch der Zivilverwaltung das Ende der großen T'ang-Ära brachte.

Im Gegensatz zum zeitgenössischen Europa des Karolingerreichs war die T'ang-Dynastie nicht feudal, sondern aristokratisch, mit neun Graden des Adels, alle in Beziehung zur kaiserlichen Familie. Ihr erster und größter Monarch, T'ai-tsung, schuf das chinesische Beamtentum und förderte ein soziales Kastensystem, das von konfuzianischen Regeln geformt war und von dem die Gesellschaft Asiens noch heute durchdrungen ist. Das Geschlecht der Li, von dem T'ai-tsung seine Legitimität herleitete, dehnte seinen Machtbereich über halb Asien aus, öffnete das Land für fremdländische Ideen und verbreitete die chinesische Kultur in alle Richtungen. Ch'ang-an war die Hauptstadt des Reiches, mit über zwei Millionen Einwohnern die größte Stadt der Welt. Seine Märkte und Häfen waren gefüllt mit Gütern aus Indien, Java, Persien und Japan. Fremde kamen, um den Buddhismus zu studieren, um reich zu werden oder um in Freiheit ihre Religion praktizieren zu können, so z. B. die Nestorianer oder Manichäer. In einer solchen Atmosphäre blühte der Buddhismus, und als 868 der Buchdruck erfunden wurde, war das erste gedruckte Buch das Diamant-Sutra. Mit Dichtern wie Li Tai-po, Tu Fu, Po Chü-i und Malern wie Yen Li-pen begannen künstlerische Bewegungen, deren Niveau dem der europäischen Renaissance – acht Jahrhunderte später – sicherlich ebenbürtig war.

Während der frühen Han-Dynastie des zweiten Jahrhunderts u. Z. war der Buddhismus aus Indien nach China eingedrungen und hatte das chinesische Kulturleben und seine Institutionen beeinflusst, war aber seinerseits vom konfuzianischen Pragmatismus und der einheimischen taoistischen Haltung der Natur gegenüber verändert worden. Der Buddhismus stellte vom 2. bis zum 11. Jahrhundert den einzigen dominanten fremden Einfluss auf das chinesische Leben dar. Er brachte den indischen Monastizismus in direkte Auseinandersetzung mit der konfuzianischen sozialen und weltlichen Hierarchie und den Begriffen der säkularen Moral. Während der T'ang-Dynastie wurden die Klöster reich und mächtig, besaßen riesige Ländereien, trieben Handel, hielten Sklaven und produzierten wertvolle Grundstoffe wie Reis und Öl. Mönche wurden zu Geldverleihern, Lehrern, politischen und spirituellen Beratern wichtiger Militärgouverneure, und ihr Einfluss verbreitete sich über die städtischen Zentren des Südens, ja, selbst am kaiserlichen Hof in Ch'ang-an war er spürbar. Aber der T'ang-Hof stand ebenso unter dem ständigen Einfluss von Taoismus und Konfuzianismus, und die drei Religionen lagen häufig miteinander im Streit. Das Schicksal einer jeden hing oft von den Launen und Vorlieben eines einzelnen Kaisers ab, und es ist durchaus möglich, dass der An-Lu-shan-Aufstand, dessen militärische Leiter ausgeprägt buddhistisch waren, möglicherweise indirekt zu der Buddhistenverfolgung von 845 beitrug.

Armeeangehörige fühlten sich besonders vom Ch'an angezogen (eine Vorliebe, die sich also nicht auf das spätere Japan der Samurai beschränkte), Bauern von der Reinen-Land-Schule und der populäre Buddhismus mit seiner Reliquienverehrung, seinen religiösen Festen, Pilgerfahrten und Schreinen fand bei allen Anklang. In der Mitte des neunten Jahrhunderts hatte der Buddhismus jedoch an Bedeutung bei

Staatsangelegenheiten und als intellektuelle Bewegung verloren. Dies lag teilweise an der Korruption in den Klöstern, teils auch an dem erzwungenen Handel mit rituellen Bestätigungen und Ordinationen durch den Kaiserhof.

Die Taoisten griffen den Buddhismus häufig als fremdländische Importreligion vehement an und drängten auf eine Rückkehr zu indigenen chinesischen Traditionen. Als sie unter Wu-tsung 845 mit ihrer Mission Erfolg hatten, die »fremde Religion« auszumerzen, wurden über 46 000 buddhistische Tempel und Klöster beschlagnahmt, 400 000 Mönche und Nonnen wurden »zwangslaisiert« und um ihre religiösen Freiheiten, ihren Besitz und ihre Sklaven gebracht. Auch andere ausländische Religionen wurden verfolgt; Nestorianer, Manichäer und Parsen wurden gezwungen, das Land zu verlassen, und ein neuer Versuch des Kaiserhofs zur Zentralisierung des Staates hatte vorübergehend einigen Erfolg.

Buddhistische Rituale waren am Kaiserhof nur zugelassen worden, um die Illusion aufrechtzuerhalten, dass es zwischen den Kaisern und den berühmten buddhistischen Gesetzgebern der Vergangenheit keinen grundsätzlichen Unterschied gab. Der Glaube war also dogmatisch stabil, politisch aber unsicher. Da Ritual und Zeremonie nie die starken Seiten der meditativen Schulen wie Ch'an waren, konnten Mönche wie Rinzai ungestört wirken, ohne die gefährliche Aufmerksamkeit der kaiserlichen Autoritäten auf sich zu ziehen. Besonders galt das für den Norden, wo Rinzai sich letztlich niederließ und lehrte – ein Gebiet, in dem Achtung vor Meditation und Pietismus vorherrschend war, während man sich im Süden meist auf die Textexegese konzentrierte.

Das Reisetagebuch des japanischen Mönchs Ennin, das 838 beginnt und nach der Verfolgung von 845 endet, dokumentiert das tägliche buddhistische Leben sehr genau. Darin beschreibt er drei Kategorien von buddhistischen Würdenträgern: »Erzbischöfe«, »Bischöfe« und Klosteraufseher und -aufwärter. Um für ihre Klöster Geld zu beschaffen, reisten solche höheren Mönchsränge umher und hielten öffentliche Vorträge über bekannte Sutras, wobei sie häufig bis zu 1 800 Zuhörer anzogen. Die Vorträge in den Klöstern waren in der Form von Frage-und-Antwort-Spielen gehalten, die oftmals kämpferisch verliefen, mit viel aggressivem Schreien und Herausforderungen zwischen Redner und Zuhörern. Anschließend verbrachten die Teilnehmer einige Stunden mit zeremonieller Rezitation und Verehrung des Klosterschreins.

Von der Zeit an, als die Ch'an-Schule am Ende des achten Jahrhunderts unter Hui-neng, dem berühmten Sechsten Patriarchen, aus dem Untergrund auftauchte, galt sie traditionellen Buddhisten als Verirrung. Dies wird auch in Ennins Tagebuch deutlich, der die Ch'an-Mönche durchgehend als »ungehobelte und schroffe Kerle« beschreibt. Liang-su, ein berühmter buddhistischer Autor Mitte des neunten Jahrhunderts, übte eine vernichtende Kritik an seinen Zeitgenossen aus der Ch'an-Schule:

> *Heutzutage haben nur wenige den wahren Glauben. Die den Weg des Ch'an gehen, sind so vermessen, das Volk zu lehren, es gebe weder ei-nen Buddha noch ein Dharma und weder Sünde noch Tugend hätten irgendeine Bedeutung. Wenn sie diese Lehren gewöhnlichen oder unterdurchschnittlichen Menschen predigen, werden sie geglaubt von allen jenen, die ein Leben der weltlichen Lüste leben wollen. Solche Ideen, die dem Ohr so angenehm klingen, werden als große Weisheiten angenommen. Und die Leute werden von ihnen ebenso angezogen wie die Motten in der Nacht vom Kerzenlicht, in dem sie umkommen ... Solche Lehren sind unrecht und gefährlich wie die Teufel und Ketzer der Vergangenheit.*

Alteingesessene Schulen des Mahayana wie T'ien-t'ai oder Huayen hatten von den Ch'an-Häretikern wenig zu fürchten, bis der An-Lu-shan-Aufstand das ganze politische und religiöse System erschütterte. Als spirituelles Gegenstück zu den individualistischen aufständischen Generälen setzte Ch'an den aktiven Nonkonformismus fort, der für das Zeitalter seiner Entstehung so charakteristisch war. In keiner Weise spekulativ, entsprach er der pragmatischen chinesischen Lebenseinstellung. Er betonte Spontaneität und Natürlichkeit und widersprach nicht der taoistischen Haltung gegenüber der Natur. Er besaß eine gesunde Ablehnung jedes Institutionalismus, und seine

Mönche arbeiteten, um sich zu nähren und zu kleiden, im Gegensatz zu den Klöstern rivalisiernder Schulen, die riesige Ländereien besaßen und von den Spenden aus dem Umland profitierten. Völlig unabhängig von Schriften und Dogmen, zerstörte die Lehre des Ch'an alle Begriffe von Subjekt und Objekt und wirkte in dem oft schwindelerregenden Bereich von Drama und Paradox. Seine Vertreter brachen mit indischem Quietismus, Bilderverehrung und Metaphysik und verkündeten einen direkten und praktischen Zugang zur Erleuchtung für alle, in einer alltäglichen Sprache, die auch vom einfachsten chinesischen Bauern verstanden werden konnte. [Die Nutzanwendung für die heutige Situation im Westen ist kaum zu übersehen.] Während so der Hof-Buddhismus verfiel, blühte das rauhe und kämpferische Ch'an auf und überlebte selbst die große Verfolgung von 845.

Ch'an-Mönche und taoistische Priester wurden vom Hof und der konfuzianischen Beamtenschaft als potentiell gefährliche Träger revolutionärer Gedanken angesehen; repräsentierten sie doch einen großen Teil der Landbevölkerung, des am wenigsten angesehenen und meist unzufriedenen Teils der Bevölkerung. Auch in der Praxis gab es offenkundige Parallelen. Sowohl im Taoismus als auch im Ch'an wird die Technik des Atemzählens als Grundtechnik der Meditation bis zum heutigen Tage verwendet; beide betonten eher Verneinung (via negativa) als Verehrung und die Erfahrung der Leerheit als Grundlage ihrer Praxis. Der Ch'an-Meister Ma-tsu begründete die große Traditionslinie, die Gestalten wie Nan-ch'üan, Pai-chang, Huang-po [Obaku] und Chao-chou [Joshu] hervorbrachte – die ihr hartnäckiges Bestehen auf dem »gewöhnlichen« Weg zur Erleuchtung oftmals auf höchst seltsame und ungewöhnliche Weise ausgedrückten.

Das Leben eines Ch'an-Mönchs war einfach: Es bestand aus harter körperlicher Arbeit, und der Mönch teilte alles Besitztum mit der Gemeinschaft. Er schlief und meditierte auf derselben Matte, flickte seine Robe selbst und pflanzte sein eigenes Gemüse. Mehr noch, seine Lehrer teilten die Arbeit mit ihm und ergingen sich in dem, was orthodoxen Buddhisten wie Liang-su als wilde und groteske Streiche, Schreie und Schläge erschien. Während ihre dogmatischeren Kollegen ihre Zeit nutzten, um die Buddhafiguren in zahllosen Tempeln und Schreinen zu verehren, standen die Ch'an-Mönche im Ruf, diese Figuren und die heiligen Schriften zu verbrennen. Ihre Kritiker konnten nicht verstehen, dass damals in China eine völlig neue Form des Buddhismus Gestalt annahm, die all ihre indischen Hüllen abwarf und sich der Erfahrung der Wirklichkeit von Erleuchtung auf eine völlig neuartige Weise hingab, dabei aber die indischen Legenden, Figuren, Götter und himmlischen Bereiche – als Metaphern – weiterverwendete.

Ein unbekannter Mönch mit Namen I-hsüan machte sich irgendwann um 835 auf den Weg nach Chiang-nan im Süden, um bei dem berühmten Ch'an-Meister Huang-po zu praktizieren. Diese Reise stand am Beginn einer Bewegung, die wir heute Rinzai-Zen nennen. I-hsüan hatte bis dahin ein sehr gewöhnliches Leben geführt, selbst nach der traditionellen, von seinen Nachfolgern geschriebenen Biographie des Ch'an-Meisters, der später als Rinzai bekannt werden sollte. Der Knabe I-hsüan wurde zwischen 810 und 815 in Nan-hua in der Präfektur Ts'ao geboren und trug den Familiennamen Hsing. Er wuchs auf in der Region, die jetzt als Yen-chou-fu in Shantung bekannt ist, unmittelbar südlich des Hoang-ho, fand früh seine Berufung zum Mönch und wurde mit 20 Jahren ordiniert. Wie viele andere kluge junge Männer seiner Zeit folgte auch er dem Weg der Gelehrsamkeit, insbesondere beschäftigte er sich gründlich mit den buddhistischen Schriften. Er verbrachte fünf oder sechs Jahre mit dem intensiven Studium der esoterischen Philosophie der Hua-yen- und der Wei-shih-Schule des Mahayana. Dann erfasste ihn eines Tages heftiger Abscheu gegen seine Bücher, er sah in ihnen »nichts als bloße Medikamente zur Errettung und zum Aufzeigen von Meinungen« und warf sie alle weg. Diese Geschichte ist charakteristisch für so viele große Ch'an-Meister am Anfang ihrer Karriere, dass man sich fragt, ob sie nicht zu einer Formel erstarrt ist: Der zur Spiritualität neigende gescheite junge Mann wendet sich früh dem Mönchtum zu, schließt sich einer intellektuellen Tradition an, wendet sich in seinem Verlangen nach der direkten Erfahrung der Buddhaschaft wieder davon ab und der Lehre jenseits von Worten und Schriften zu.

Ohne jeden Zweifel standen der Luxus und die Korruption des monastischen Establishments im krassen Widerspruch zu der bereits im Verborgenen existierenden Linie des Ch'an. Diese war von Ma-tsu an Huang-po weitergegeben worden, und deren Schreie, Schläge und Verachtung aller traditionellen Formen des Buddhismus kamen unzufriedenen jungen Mönchen wie I-hsüan gerade recht.

Bei seinem Eintritt in Huang-pos Gemeinschaft zog der junge Mönch wenig Aufmerksamkeit auf sich; er war so scheu, dass er fast drei Jahre brauchte, bevor er den Mut aufbrachte, dem großen Meister in einem persönlichen Gespräch gegenüberzutreten. Nach dem Lin-chi-lu,[1)] das während der Sung-Dynastie fast 300 Jahre nach seinem Tod verfasst wurde, erregte er die Aufmerksamkeit des Mönchsaufsehers, wahrscheinlich Mu-chou Tao-ming (Bokushu, der später auch einer von Huang-pos begabten und exzentrischen dharma-Erben werden sollte), und der riet ihm, beim Meister vorzusprechen. I-hsüan folgte dem Rat des Aufsehers, ging zu Huangpo und fragte ihn: »Was ist das ursprüngliche Prinzip des Buddha-dharma?« – eine alltägliche Frage für Ch'an-Novizen. Huang-pos Antwort war ein Stockschlag. Verwirrt kehrte I-hsüan zum Aufseher zurück und erzählte ihm von seiner Erfahrung mit dem Meister. Mu-chou drängte ihn, zurückzukehren und nochmals zu fragen. Eifrig suchte er ein zweites Gespräch und stellte dieselbe Frage. Wieder schlug ihn Huang-po. Wieder ging I-hsüan zu Mu-chou und berichtete, was geschehen war. »Geh zurück und frage nochmals«, war der Rat des Mönchs. Zum dritten Mal ging der unglückliche junge Mönch zum Meister und fragte ihn: »Was ist das ursprüngliche Prinzip des Buddha-dharma?« Wieder erhielt er einen Schlag für seine Mühe. Diesmal ging er zu Mu-chou und gestand, er wisse nicht, worum es eigentlich gehe, er vermute aber, der Fehler liege bei ihm, er habe sicher Huang-po verärgert und sei deshalb geschlagen worden. Er sei entschlossen, das Kloster zu verlassen. Mu-chou, der mitfühlend seinen Zustand erkannte, ging heimlich zum Meister, erzählte ihm von I-hsüans Zwangslage und empfahl ihm, ein Auge auf das junge Talent zu haben. Dann ging er zu I-hsüan und sagte ihm, er solle sich von Huang-po verabschieden, bevor er gehe. I-hsüan ging pflichtschuldig zum Meister, um ihm seinen Respekt zu bezeugen. Huang-po erwähnte beiläufig

Ta-yü [Daigu], einen Freund, der unweit in einer Einsiedelei lebte, und schlug vor, I-hsüan solle dorthin gehen, um eine Antwort auf seine Frage zu finden.

Der vielversprechende junge Mönch machte sich sofort auf den Weg zu Ta-yüs Klause und legte ihm gleich bei der Ankunft seine Frage vor. Der exzentrische alte Einsiedler aber tadelte ihn und sagte: »Huang-po war zu dir freundlich wie eine alte Großmutter, und du weißt das nicht zu schätzen!« Bei diesen Worten erfasste I-hsüan die Wirklichkeit, und er rief aus: »Ah ... so viel ist an Huang-pos dharma also gar nicht dran!« Ta-yü antwortete ihm mit einem Schlag, den I-hsüan sogleich erwiderte. »Du Grünschnabel!«, rief Ta-yü. »Ich habe nichts mit dir zu tun, du bist Huangpos Problem. Geh zurück zu ihm!«

I-hsüan kehrte in sein Heimatkloster zurück und begrüßte Huang-po mit einem Schlag. »Dieser Wahnsinnige kommt hierher zurück, um an den Barthaaren des Tigers zu zupfen!«, rief der Meister, hocherfreut über die Einsicht seines Schülers. Der antwortete mit einem lauten »HO!« [jap. katsu – schreien, saufen], das später sein Markenzeichen als Ch'an-Meister werden sollte. »Führt diesen Verrückten zurück in die Mönchshalle«, sagte Huang-po lachend.

Dieser »verrückte« Dialog war der eigentliche Anfangspunkt von I-hsüans Ch'an-Übung. Er blieb bei Huang-po und wanderte zwischen Chiang-nan und Ta-yüs Einsiedelei in Hung-chou hin und her, um seine Einsicht zu vertiefen. Die Buddhistenverfolgung von 845 fand ihn friedlich in Ta-yüs Klause sitzend, wobei er von Zeit zu Zeit Streifzüge für Studien mit Huang-pos dharma-Brüdern Kuei-shan [Isan] und Yang-shan [Kyozan] unternahm, er kehrte aber immer wieder zu seinem Heimatkloster in Chiang-nan zurück. Die Dialoge zwischen I-hsüan und Huang-po während dieser Jahre des Trainings geben ein lebhaftes Bild dieser beiden religiösen Genies »in Aktion«.

Als I-hsüan einmal bei der Arbeit war und das Feld harkte, sah er Huang-po kommen, hörte auf und lehnte sich auf seine Harke. Näherkommend rief Huang-po: »Ist dieser Kerl etwa schon müde?«

»Wie könnte ich müde sein, wenn ich meine Harke noch gar nicht aufgenommen habe?«, gab I-hsüan zurück. Huang-po schlug ihn, aber I-hsüan ergriff seinen Stock und stieß ihn damit, bis der Ältere niederfiel. »He Aufseher«, rief der den diensthabenden Mönch, »komm und hilf mir auf!« Dass I-hsüan den Huangpo niederstoßen konnte, war schon bemerkenswert, denn der Meister war ein bärenstarker Zwei-Meter-Mann. Der Aufseher kam gelaufen und rief: »Meister, warum lasst Ihr diesen Wahnsinnigen mit solchen Respektlosigkeiten durchkommen?« Sobald Huang-po auf den Beinen war, schlug er den Aufseher. I-hsüan arbeitete unbekümmert weiter und rief aus: »Überall begraben sie die Toten; hier aber begrabe ich die Leute lebendig!«

Dieses Beharren auf der unbedingten Würde selbst des niedrigsten Gliedes der Hackordnung war kein bloßes Symbol der Verspieltheit des Ch'an, sondern eine grundlegende und ernsthafte Herausforderung für die kaiserliche Hierarchie der T'ang-Ordnung, in der Insubordination ein Kapitalverbrechen war. Huangpos Anerkennung des klaren Verständnisses der »Großen Frage von Leben und Tod« wird deutlich durch sein andauerndes Gutheißen von I-hsüans offenbarer Grobheit. [Ein selbst weniger grober Meister hätte da vielleicht größere Schwierigkeiten gehabt.] In einer von konfuzianischen Standesbegriffen geprägten Gesellschaft improvisierten diese beiden frei ihr Drama von »Revolution« und Freiheit des Individuums.

Als I-hsüan einmal auf seinem Sitzkissen eingeschlafen war, kam Huang-po in die Halle und schlug das Klangbrett [han] mit seinem Stock an. I-hsüan öffnete die Augen, sah wer das Brett anschlug, und schlief weiter. Mu-chou, der Mönchsaufseher, saß vorschriftsmäßig in Meditation. Huang-po schlug nochmals das Brett an, stellte sich direkt hinter ihn und rief: »Dieser junge Kerl, der da auf dem geringeren Platz sitzt, meditiert wirklich. Du und deine künstlichen Begriffe – was glaubst du, was du da tust?« Muchou antwortete: »Was will der alte Knabe von mir?« Huang-po schlug nochmals gegen das Brett und ging hinaus.

Im Gegensatz zu der Lehrerverehrung und Wundersucht, die in der überwiegenden Mehrzahl der buddhistischen Klöster üblich war, offenbarten diese Ch'an-Praktiker das Buddha-dharma im besten Sinne. Völlig »demokratisch« im Ausdruck ihrer Einsicht, klar und sich in jedem Augenblick bewusst, worauf sie und ihre Lehrer hinauswollten, drückten sie ihre grundlegende menschliche Freiheit in jeder Geste und jedem Schrei aus. I-hsüan war konsequent und benahm sich auch so ehrwürdigen Meistern wie Te-shan [Tokusan] gegenüber in dieser Weise. Als er einmal dem alten Mann aufwartete, erwiderte er des Meisters Bemerkung, dass er müde sei, mit der Frage: »Was murmelt der alte Kerl da im Schlaf?« Als Te-shan ihn zur Antwort schlug, zog ihm I-hsüan den Meisterstuhl weg. Te-shan stand auf und ging zurück in sein Zimmer. Das Wichtigste in diesen scheinbar wilden und ungestümen Auseinandersetzungen ist, dass keiner der Teilnehmer sich dabei in einem Wettkampf engagiert, um seine Überlegenheit zu beweisen, dass es keinen Gewinner und keinen Verlierer gibt; das Spiel selbst ist die Sache.

Um 849 machte sich I-hsüan, nun schon über vierzig, auf die traditionelle Pilgerreise des »fertigen« Zen-Mönchs. Reif genug in seinem Verständnis, um eine ganze Schar von berühmten Lehrern im ganzen Reich herauszufordern, zeigte I-hsüan seine charakteristische geistige Unabhängigkeit auch bei seinem Abschied von Huang-po. Als ihm der Meister am Klostertor Lebewohl sagte, bot er ihm einige Gegenstände an, die er von seinem Lehrer, dem großen Pai-chang, erhalten hatte. »Hier, nimm die Armstütze und das Lesepult«, sagte Huang-po und erteilte damit symbolisch seinem scheidenden Schüler die dharma-Übertragung. »Das dharma hat keinen Bedarf an solchen Dingen«, erwiderte I-Hsüan, »warum verbrennst du sie nicht?« Huang-po, der seinen dharma-Erben genau kannte, sagte: »Nimm sie trotzdem mit. In Zukunft wirst du jedem Mann in der Welt die Zunge abschneiden!« I-hsüan weigerte sich weiterhin hartnäckig und verließ das Kloster ohne Armstütze und Lesepult. Noch am Ende dieser tiefen, beständigen und häufig wortlosen Verbindung zwischen den beiden radikalen Vertretern des Ch'an stand ein dem Anschein nach ironischer Wortwechsel.

I-hsüan wanderte über ein Jahr umher, ließ sich einen Bart stehen und das Haar lang wachsen und erprobte seine Verwirklichung mit einer Reihe von berühmten und weniger berühmten Ch'an-Meistern, wobei er immer mit dem Bewusstsein wegging, dass ihm keiner auch nur ansatzweise gewachsen sei. War das Arroganz, oder war das vielleicht eher ein Ausdruck der absoluten Freiheit, die er gewonnen hatte? Endlich schlug er den Weg nach Norden ein und beendete seine Pilgerreise in der Präfektur Chen-chou in Hopei. Hier, unter dem hochherzigen Patronat des autonomen Militärgouverneurs Wang, wurde der Mönch I-hsüan zum Lehrer Rinzai, so genannt nach seinem Tempel Lin-chi Yüan [Rinzai-ji], dem »Tempel an der Furt« des Flusses Hu-to.

Obwohl Rinzai völlige Selbständigkeit gegenüber dem Gouverneur genoss, kam er nicht zu großem Ruhm, und sein Tempel blieb immer klein und abseits der ausgetretenen Pfade – keine Konkurrenz für die märchenhaften Wu-t'ai-Klöster auf dem sich über Chen-chou erhebenden heiligen Berg,[2] die Tausende buddhistischer Pilger aus ganz Asien anzogen. Seine Popularität war ebenfalls eher bescheiden; es gibt keine Berichte über riesige Versammlungen von Mönchen, obwohl durchaus Besucher kamen, sowohl Laien als auch Mönche; und selbst ein berühmter Ch'an-Meister wie Chao-chou tauchte an seinem Tor auf.

Aber wichtiger für Rinzai war ein ganz anderer, nämlich P'u-hua [Fuke], ein seltsamer himmlischer Narr, ein rätselhafter Helfer, der gemäß einer Jahre zurückliegenden Weissagung zu Rinzais Vorteil hervortreten sollte. P'u-hua war eine fast schon übernatürliche Gestalt, die in Rinzais Gemeinschaft auftauchte und wieder verschwand, die Marktplätze durchwanderte und mit ihren Rätseln und Streichen das Ch'an-Establishment zum Narren hielt. Von seinem Stil färbte viel auf Rinzai ab, dessen persönliches Markenzeichen des exzentrischen Individualismus in den zehn kurzen Jahren seiner Lehrerschaft einen immer deutlicheren Ausdruck erlangte. Ihre fast possenhafte Partnerschaft wird in etlichen Beschreibungen des Rinzai-lu sichtbar.

Rinzai und P'u-hua waren zu einem vegetarischen Festmahl eingeladen, das ein Gönner ihnen zu Ehren gab. Rinzai präsentierte seinem Freund während des Essens einen kung-an [jap. koan]: »Ein Haar verschlingt das ganze Weltmeer, und ein Senfkorn enthält den Berg

Sumeru. Geschieht das durch übernatürliche Kräfte, oder ist das immer so?« P'u-hua stieß mit dem Fuß den Tisch um. »Du Grobian!«, rief Rinzai. »Was ist das für ein Ort, von grob und fein zu sprechen?«, konterte P'u-hua.

Am nächsten Tag gingen sie wieder zum Essen in ein Privathaus, und Rinzai fing nochmals eine Diskussion an: »Wie ist das heutige Essen verglichen mit dem gestrigen?« P'u-hua stieß wieder den Tisch um, und Rinzai sagte: »Du verstehst es wirklich, aber du bleibst ein Grobian.« Diesmal antwortete P'u-hua: »Du blinder Kerl; was predigst du Grobheit und Feinheit im Buddha-dharma?« Rinzai streckte seine Zunge heraus, ein alter chinesischer Ausdruck der Bewunderung.

Bei einer anderen Gelegenheit saß P'u-hua, der nach Belieben kam und ging, manchmal Rinzais Gemeinschaft beiwohnte, meist aber auf dem Markt herumstrich, vor der Meditationshalle und kaute lautstark an einem Kohlstrunk. Rinzai sah ihn und rief: »Du machst den Eindruck eines Esels!« P'u-hua schrie wie ein Esel. Rinzai rief: »Dieser Räuber!« P'u-hua ging weg und schrie laut: »Räuber, Räuber!«

Solche Auseinandersetzungen boten eine gute Gelegenheit, die Einsicht im Ch'an zu schärfen, da es eben nicht darum ging, irgendeine Überlegenheit zur Schau zu stellen. Keine Begebenheit war zu banal, kein Ort war zu wenig geeignet, kein Mensch war zu groß oder zu klein für das Spiel des dharma. Im eigentlichen Sinne war P'u-hua mehr noch als Rinzai ein hausloser Mönch, aber beide waren wahrhaft hauslos, denn beide hatten alles egoistische Verlangen und jeden Begriff von Überheblichkeit abgelegt. Und beide waren daher überall zu Hause.

P'u-hua, der außerhalb jeder gesellschaftlichen Ordnung stand, ein purzelbaumschlagender Witzbold, pflegte in den Straßen herumzuwandern, mit seiner Glocke zu läuten und zu rufen: »Wenn es in der Helligkeit kommt, schlage ich es in Helligkeit; wenn es in der Dunkelheit kommt, schlage ich es in Dunkelheit. Wenn es von allen Seiten kommt, schlage ich es wie ein Wirbelwind; kommt es aus der Leere, dresche ich es.« Als er das hörte, wies Rinzai einen der Mönche an, P'u-hua und ihn zu fragen: »Und wenn es auf keinem dieser Wege kommt, was dann?« Der Mönch tat, wie ihm aufgetragen worden war. Aber P'u-hua wand sich nur aus seinem Griff und sagte: »Morgen gibt es ein großes Gratisessen im Kloster des Großen Erbarmens!« Als der Mönch zurückkam und Rinzai das Ergebnis berichtete, sagte der nur: »Ich war immer schon fasziniert von diesem Kerl.«

In der wahrscheinlich volkstümlichsten ihrer Auseinandersetzungen demonstrierten die beiden nichts weniger als das zentrale Thema des Ch'an, die Frage von Geburt und Tod. P'u-hua bettelte jeden Vorbeikommenden auf dem Marktplatz an, ihm eine Robe zu schenken, war aber mit nichts zufriedenzustellen, bis ihm Rinzai einen Sarg anbot und sagte: »Hier habe ich eine Robe für dich machen lassen.« P'u-hua nahm den Sarg auf, hängte ihn mit einem Seil über seine Schultern, ging über den Marktplatz und schrie: »Rinzai hat mir diese Robe schneidern lassen! Ich gehe zum Osttor, um dort zu sterben.« Die Leute strömten zusammen und liefen dem »Dorftrottel« nach, um zu sehen, was er diesmal wohl vorhabe. Als er zum Osttor kam, drehte er sich um und sagte: »Nein, nicht heute. Ich werde zum Sterben lieber morgen zum Südtor gehen.« Dieses Spiel betrieb er drei Tage lang, bis die Leute aufhörten, ihm Beachtung zu schenken. Am vierten Tag trug P'u-hua ganz allein seinen Sarg vor die Stadtmauer hinaus, stieg hinein und streckte sich aus wie ein Leichnam. Ein Passant kam seiner Bitte nach, den Sarg zuzunageln; dann ging er zum Marktplatz, um den Leuten davon zu erzählen. Die rannten alle hin, neugierig, worauf P'u-hua nun aus war; als sie aber den Sarg öffneten, war er leer, und nur das leise Läuten seines Glöckchens aus der Höhe erinnerte an den himmlischen Narren.

Rinzai war bekannt für seine Härte; P'u-hua für seine Possen. Gemeinsam adaptierten sie wie Künstler die Methode des Lehrens für die Straße und machten Ch'an selbst dem einfachsten Ladenschwengel zugänglich. Ohne Interesse daran, den klösterlichen Buddhismus weiterzuverbreiten, ja ohne der Wohlanständigkeit ihrer Bühne oder Zuhörerschaft viel Beachtung zu schenken, lebten und verkörperten sie den Geist des Pu-tai [Hotei], des Bodhisattva des Marktplatzes.

Die Welt rund um den kleinen Tempel an der Furt war in ständigem Aufruhr. Soldaten waren allgegenwärtig, mögliche Invasionen der nördlichen Barbaren eine alltägliche Sorge. Politisch konnte nichts gefährlicher sein, als irgendeine Art von Individualismus zu verbreiten oder der Abschaffung von Rangordnungen das Wort zu reden. Und doch war es gerade hier, dass Rinzais ungemilderter Nicht-Dualismus, sein Beharren auf der vollständigen Aufgabe von religiösem Dogma und jeder Abhängigkeit von äußeren Umständen, sich zu einer Schule entwickelte, die später in Japan als Rinzai-Zen bekannt wurde. Seine unmittelbaren Schüler zählten nicht mehr als 25, mit San-sheng Hui-jan [Sansho Enen] als direktem Erben, nach des Meisters berühmtem, unorthodoxem letztem Wort der Übertragung: »Wer hätte gedacht, dass ich mein dharma an einen solchen blinden Esel weitergeben würde!« Erst in der siebten Generation seiner Nachfolger, mit Shih-shuang Ch'uyüan [Sekiso Soen, 986–1039], verbreitete sich seine Linie nach Süden und wurde zur bedeutendsten Ch'an-Schule der Sung-Dynastie. Die Berichte widersprechen einander bezüglich seines Todestages; einer gibt den 27. Mai 866 an, der andere nennt den 18. Februar 867. Beide Quellen berichten aber, dass er nicht krank war und dass er sich auf seinen Platz setzte und mit seinem charakteristischen Humor und Einsatz zu seinen Schülern sprach, bevor er die Augen schloss und friedlich starb.

Alle schriftlichen Informationen, die von Rinzais Leben und Lehren erhalten sind, sind im Lin-chi-lu enthalten, in Form von Diskursen mit Schülern und Besuchern des Rinzai Yüan und einer angehängten Biographie. Obwohl es erst mehr als 300 Jahre nach seinem Tod zusammengetragen wurde, ist es doch ein lebendiges und kraftvolles Zeugnis der revolutionären, in alltäglicher, ja vulgärer Rede enthaltenen Mächtigkeit von Rinzais Lehrmethode. Er zeigt sich hier als brillanter Improvisator, der seine Zuhörerschaft mit schockierenden Aussprüchen und Handlungen auffordert, immer sie selbst zu sein. Mit dieser direkten Methode ermunterte er den Fragenden, ihn in einer Konfrontation »Augenbraue an Augenbraue« herauszufordern, und er zögerte auch nicht, weniger wackere Kämpen verbal und physisch niederzumachen. Rinzais äußerliche Ruppigkeit wird jedoch Lügen gestraft von seinem ganz unzeitgemäßen Humanismus, seinem Bestehen auf einer bedingungslosen Würde des Einzelnen, einem Thema, das im damaligen sozialen und spirituellen Milieu völlig unerhört war. Und zwar sowohl im auf die Natur konzentrierten Taoismus als auch im Konfuzianismus, der im Vorurteil der sozialen Form gefangen war und jede Autonomie des Individuums ablehnte, und im Buddhismus, der sich erbaulich und jenseitig darstellte. Für Rinzai war das menschliche Wesen nicht eine philosophische Abstraktion, sondern ein Buddha aus Fleisch und Blut. Seine Zuhörer waren häufig nicht wenig erstaunt, von ihm als Bodhisattvas, Buddhas und Patriarchen angesprochen zu werden, und seine Gönner brachte er vermutlich nicht weniger in Verlegenheit mit seiner vollständigen Missachtung von Rang und Autorität, die er in seiner Doktrin des »Wahren Menschen ohne Rang« entwickelte.

Während er seine Zuhörerschaft fest ins Auge fasste, rief er aus: »Mitten auf eurem Klumpen rötlichen Fleisches sitzt ein wahrer Mensch ohne Rang, der immer ein- und ausgeht durch die Pforte eures Gesichts. Wer ihn noch nicht erkannt hat – sieh! Sieh!« Ein Mönch stand auf und fragte: »Was ist's mit diesem wahren Menschen ohne Rang?« Rinzai stieg von dem Hohen Stuhl, stellte sich ihm Auge in Auge gegenüber und sagte: »Was ist's mit ihm?« und, ihn beim Kragen packend, rief er: »Rede! Rede!« Der Mönch zögerte, und Rinzai stieß ihn zur Seite, rief: »Dieser wahre Mensch ohne Rang, wie ist er voll von Scheiße!« und verließ die Halle.

Rinzai fügte der Botschaft des Ch'an nichts Neues hinzu, aber er änderte radikal die Art, diese Botschaft zu vermitteln. Er übte ätzende Kritik an den Leuten, die von einem Lehrer zum anderen liefen und Erleuchtung in den Worten und Namen anderer suchten: »Ich rede auf diese Weise nur, weil ihr Suchenden nicht aufhört, überall herumzurennen, um die wertlosen Kniffe von Leuten zu lernen, die längst tot und vergangen sind [wie heute er selbst]. Für mich sind die Bodhisattvas nichts als Scheiße im Kübel, Pfosten, um Esel anzubinden, Sträflinge in Ketten. Buddha ist nichts als ein Name!«

Solche Ansprüche an das spirituelle Selbstbewusstsein waren nichts für ängstliche oder nach Erbauung suchende Menschen. Um seinen Worten lebendige Bedeutung zu verleihen, scheute Rinzai nicht davor zurück, seine Schüler zu schütteln, zu schlagen und anzubrüllen; »Schocktherapie« zu verwenden, um ihnen zum Durchbruch zu verhelfen. Es überrascht nicht, dass er Quietismus demaskierte und dramatische »action« bevorzugte, lebendigem Austausch den Vorrang vor langen Sitzperioden gab. Er charakterisierte scheinheilige Mönche als »blinde Glatzköpfe, die sich mit Essen vollstopfen und stundenlang wie Säcke in Meditation dasitzen würden, um den Fluss der Gedanken anzuhalten« und warnte sie, dass dieses Sitzen nur zu einem »Höllen-Karma« für sie führen könne. Rinzai lebte von radikalen Aussprüchen wie diesen, er ging sogar so weit, Schüler zu drängen, die Buddhas samt den alten Lehrern und gleich auch ihre eigenen Eltern zu erschlagen. Es verwundert nicht, dass solche Lehren die Feindschaft der Konfuzianer hervorriefen, die außer sich waren über eine solche Verletzung der Kindespflichten. Traditionelle Buddhisten wiederum schraken zurück vor Rinzais Anstiftung zu solch »schändlichen Verbrechen«.[3]

Für Rinzai war ein Schüler nur dann akzeptabel, wenn er vollständige Hauslosigkeit anstrebte – nicht in Form des Mönchseins, sondern durch ein absolutes Sich-Enthalten jeden Haftens an der Welt der Phänomene überhaupt. Das schloss auch die Meditation und den Begriff der Erleuchtung ein. Für Rinzai existierten keine »Buddhas«. Keine Vergangenheit, keine Gegenwart und keine Zukunft konnten die Erfahrung der Erleuchtung verhindern oder hervorbringen. Wu [jap. satori] selbst benötigte keine Übung. Alles, was ernsthaft Suchenden blieb, war das Vertrauen in ihre Aktivität »hier und jetzt«. Allen, die ihn weiter ausfragten über Buddha, Buddhismus, Erleuchtung etc., antwortete er: »Der Buddha bist du, der du da gerade jetzt vor meinen Augen meiner Rede folgst!«

Ungeduldig mit dem Herumsitzen in Meditation und mit den Lehrmethoden, die chien-hsing [jap. kensho] vorantreiben sollten, war Rinzai häufig frustriert, überhaupt sprechen zu müssen. Etliche Vorträge zielten daher warnend auf die Schüler, die jede Spur verfolgten und sich überall umsahen, um Ch'an-Erfahrung »aus zweiter Hand von den Sprüchen anderer zu schnorren«. Rinzai genügte nichts außer bedingungsloser geistiger Loslösung und leidenschaftlichem Engagement in den Aktivitäten des Lebens selbst. Zweifellos eine schwierige Aufgabe für einen sich mühenden jungen Novizen. Es muss schwierig gewesen sein, des Meisters Ablehnung herkömmlicher Ch'an-Lehrmethoden zu akzeptieren, schwierig, den in der Sitzmeditation implizierten Begriff von Ursache und Wirkung loszuwerden, demgemäß Sitzen zur Erleuchtung führen würde. Rinzais Beharren auf der Überlegenheit der unmittelbaren Erfahrung gegenüber der künstlich herbeigeführten Beschaulichkeit wird gut illustriert durch die folgende Auseinandersetzung mit einem etwas überheblichen Mönch:

Rinzai sagte vor der Gemeinschaft: »Ich habe zwanzig Jahre mit Huang-po verbracht. Als ich ihn dreimal nach dem Grundprinzip des Buddhismus fragte, schlug er mich dreimal mit seinem Stock. Es war wie Klopfen mit einem Blumenstängel. Jetzt würde ich einen anderen Geschmack des Stockes bevorzugen. Wer kann mir den geben?« Ein Mönch trat vor und sagte: »Ich.« Rinzai hielt ihm den Stock hin. Der Mönch versuchte ihn zu packen, aber Rinzai schlug ihn damit.

Rinzais Stil des Ch'an war die Darstellung, die direkte Rede und Antwort, die perfekt dramatisierte Präsentation des Ganzen. Alle esoterischen Prinzipien des Mahayana waren konzentriert in einem Schlag, übersetzt in das herausfordernde Wort eines Hasardeurs. Heute würde man Rinzai vielleicht einen Method Actor nennen, dessen Wort und übertriebenes, ja verzerrt erdhaftes Spiel gerade die tiefste spirituelle Erfahrung transportiert. Sein Genie schneiderte diese Erfahrung für jeden Einzelnen, der ihm gegenübertrat, zurecht. Mit seiner abweichenden Art von Ch'an-Einsicht, seiner Weigerung, zwischen Heilig und Profan zu unterscheiden konnte er in Gesprächen »einen Menschen durch und durch erkennen«. Wenn er auch nur einen Funken des Zweifels in einem Schüler entdeckte, einen Moment des Zögerns, ließ er einen Schlag oder einen Schrei los, um den Schüler wieder ins Zentrum des Selbstvertrauens zurückzubringen – »Ein Gedanke des Zweifels in deinem Geist ist der Teufel.« Furchtlos gegenüber einer Ächtung durch die Ch'an-Gemeinschaft, befürwortete er, dass seine Mönche jede Hierarchie, jede Sicherheit eines Tempels und jede Gönnerschaft vermieden, und warnte sie, keine Tempel-Priester zu werden, die wie junge Bräute davor Angst haben müssten, »mit nichts in der Tasche hinausgeworfen zu werden«. Die wirklich großen Männer des Ch'an, sagte er, seien von Anfang an Außenseiter gewesen, und ihr Wert sei erst in späteren Jahren erkannt worden. Und das war in seinen Augen »eine gute Sache, denn wären sie überall anerkannt gewesen, was hätten sie dann überhaupt für einen Wert gehabt?«

Rinzai drängte seine Zuhörer, sowohl den »Luxus« des Klosterlebens zu meiden als auch die Suche nach dem Buddha aufzugeben. Er ermutigte sie zur Tapferkeit auch angesichts von Wundern und Dämonen. Nichts sei ewig, nicht einmal die Götter, um wie viel weniger dann das Wort selbst des verehrungswürdigsten Ch'an-Meisters? »Wenn du dein Verständnis auf die aus zweiter Hand überlieferten Aufzeichnungen irgendeines toten alten Knackers aufbaust«, schimpfte er, »deine Aufzeichnungen in Tücher wickelst und sie für geheim erklärst, dann bist du nichts als ein blinder Narr. Welchen Nährwert kannst du in diesen ausgetrockneten alten Knochen finden?« Er bevorzugte lebendige Aussprache, beißenden Dialog, dialektisches Paradox und scheinbar unlogische Verdrehung, wie z. B. in dieser Aussage über den Geist:

Geist ist ohne Form und durchdringt die zehn Richtungen: Im Auge wird er Sehen genannt, im Ohr Hören, in der Nase nimmt er Gerüche wahr, im Mund führt er Gespräche, in der Hand ergreift und in den Füßen läuft und trägt er. Im Grunde ist er eine einzige reine Ausstrahlung; getrennt wird er zu den sechs harmonisch vereinten Sinnes-Sphären. Da der Geist nicht existiert, wo immer du bist, bist du befreit.

Wie der typische chinesische Intellektuelle seiner Zeit neigte Rinzai zum Kategorisieren. Aber der Ch'an-Mensch Rinzai verwendete Worte und Kategorien, um das begriffliche Denken zu zerschlagen, und schleuderte Donnerkeile, um den intuitiven Geist zu erwecken. Seine Lehrerschaft war sehr ausgeprägt, und er überarbeitete die persönliche Lehrer-Schüler-Beziehung zu einem lebensfähigen Werkzeug der

Erleuchtung. Sein eigener umspannender Geist und seine psychologische Auffassungsgabe standen in jedem Augenblick auf verschiedenen Ebenen in Wechselwirkung, und er hatte keine Geduld mit dem langsamen und gleichmäßigen Zugang anderer Lehrer. So übte er nicht nur offene Kritik an den anderen buddhistischen Schulen, sondern auch an den anderen Ch'an-Lehrern, die ihre Schüler nicht »die Wahrheit für sich selbst erfahren« ließen.

Eine oberflächliche Sicht seiner Techniken, die das freigebige Verteilen von Schlägen ebenso umfasste wie ohrenbetäubendes Schreien, könnte aber Rinzais anspruchsvolle Lehre von der vierfachen Verwandtschaft zwischen Fragesteller und Antwortendem[4] verdecken, deren prozessorientierte Zugangsweise die »Gast und Wirt«-Metapher benutzt, um die Wandlung des Ich auf dem Weg zu beschreiben.

In der ersten Situation trifft der »Gast«, das begrenzte Ich, auf den »Wirt«, die Essenz oder das universale Wesen. Der beschränkte Gast stellt eine Frage, und die wird vom universalen Wirt beantwortet. Ein Beispiel dafür ist Rinzais eigenes Zusammentreffen mit Huang-po, als der noch unerleuchtete junge Mönch dreimal seine Frage stellte und jedes Mal einen Schlag von dem unbehindert und spontan funktionierenden universalen Selbst bekam.

In der zweiten Situation sieht der »Wirt« den »Gast«. Der Fragende nimmt die universale Position ein und der Antwortende die des abgetrennten Ich. Dies ist der Fall, wenn der erleuchtete Rinzai seinem unerleuchteten Schüler eine Frage stellt oder wenn ein erleuchteter Schüler vom Gesichtspunkt seines begrenzten Ich aus antwortet, wie z. B. der sich dumm stellende Mönch. Oder wenn der Mönch wirklich von der Ebene seines dualistischen Geistes aus antwortet.

In der dritten Situation, »Wirt sieht Wirt«, funktionieren der Fragende und der Antwortende beide als universales Selbst. Das ist die ideale Position. Rinzais erleuchteter Austausch mit Ta-yü – als er den alten Lehrer schlägt und nicht auf seine Frage »Was hast du gesehen?« antwortet – weist hin auf den »Wirt, der den Wirt grüßt«.

Wenn in der vierten Situation der »Gast« auf den »Gast« trifft, sind wir in der unglücklichen Lage, dass das beschränkte Ich verblendet auf ein anderes beschränktes Ich trifft und irregeleitet zu kommunizieren versucht. Das ist es, was nach Meinung Rinzais bei den meisten Begegnungen zwischen Schüler und Lehrer geschieht: »Da gibt es Schüler, die ihre Kette und Kugel herumschleppen und bei einem Ch'an-Lehrer erscheinen, der nur noch ein Vorhängeschloss an ihre Last hängt. Schüler und Lehrer sind höchst zufrieden, denn beide haben nicht mitbekommen, was eigentlich geschehen ist.«

In seinen »Vier Verfahren der Befreiung von Subjektivität und Objektivität« präsentiert Rinzai einen kung-an, einen Schlag oder einen Schrei, um den Schüler auf der Stelle von seinem dualistischen Subjekt-Objekt-Geist zu befreien. Zuerst (1) nimmt er die Person weg, aber nicht die objektive Situation, d. h., er befreit sie von ihren Bindungen an die subjektive Welt, lässt aber die objektive Welt bestehen. Zu diesem Zweck benutzt er Gedichte, die ausschließlich die natürliche Landschaft beschreiben, ohne eine Ich-Perspektive. Dann (2), um die objektive Situation zum Verschwinden zu bringen, die Person aber übrigzulassen, merzt er alle Begriffe des Suchens nach einer Erleuchtung von außen aus: »Da gibt es manche buddhistische Sucher, die schon den Fehler gemacht haben, auf dem Fünftafelberg[4)] nach Manjusri zu suchen. Willst du Manjusri erkennen? Der ist in diesem Moment am Werk mitten in dir, unerschütterlich, ohne Platz für irgendeinen Zweifel. Das ist der lebendige Manjusri.«

Entsprechend wird die Befreiung eines Schülers von sowohl objektiven als auch subjektiven Anhaftungen (3) durch einen Schrei, einen Schlag oder Stoß erreicht. Solche physischen Schocks heben den intellektuell kalkulierenden Geist aus den Angeln und befreien den Menschen von der Identifikation mit Subjekt oder Objekt. Das wird dramatisch illustriert im Fall 32 des Bi-yän-lu [pi-yen-lu, Hekiganroku], einer kung-an-Sammlung, die heute noch in Zen-Zentren verwendet wird. Der Mönchsaufseher Ting Shang-tso [Jojoza] fragte Rinzai: »Was ist das wahre Wesen des Buddhismus?« Rinzai stieg von seinem Sitz, packte Ting beim Kragen, schüttelte und ohrfeigte ihn und stieß ihn weg. Ting blieb einfach stehen. »Ting, warum verneigst du dich nicht?«, rief ein Mönch aus der Versammlung. Als Ting sich verneigte, erfuhr er plötzlich die große Erleuchtung.

Am Ende (4) lässt Rinzai sowohl Subjektivität als auch Objektivität bestehen, wie sie sind, vollständig identisch im Zustand des gewöhnlichen Seins, seine letztendliche Realität von »Scheißen, Pissen und ganz gewöhnlich werden«.

Indem er die [ritualisierte] Meditation ablehnte und mit neuen Lehrformen experimentierte, stellte Rinzai auch die traditionellen Definitionen von Erleuchtung und Übertragung in Frage. Trotzdem gelang ihm die Begründung einer Schule des Ch'an, die zwar exzentrisch, aber selbständig genug war, viele ihrer auf Hierarchie und Establishment gegründeten Gegenspieler zu überleben. Parallel zu ihrem friedlicheren Zeitgenossen, der Ts'ao-tung[Soto-]Schule, die zurückgeht auf Meister Tung-shan Liang-chieh [Tozan Ryokai], entwickelte sich die Ch'an-Schule des Rinzai unbehindert von Politik oder religiösem Institutionalismus. Mit der Zeit jedoch wurde ihr ursprünglicher kreativer Impetus, die wilde Energie und Spannkraft ihres Gründers, von sektiererischen Nachahmern aufgezehrt; seine spontanen Schreie und Gebärden wurden in Japan von der Kriegerkaste der Samurai zu einem »System« eingefroren. Rinzais Gespräch mit dem Militärgouverneur Wang, seinem eigenen Schüler und Gönner, klingt vor diesem Hintergrund noch ironisch durch die Jahrhunderte nach:

Eines Tages besuchte der Gouverneur Wang den Tempel und traf Rinzai vor der Mönchshalle. »Rezitieren die Mönche hier die Sutras?«, fragte er. »Nein, tun sie nicht«, erwiderte Rinzai. »Üben sie dann Meditation?« »Nein, sie üben auch keine Meditation.« »Wenn sie weder Sutras lesen noch Meditation üben, was um Himmelswillen tun sie dann hier?«, fragte der Gouverneur. »Alles, was ich hier mache, ist, sie zu Buddhas und Bodhisattvas werden zu lassen«, erwiderte Rinzai mit einem Lächeln.

1) Lin-chi-lu [Rinzai-roku], »Der Bericht von Lin-chi«. Es gibt mehrere sehr unterschiedliche deutsche Übersetzungen, zuletzt Linji Yixuan: Das Denken ist ein wilder Affe. München: Barth, 1996

2) Die Klöster auf dem Wu-t'ai-shan (jap. Gotai-san) waren seit dem 5. Jh. ein Heiligtum des Manjusri (Bodhisattva der Weisheit), Aufbewahrungsort einer geheiligten Abschrift des Hua-yen-ching (Avatamsaka-Sutra) und Zentrum des mongolischen Buddhismus.

3) Die fünf schändlichen Verbrechen sind: Vatermord, Muttermord, Ermordung eines Arhats, das Verletzen eines Buddha und der Versuch einer Spaltung der sangha.

4) vgl. auch Die fünf Stände von Zen-Meister Tosan Ryokai, deutsche Bearbeitung nach Hisamatsu Shin'ichi. Pfullingen: Neske, 1980.

bassui

der liebhaber der geräusche

Obwohl er sein ganzes Leben hindurch nichts anderes hörte als die Schlachtrufe des Bürgerkriegs, fand Bassui die große Erleuchtung in den Geräuschen dieser Welt. Im Japan der Militärdiktatur der Minamoto aufgewachsen, die fast zwei Jahrhunderte andauerte (1338– 1500), stellte Bassuis Zen eine gegenläufige Entwicklung sowohl zu den politischen Machtkämpfen zwischen rivalisierenden Höfen als auch dem feudalen Chaos dar. Als er sieben Jahre alt war, wurde das Shogunat bei dem Versuch einer Splitterpartei, den entthronten Kaiser wieder an die Macht zu bringen, gestürzt. Die krampfhafte Rebellion war erfolglos und führte nur zu offenen Streitigkeiten um die Kontrolle über das Land zwischen dem Shogunat und der kaiserlichen Armee. Abgeschnitten vom Sitz der Macht und Kultur, wurden Höflinge, Dichter, Künstler und Krieger zu wandernden Buddhisten, ein Zeichen des tiefen Verständnisses der Vergänglichkeit, welches diese Zeit charakterisierte. Es war eine Periode der ästhetischen Melancholie, die die Schönheit der Unvollkommenheit pries und Zuflucht in der Unsicherheit suchte, der sie ihr Leben verdankte.

Während seiner Lebenszeit von 1327 bis 1387 konnte Bassui unter dem Shogun Yoshimitsu (1358–1408) nur eine kurze Zeit der Ordnung miterleben, mit einem Mäzenatentum zugunsten der Künste und des Zen, das Auswirkungen hatte bis in die Welt von Diplomatie und Handel. Aber den größten Teil seiner Zen-Karriere verbrachte er damit, den schlüpfrigen Boden der Politik und die Zen-Hierarchie der Fünf Berge zu meiden, die das »spirituelle Leben« der Muromachi-Periode prägten. [vgl. S. 106, Anm. 1]

Mehr als sechzig Jahre lang litt Japan unter heftigen Kämpfen zwischen feudalen daimyo, die gierig darauf bedacht waren, ihren Ruhm über das ganze Land zu verbreiten. Selbst der große mittelalterliche Ehrenkodex des bushido wurde nach Belieben missachtet in dem offenen Versuch, sich der Macht zu vergewissern. Die Verpflichtung zwischen Fürst und Vasall verengte sich auf wenig mehr als den unmittelbaren Kreis der Familie oder des Clans. Die einst so mächtigen Fürsten hatten jede Kontrolle über ihre Lehen verloren, und Anarchie war das einzige Gesetz. Alle Arten von Abenteurern, kleinen Samurai, Provinzlern und

Verwaltungsbeamten lieferten sich einen erbitterten Kampf um die Landgebiete, die dem besiegten kaiserlichen Hof entrissen worden waren. Lohn und Strafe lagen nicht länger in den Händen der Fürsten, kein Justizsystem irgendeiner Art war in Kraft. Shiki, das komplizierte Gleichgewicht der Macht zwischen den Fürsten, Verwaltern und lokalen Beauftragten, löste sich auf in ein verrücktes Muster von kleinen Herrschaften, die an das regierende Ashikaga-Shogunat nur dem Namen nach gebunden waren. Die Teilung in ein südliches und ein nördliches Königreich, die aber nicht zum Ende des Krieges führte, bildete den perfekten Hintergrund für ständig wechselnde Loyalitäten und ein legitimiertes Banditentum. Kyoto war dabei immer das Angriffsziel; erst von der südlichen Partei eingenommen, dann von den Ashikaga zurückerobert, dann im Besitz des Yoshiakira-Clans etc., bis die Ashikaga schließlich den Frieden erkauften, indem sie den rivalisierenden Yoshiakira die Autonomie in sechs Provinzen anboten.

1390 griff der Yamana-Clan, der ein Sechstel des Reiches kontrollierte, die Ashikaga an. Wieder konnten die geschäftstüchtigen Ashikaga den Frieden erkaufen und damit einen Krieg, der über dreißig Jahre gedauert hatte, beenden, indem sie den unersättlichen Yamana noch mehr Land überließen. Auf diese Weise stellten sie in Kyoto wenigstens eine gewisse Ordnung wieder her und schufen zur gleichen Zeit eine Verbindung zu den entfernt liegenden Provinzen. Das Gesetz der Samurai setzte sich durch, d. h., statt Gesetz und Ordnung herrschten Brutalität und Korruption. Kyoto war voll von schäbigen Soldaten, Glücksrittern, Genussmenschen und Krämern. Der Kaiser durfte seinen Hof behalten und regierte dem Namen nach, während die großen Militärclans in ihren Hauptquartieren feierten. Eine Gruppe von Samurai-Gefolgsleuten stellte ihre grenzenlose Verachtung der kaiserlichen Macht dadurch unter Beweis, dass sie sich mit der Palastwache herumschlug und die Äste der heiligen Ahornbäume des Kaisers abhieb.

Während der Lebenszeit Bassuis kultivierten die Ashikaga die Künste erfolgreicher als ihre Untertanen. Diese neue flegelhaft militante Oberschicht suchte nach Respektabilität in der Nachahmung der chinesischen Ästhetik der Sung-Zeit und im Zen. Modern zu sein bedeutete, über alle Chinoiserien mitreden zu können. Tatsächlich hatte der Handel mit China bewiesen, dass er nicht nur eine wirtschaftliche Notwendigkeit war, sondern auch eine spirituelle. Ch'an-Priester wurden importiert wie Reis, Seide und künstlerische Techniken. Unter dem Ashikaga-Shogunat versorgte der Zen-Buddhismus Japan mit einer ganz neuen Art von religiösen Geschäftsleuten, die mit Ritualen und Pflichten ebenso umzugehen wussten wie mit ihren »Schäfchen«. Geldwechsel war ein anderes lukratives Geschäft für Priester. Die Verbindung zwischen religiöser Hierarchie und Handel war so stark, dass die Handelsschiffe, die zwischen Japan und dem chinesischen Festland verkehrten, nach den großen Tempeln in Kyoto benannt wurden.

Im 14. Jahrhundert entwickelten sich auch die japanischen Handelsgilden, die häufig nur durch das Patronat und die Bestechung der mächtigen Äbte überleben konnten. Ein Geschäftsmann mit einem günstigen Standort oder ein geschickter Handwerker konnte sich einem Tempel anschließen und dann sicher sein, dass die Steuereinnehmer nicht so genau hinsehen würden. Wie immer waren die Bauern die am härtesten Betroffenen. Sie waren Opfer von ungeheuren Transportsteuern und erpresserischen Mittelsmännern, und häufig griffen sie zu Gewalt gegen ihre weltlichen Gläubiger, waren aber völlig hilflos gegenüber ihren geistlichen Herren. So trugen zusätzlich zu der feudalen Kriegführung auch zahlreiche Bauernaufstände zu den tiefgreifenden wirtschaftlichen Umschwüngen der Muromachi-Periode bei. Auch die Bedeutung der Einzelfamilie war dramatischen Änderungen unterworfen. Alle Erbprivilegien blieben dem ältesten Sohn vorbehalten (der notfalls am ehesten den Grundbesitz der Familie verteidigen konnte), und Frauen galten nur mehr als bewegliches Eigentum. In Fällen, in denen kein Sohn da war, um den Namen der Familie weiterzutragen, wurden wildfremde Männer adoptiert und mit allen Rechten und Privilegien ausgestattet – ein Verfahren, das in Japan heute noch praktiziert wird [vgl. »Erbhofgesetz« im Dritten Reich]. Große Teile der Bevölkerung waren deshalb hauptsächlich damit beschäftigt, das Familienprestige zu erhalten, den Namen oder ein Stück Land. Sogar noch die Familien von einfachen Bauern und Handwerkern wurden von Herrschaften verfolgt, die das »Recht« auf ihre Dienste für ihre Nachkommen zu fixieren suchten.

Innerhalb dieser starren feudalen Lebensweise wurden Geduld und Bescheidenheit zu Tugenden; der Schutz des Familiennamens und das Konformgehen mit der Obrigkeit wurden zu nationalen gesellschaftlichen Normen erhoben. Für viele glücklose jüngere Söhne und Töchter war das religiöse Leben die einzige Zuflucht, ebenso für eine ganze Palette von spirituellen Suchern, Unzufriedenen und unabhängigen Denkern. Klöster waren auch ein sicherer Hafen für Künstler und Dichter, die sich in der Gunst von großen Zen-Mönchen wie Muso Kokushi (1275–1351) sonnen konnten. Dieser »Landeslehrer« des Shogun Taka-uji war so mächtig, dass er seinen Herrn überzeugen konnte, überall im Land Tempel zu errichten als Sühne für das Töten in den Bürgerkriegen. Zen-Tempel wurden in einem regelrechten Baufieber errichtet; das Tenryu-ji, der Haupttempel in Kyoto, wurde in nur drei Monaten fertiggestellt. Musos denkwürdiges Lob für Taka-uji, seinen vornehmsten Schüler, war, dass der Shogun selbst nach einer durchzechten Nacht noch mehrere Stunden in Meditation sitzen konnte, bevor er einschlief.

Dies war die Situation des Zen, als Bassui Tokusho in einer unbekannten Samurai-Familie in der Provinz Sagami, in der Präfektur Kanagawa, am 6. November 1327 geboren wurde. Während ihrer Schwangerschaft hatte seine abergläubische Mutter geträumt, dass sie einem Dämon das Leben schenken werde, und so setzte sie das Neugeborene auf einem Feld in der Nähe aus. Ein Diener der Familie fand das Baby und zog es als sein eigenes auf. Als Bassui vier war, starb sein Stiefvater und ließ das Kind in der überwältigenden Angst zurück, in die Hölle zu kommen. Bei einer Gedenkfeier für seinen Stiefvater überraschte der Siebenjährige den Priester, der auf dem Altar ein Speiseopfer darbrachte, mit der Frage, wer denn diese Sachen essen werde. »Die Seele deines Vaters«, antwortete der. Der Knabe ließ nicht locker: »Was ist das für ein Ding, die Seele?« Aber er bekam keine zufriedenstellende Antwort. Im Alter von neun Jahren hatte Bassui Albträume von ewiger Verdammnis, wachte in der Finsternis auf und sah höllische Feuerzungen in seinem Zimmer.

Als gesellschaftlicher Außenseiter von den Schrecken der »drei bösen Wege« (der Wiedergeburt in Höllen, als Hungergeister und Tiere) in Angst und Schrecken gehalten, begann Bassui früh über das Leben nach dem Tod zu meditieren. Allmählich verfeinerte er seine Fragestellung und wechselte von »Was ist die Natur der Seele, die sich an Nahrung erfreuen und Schmerzen erleiden kann, nachdem der Körper gestorben ist?« zu »Wer ist der eine, der sieht, hört und versteht in genau diesem Augenblick?« Als Heranwachsender erkannte er, dass nichts da war, das Seele genannt werden konnte, dass alles in Wahrheit leer war, und das beruhigte ihn zeitweilig. Aber eines Tages fiel ihm ein Buch in die Hände, und er las »Der Geist ist der Gastgeber, und der Körper ist der Gast«, und er verfiel erneut in Zweifel. Wenn der Geist Gastgeber war, konnte er nicht leer sein, überlegte er. Tatsächlich musste der Geist derjenige sein, der sieht, hört und versteht, dass er das tut. Aber auf diese Weise zu grübeln brachte ihn nirgendwohin; also suchte er im Alter von zwanzig Jahren Zen-Meister Oe im Jifuku-ji auf, einem Tempel in seiner Heimatprovinz Sagami, um unter seiner Leitung seinen spontanen koan zu lösen.

Vom ersten Augenblick an weigerte sich Bassui, seinen Kopf zu scheren oder irgendwelche religiösen Rituale zu vollziehen. In Laienkleidung, nie ein Sutra rezitierend, verbrachte er jede wache Minute in zazen, entschlossen zu entdecken, »wer der Meister ist«. Immer wieder brach er von seinem Heimattempel aus zu Pilgerreisen auf, suchte die Zen-Lehrer seiner Zeit auf und erprobte seine Frage an ihnen, weigerte sich aber immer, als Mönch bei ihnen zu bleiben, weil er es angemessener fand, in einsamen Berghütten oder sogar auf Bäumen zazen zu sitzen. Einmal hörte er von einem Einsiedlermönch namens Tokukei Jisha; und Bassui, der sich inzwischen den Kopf geschoren hatte als Konzession an die Bräuche des Tempels, beschloss, ihn zu besuchen. Der Eremit schaute aus seiner Hütte und rief: »Warum trägst du keine Mönchsrobe?« »Ich bin ein Mönch geworden, um die große Sache von Leben und Tod zu verstehen, und nicht, um buddhistische Roben zu tragen!«, rief Bassui zurück. »Ich verstehe. Dann studierst du die koan der alten Meister?« »Natürlich nicht. Wie kann ich die Worte von anderen würdigen, wenn ich nicht einmal meinen eigenen Geist kenne?«, gab

Bassui zurück. »Gut, aber wie sonst gehst du an deine religiöse Praxis heran?« »Ich bin Mönch geworden, um die Quelle des großen Buddhadharma zu klären. Nachdem ich Erleuchtung erlangt habe, möchte ich alle Wesen retten, ob klug oder dumm, und jeden nach seiner Fähigkeit belehren. Was ich vor allem will, ist, die Menschen von ihrem Leiden zu befreien, auch wenn ich dafür selbst in die Hölle gehen müsste.« Tokukei war beeindruckt und hieß den unorthodox aussehenden Mönch willkommen.

Nahezu seine ganzen 20er Jahre widmete Bassui der Meditation, bis er eines Tages nach einer durchsessenen Nacht aufstand, um sich in einem nahegelegenen Bergfluss zu waschen. Plötzlich durchdrang ihn das Geräusch des gurgelnden Wassers, und die Erkenntnis brach für einen Moment in ihm auf. Er hatte gelobt, über Erfahrungen dieser Art nicht zu sprechen, ohne von einem wirklichen Zen-Meister bestätigt worden zu sein, und so machte er sich sofort auf den Weg, um mit Kozan Mongo, dem Abt des Kencho-ji in Kamakura, zu sprechen. Es war im März 1358, und Bassui war 31. Vielleicht war er etwas enttäuscht, so ohne weiteres von Kozan die Bestätigung zu erhalten; auf jeden Fall beschloss er dort, die buddhistische Robe zu tragen und sich als traditioneller Zen-Mönch zu verstehen. Von dieser Zeit an wurde sein Leben zu einer einzigen Pilgerfahrt.

Nach vielen Kilometern Weges machte Bassui Station im Horin-ji, einem Tempel, in den er große Hoffnungen setzte. Er war aber so enttäuscht von dem berühmten Abt Fukuan Soko, der dort 2.000 Schüler betreute, dass er zu Tokukei zurückkehrte und die Absicht äußerte, Einsiedler zu werden. Tokukei bemerkte, in dieser Entscheidung liege seiner Meinung nach auch eine Spur von Arroganz, und er warnte Bassui davor, sich selbst zu isolieren. »Gut«, sagte Bassui, »dann bin ich dein Schüler.« Und er siedelte für ein volles Jahr in die Einsiedelei seines Freundes über.

Auf Tokukeis Empfehlung machte sich Bassui als Nächstes daran, seine Erleuchtungserfahrung mit Koho Kakumyo im Unju-ji in Izuma abzuklären. Er war voller Optimismus, in ihm einen wahrhaft großen

Meister vorzufinden. Koho war immerhin ein direkter Nachfolger von Dogen, der das chinesische Ch'an nach Japan gebracht hatte; und Kohos Lehrer hatte die Gelübde bei Keizan Jokin abgelegt, dem dritten Patriarchen der japanischen Soto-Schule. Diesmal wurde Bassui nicht enttäuscht. Koho, der streng und kompromisslos über die Vorschriften und die Praxis des zazen wachte, weigerte sich, Bassuis Erkenntnis zu bestätigen, wenn er nicht in aller Form als Schüler im Unju-ji bliebe. Irritiert darüber, dass er in dieser Art in die Enge getrieben wurde, suchte Bassui einen Kompromiss auszuhandeln: Er würde Koho täglich sehen und am zazen im Kloster teilnehmen, aber in einer Hütte irgendwo abseits des Klosters leben und zwischen dort und Unju-ji pendeln. Zu seiner Überraschung stimmte der große Lehrer zu, der einen vielversprechenden, aber schwierigen Schüler entdeckt zu haben glaubte, und wies Bassui an, mit dem Anfänger-koan, Joshus »Mu«, zu sitzen. (Ein Mönch fragte Chao-chou: »Hat ein Hund Buddha-Natur?« Chao-chou antwortete: »Wu!« [jap. »Mu« – »Nichts«, oder auch »Nein«])

In einem Morgen-dokusan fragte Koho: »Was ist mu?« »Berge, Flüsse, die große Erde, Gras, Bäume und Wälder, alles ist mu«, erwiderte Bassui mit einiger Befriedigung, den koan so schnell gelöst zu haben. Plötzlich stieß Koho einen lauten Schrei aus: »Ohne deinen Geist!« Diese Worte eröffneten Bassuis tiefe und unmissverständliche Erleuchtung. Er war in Schweiß gebadet. Später beschrieb er einem Schüler: »Es war, wie wenn ich die Wurzel meines Lebens verloren hätte; wie ein Fass, dessen Boden plötzlich herausgeschlagen wird.« Blind ertastete er sich den Weg aus dem Zimmer des Lehrers, stieß sich den Kopf, und war auf dem Heimweg noch so ergriffen von der Erfahrung seines satori, dass er sich an den Wänden abstützen musste, um nicht zu fallen. Als er endlich angekommen war und sich in seiner kleinen Hütte fallen ließ, brach er in Tränen aus.

Das nächste dokusan am Abend war ein beinahe ebenso großer Schock, denn bevor Bassui noch den Mund aufmachen konnte, rief Koho aus: »Mein dharma wird nicht verschwinden. Alles ist nun gut. Mein dharma wird nicht untergehen!« Nun wahrhaft erleuchtet und mit einer unzweifelhaften Bestätigung antwortete Bassui mit folgendem Gedicht:

*Sechs Fenster öffnen sich natürlich; kalte einsame Blüte,
Unju [Koho] räumt den Schutt von meinen Augen,
zerquetscht das Juwel in meiner Hand vor meinen Augen,
so sei es – dieses Gold ist zu hartem Eisen geworden.*

Trotzdem wandte sich der rastlose Wanderer wieder der Straße zu, ohne Kohos formelle Übertragung abzuwarten. Mit 32 kehrte Bassui zu seiner alten Einsiedelei zurück, um die gute Nachricht zu verkünden. Tokukei sah, dass Bassui nun wirklich reif war, und riet ihm, sich selbst eine Hütte zu bauen und zu lehren. Wieder folgte der dem Rat seines alten Freundes und ließ sich nicht weit von ihm in seiner Heimatprovinz Nanasawa nieder.

Vier Jahre vergingen, und Bassui träumte eines Nachts, dass Koho im Sterben liege. Sofort machte er sich auf, um Unju-ji einen Besuch abzustatten, und traf tatsächlich seinen Lehrer schwer krank an. Aber seine Beziehung zu den anderen Mönchen war so gespannt, dass er einen schnellen Rückzug antreten musste. Wer war denn schon dieser Exzentriker aus einem Baumhaus, der sich weigerte, die Sutras zu rezitieren, und eine besondere Dispens brauchte, um außerhalb des Klosters zu leben? Warum hatte er eine so schnelle und leichte Übertragung erhalten? Der das Wanderleben gewöhnte Bassui brauchte nicht lange zu der Feststellung, dass er hier nicht willkommen war, und machte sich bald auf zu einer anderen seiner zeitweiligen Einsiedeleien, diesmal in der nahegelegenen Provinz Ki. Unterwegs besuchte er einen Bekannten, Jikushitsu Genko, den Abt von Eigen-ji, wurde sehr herzlich empfangen und sogar eingeladen, ein formales teisho zu halten. Er wäre nicht Bassui gewesen, wenn er nicht die Mönche ermutigt hätte, mönchisches Zen zu vermeiden und ihre Erleuchtung eher im wirklichen Leben anzuwenden, als sich auf formale Rituale, Institutionen und Hierarchien zu verlassen.

Bassui war stets ein vorbildliches Beispiel für das, was er predigte; er blieb eine »flüchtige« Erscheinung, wies viele Klosterämter zurück, zog es vor, allein in kleinen Einsiedeleien und Tempeln zu sitzen, und stahl sich heimlich in der Nacht davon, sobald sich zu viele Schüler um ihn geschart hatten. Von seinem 32. bis zu seinem 52. Lebensjahr trieb er sich auf diese Weise in Japan herum, verbrachte einige Zeit in verschiedenen Einsiedeleien und besuchte Lehrer. Sein Zen war transportabel, es benötigte keine rituellen oder priesterlichen Formalitäten, keine traditionellen koan, obwohl er die koan-Sammlungen des Rinzairoku und des Pi-yenlu durcharbeitete, zusammen mit Chikugan Teizosu, einem Einsiedlermönch, mit dem er eine Zeitlang studiert hatte, und obwohl er später häufig seine eigenen Lehren mit koan illustrierte.

Das unvermeidliche Alter veranlasste Bassui, kürzerzutreten, und 1378 wurde er notgedrungen in einem Tempel auf dem Berg Takemori in der Provinz Kai sesshaft. Sobald sich das herumgesprochen hatte, sah er sich zu seinem Erstaunen von über 800 Schülern umgeben. Zögernd übernahm er die Rolle eines Zen-Lehrers. Er war jedoch immer noch so hartnäckig gegen den klösterlichen Betrieb eingestellt, dass er sich weigerte, seinen Tempel »Kloster« zu nennen, und ihm den Namen Kagaku-an gab (an für »Einsiedelei, kleiner Tempel«, anstatt ji für »Kloster«). Hier stellte Bassui mit 54, sieben Jahre vor seinem Tod, 33 Regeln für das Verhalten seiner Schüler auf. Es war ein exzentrisches Dokument, ohne die übliche religiöse Emphase für Traditionslinie und Zeremonie, aber mit Betonung auf zazen, in einfachem Stil, aber ziemlich esoterisch in der Wortwahl. In seiner Verurteilung der Trunkenheit war er ganz massiv. Er verbot jedem seiner Mönche, auch nur einen Tropfen Alkohol zu sich zu nehmen – »Die wahre Bedeutung der Vorschriften«, erklärte er, »ist, dass man sich nicht nur des Alkohols enthält, sondern ebenso vermeidet, vom Nirvana betrunken zu werden.« Und dann betrank er sich öffentlich bei einem denkwürdigen Anlass vor seinen versammelten Schülern; und als er darüber befragt wurde, gab er zur Antwort, das habe er getan, um ihnen ein Beispiel zu geben, nicht an Regeln zu haften!

Durch seine Erleuchtung beim Hören der Geräusche des Bergflusses identifizierte sich Bassui stark mit dem Bodhisattva Kannon, »welcher die Geräusche der Welt hört«. Er ließ einen Schrein für Kannon errichten und wies seine Anhänger darauf hin, dass er diesen auch als seine eigene Grabstätte wünsche. Am 20. März 1387 setzte er sich gerade auf, kreuzte seine Beine in der zazen-Haltung und sprach seine Schüler mit lauter Stimme an: »Schaut unmittelbar! Was ist das? Schaut so, und ihr werdet nicht getäuscht werden!« Er wiederholte den Ausspruch nochmals und starb.

Getreu seinem Gelöbnis, alle Wesen zu retten wie Kannon selbst, hielt sich Bassui nicht vom schlammigen Wasser der Welt fern, sondern verbrachte die Jahre nach seiner Erleuchtung damit, andere zu ermutigen, ihre Wahre Natur zu suchen und sich von ihrem Leiden zu befreien.

Als Zen-Lehrer, der alle formalen Zugänge zum Zen vermied, warnte Bassui die Schüler, sich nicht in koan-Praxis zu vertiefen, bevor sie nicht einen gewissen Einblick in ihre eigene Natur gewonnen hätten. Spontan in seinen Methoden und vor allem darauf bedacht, die Menschen zur Erkenntnis zu führen, lehrte er entsprechend der Fähigkeit und dem Temperament des jeweiligen Schülers. Denjenigen, die eine Neigung dazu verspürten, empfahl er sogar das Kopieren von Sutras als gute Methode, »den Geist zu entleeren«. Bassui ging sogar so weit, Leute zu ermutigen, für Verstorbene Gedenkfeiern abzuhalten, um den Verschiedenen ebenfalls eine Chance auf Erleuchtung zukommen zu lassen. Er benutzte Folklore und Legende und war sich nicht zu gut, im Notfall auch einmal einen Schuss Aberglauben einfließen zu lassen, um seine Schüler zur Erkenntnis anzustacheln. Alle Lehren waren auf einen Punkt hin ausgerichtet – darauf, dass die Einsicht in die eigene Wahre Natur Buddhaschaft ist.

Sein schlichter Stil wird deutlich im Titel seiner überlieferten Vorträge, Enzan Wadeigassui[1)] (Eine Sammlung von Schlamm und Wasser aus Enzan), geschrieben in japanischer Umgangssprache für den unbedarften Leser. [Noch Jahrhunderte später war die Lektüre ein geradezu unmögliches Unterfangen in ernsthaften Zen-Kreisen.] Unermüdlich und auf vielen verschiedenen Wegen legte er seinen Schülern die Frage vor, die ihn zu seiner eigenen Erleuchtung getrieben hatte: »Wer ist der Meister, der in diesem Moment jetzt hört?«

Bassuis sanfter Verrückte-Wolken-Zugang, seine anarchistische Neigung, passte sich keiner der formellen Zen-Linien an. Er war ein Einsiedlermönch durch und durch, ein zögernder Reformer, dessen Abneigung gegen den zeremoniellen Aufputz des Zen ihn auf einen zielgerichteten, individualistischen Pfad zur Verwirklichung führte. Ganz spontan kam er zu der allen Kindern wohlvertrauten Frage: »Wer bin ich?« und schmiedete sie um in einen koan, der heute noch bereitsteht, jene zu befreien, die ihm jederzeit und überall nachzugehen gewillt sind. Bassuis zazen ist die Methode, in seinen eigenen Geist zu blicken und ständig zu fragen, ob im Schlafen, Wachen oder bei der Arbeit: »Was ist mein Geist? Was ist es, das Farben sieht, Geräusche hört, die Glieder meines Körpers bewegt? Was ist dieser Geist, der keine Farbe hat, kein Geschlecht oder sonst irgendeine Unterscheidung, der ungeboren und todlos ist und doch die zahllosen Bilder und Gedanken wie ein Spiegel wiedergibt?« Er versicherte seinen Schülern, dass kein Buddha und kein Bodhisattva diese Frage für sie durchdringen könne, so wie ein Kind, das sich im Traum verletzt hat, umsonst nach seinen Eltern um Hilfe schreit. Die Eltern würden nichts lieber tun, als ihm zu Hilfe kommen und sein Leid beenden; aber nur dadurch, dass es selbst erwacht, kann das Kind frei werden von seinem schmerzhaften Traum. Tiefgründiges und hartnäckiges Infragestellen, sagt er, durchbricht mit Sicherheit die trügerische Fiktion, die wir unser Selbst nennen, um aufzuweisen dass »der Geist selbst Buddha ist«.[2]

Wieder und wieder drängte er seine Schüler, zu dieser Frage zurückzukehren, auch nach einer Erkenntnis. »Werft ab, was ihr erkannt habt«, sagte er ihnen, »wendet euch wieder dem Subjekt zu, das erkennt, dem Wurzelgrund, und geht entschlossen weiter.« Selbst nach dem Erlangen tiefer Einsicht mahnte Bassui den Sucher, die Erkenntnis noch weiter »zu polieren, bis sie buchstäblich das ganze Universum erhellt.« Denen, die in diesem Leben kein satori erlangten, aber nach dieser Methode zu meditieren fortfuhren, versprach er Verwirklichung im nächsten Leben und verglich ihre harte Arbeit mit der Vorbereitung für eine Reise, mit einem leicht zu erreichenden Ergebnis, sobald der Reisende einmal das Schiff bestiegen habe.

Wenn er gefragt wurde, was mit den Gedanken zu tun sei, wies Bassui seine Schüler an, sie als vorübergehend und irreal zu betrachten und mit der Frage fortzufahren: »Was ist dieser Geist?« oder »Wer hört diese Geräusche?« Mit dem Hinweis auf Kannon als sein archetypisches Modell für die Durchdringung des wesentlichen Selbst durch Geräusche bereitete er den Hörenden auf Erfahrungen der großen Leere vor: »Versteht dieses Stadium nicht fälschlich als Selbstverwirklichung«, warnte er, »sondern fahrt fort, euch noch intensiver zu fragen: ›Was ist es, das da hört?‹ Dann wird die Leere plötzlich verschwinden und einer absoluten Finsternis Platz machen. Aber haltet weiterhin unablässig an der Frage fest: ›Was ist es, das da hört?‹« Selbst die Heiterkeit, die durch zazen erlangt wird, ist illusorisch, sagte er, ist nichts als eine vorübergehende Widerspiegelung. »Ihr müsst fortschreiten, bis ihr die Stufe überschritten habt, auf der eure Ratio von irgendeinem Nutzen ist« – um den allumgreifenden Geist zu entdecken, der nicht mit dem Körper entsteht oder mit seiner Zerstörung stirbt und doch jeden Akt des Sehens, Hörens, Riechens, Sprechens und jede Bewegung durchströmt.

Wie alle Reformer des Zen betonte Bassui die Erfahrung weit mehr als Zeremonien und traditionelle Formen der religiösen Verehrung. Und doch war er toleranter als viele andere im Umgang mit Schülern, die noch nicht bereit waren, die abgenutzten Sutras abzulegen oder das Flehen zu den rettenden Buddhas aufzugeben. Sutras, erzählte er ihnen, seien hilfreich, wenn sie den Geist fokussierten abseits von den wandernden Gedanken; ebenso koan, oder auch Gedenkfeiern. Aber all das seien nur »Finger, die auf den Mond weisen, und nicht der Mond selbst.« Die letzte Zuflucht für jene, die sich selbst entdecken wollten, sei die Erfahrung des eigenen Geistes, die Grundlage jedes koan, Buddha und Sutra. »Wenn du auch nur einen kurzen Blick auf deine Selbst-Natur erhaschst«, versprach er, »ist es so, wie wenn du alle Sutras ohne Ausnahme gleichzeitig liest und verstehst, ohne auch nur eines in der Hand zu halten und ein Wort zu lesen.« Um sich auf diese Erfahrung vorzubereiten, konnte man das Niederwerfen vor dem Buddha als eine vorbereitende Übung verwenden, die er als »Niederlegen des Mastes des Ich« bezeichnete. Aber Bassui riet vom Fasten und anderen asketischen Übungen ab mit dem Hinweis, dass die Übung des Zen Reinigung genug sei. Der Wunsch, sich von normalen Leuten zu unterscheiden, so schalt er Schüler, die visionäre Erfahrungen suchten, sei ebenso Verblendung wie jeder andere ablenkende Gedanke auch.»Verstrickt euch nicht in solche Phantasien, fragt nur: »Wer ist der Meister, der dies alles sieht?«

Er verwendete bestimmte traditionelle koan für einzelne Schüler, vermutlich, nachdem sie einiges Verständnis für seine Vorbereitung gezeigt hatten: »Wer ist der Meister, der dieses Geräusch hört?« Eines seiner Lieblingsbeispiele aus dem Mumonkan (Fall 293) lieferte ihm einen geeigneten Maßstab, um den Grad der Einsicht eines Schülers zu bestimmen. Ein anderer (in dem Meister Ma-tsu auf die Frage des Laien P'ang antwortet [aus dem Chodang chip, vgl. S. 26]) scheint ebenfalls mehr als einmal in Bassuis Dialogen mit Schülern auf. Aber im Allgemeinen verließ er sich auf seinen eigenen natürlichen koan »Wer hört?« als das sicherste Mittel zur Selbstverwirklichung. »Dein physisches Sein hört nichts, noch tut es die Leere. Was also hört? Bemühe dich, das festzustellen. Lege deinen intellektuellen Rationalismus zur Seite, gib alle Techniken auf ... Du brauchst nur den Begriff des Selbst loszuwerden.«

In seiner Führung zur Verwirklichung war Bassui psychologisch sehr geschickt. Er wies immer auf den kognitiven Prozess der Vermischung von Subjekt und Objekt hin, und seine Methode konzentrierte sich mehr auf die Reflexion über das Subjekt als auf den Zugang über die Sinne, den Lehrer wie z. B. Bankei bevorzugten. Bassui arbeitete fast ausschließlich mit dem Mittel der Frage – »Was ist es, das hört, sieht, geht?« – eine Methode, die den heutigen psychologisch orientierten westlichen Zen-Übenden ebenso entspricht wie der großen Zahl der Laien seiner eigenen Zeit. Die Fragen-und-Antworten im Stile des hossen, die in seinem Enzan Wadeigassui zu finden sind, liefern uns ein klares Bild seines Stils. Als ein Laienschüler fragte, wie Zen »eine Überlieferung außerhalb der Lehre« genannt werden könne mit seinen koan und Berichten von alten Meistern, rief Bassui laut: »He, Laie!« Als der antwortete: »Ja?«, fragte er ihn: »Aus welcher Überlieferung ist dieses ›Ja‹ gekommen?« Der Laie verstand, senkte seinen Kopf und verbeugte sich.

Bassui hörte nicht auf, seine Zuhörer direkt anzusprechen: »Wenn ihr euch entscheidet hierherzukommen, tut ihr das selbst. Wenn ihr eine Frage stellen wollt, tut ihr das selbst. Ihr verlasst euch nicht auf jemand anderen und verwendet auch nicht die Lehren des Buddha dazu. Kluge weltliche Sätze, geschriebenes Wort, gesunder Menschenverstand und Pflicht, Unterscheidung und Intelligenz können dieses Zen nicht erreichen.« Er warnte weiter, dass weder notwendigerweise jene erleuchtet seien, die die Schriften und formalen religiösen Lehren verwendeten, noch dass Zen-Mönche, die von den Schriften keine Ahnung hätten, alle tief verwirklicht seien. Auf jeden Fall sollte weder der Buddha noch die Schriften dem im Wege stehen, was da ist von Anbeginn in der Fülle und Vollkommenheit eines jeden Wesens. »Die Hand- und Fußbewegungen eines Neugeborenen sind auch das wunderbare Werk der Buddha-Natur ... ebenso der fliegende Vogel, der rennende Hase, die treibende Wolke. Und ebenso das Gespräch, das wir jetzt gerade führen.« Der Unterschied zwischen einem Zen-Übenden und einem schriftgläubigen Buddhisten ist, dass Ersterer die direkte Erfahrung des Buddha lebt, Letzterer aber vergleichbar ist jemandem, der sieht, wie ein anderer von einem Pfeil getroffen wird, und darüber nur spricht und räsoniert.

Jenen mit Fragen über die ethischen Vorschriften des Buddhismus außerhalb der direkten Zen-Erfahrung sagte er, dass die paramita alle zusammengefasst werden könnten in dem einen Punkt – Einblick in die eigene Buddha-Natur zu erlangen. Zorn, Anhaftung und der ganze Rest könnten zusammengeschoben werden in der einen Gipfelerfahrung, das ist, einen Blick zu erhaschen auf die Wirklichkeit des Hörenden, Sehenden, Gehenden, Schlafenden, Liebenden, Hassenden etc. Jenen, die fasziniert waren von übernatürlichen Kräften, die sie durch tiefe Meditation zu erlangen hofften, hatte Bassui zu sagen: »Die Weisen betrachten die physische Manifestation übernatürlicher Kräfte als karmisches Hindernis. Sie ist das Ergebnis von Drogen und Zaubermitteln, den bösen Taten der Dämonen und Häretiker und den Kräften der Verblendung.« Auf ähnliche Weise interpretierte er alle traditionellen religiösen Gebote metaphorisch: Fasten wurde so zur Einsicht in die eigene Natur und zum Abschneiden verblendeter Gedanken; verstand man es aber buchstäblich, wurde Fasten zur Häresie. Die Vorschriften zu brechen bedeutete Leben durch den verblendeten Geist; und in seinen eigenen Geist zu sehen hieß, sie alle vollständig zu erfüllen. Der andere Zugang, die Vorschriften zu bewahren und von der Äußerlichkeit auszugehen, konnte eine »Abkürzung zum Tor des Buddha« sein – wenn er benutzt wurde zur Meditation über »Wer ist es, der die Vorschriften einhält?«

Einige Schüler kamen zu Bassui mit der Übung, die Namen von Rettenden Buddhas wie Jizo [Kshitigarbha] anzurufen. Mit großer Geduld erklärte er ihnen, dass ji »Erde« heißt und zo »Lagerhaus« oder die »Natur des Geistes«. Dann drängte er sie, »gewahr zu werden, dass all die Namen der Bodhisattvas nur verschiedene Bezeichnungen für die Natur des Geistes sind ... Gewöhnliche Leute, die sich dieser Wahrheit nicht bewusst sind, bleiben an den Namen haften und suchen Buddha und dharma außerhalb ihres eigenen Wesens, weil sie hoffen, Buddhaschaft zu erlangen. Das ist, wie Sand zu kochen in der Hoffnung, Reis zu bekommen.« Die Metapher mit Jizo zeigt, dass »die allgemeine Lehre die ist, dass die wahre Natur des dharmakaya gewöhnlichen Leuten bereits innewohnt und die vielen Gestaltungen, wie wir sie kennen, nur Nutzanwendungen davon sind.« Bassui dehnte das noch weiter aus und fügte hinzu, dass alle Lehrreden aller Buddhas nur Metaphern seien, die auf den Geist der gewöhnlichen Leute hinwiesen. So machte er nicht den geringsten Unterschied zwischen Laien und Mönchen, ja, er erzählte seiner gemischten Zuhörerschaft, dass Lehrer, die dies täten, irreführende Lehren predigten, die »in die Hölle führen« würden. Bassui grenzte sein Zen streng von jedem Sektierertum ab, bei ihm waren auch Nicht-Buddhisten und Menschen aus sozialen Randgruppen willkommen. Für ihn war der Einblick in die Selbst-Natur mit der höchsten Form der religiösen Praxis identisch. Meditation verlange von niemandem, Buddhist, Mann oder Asket zu sein. Buddha, so argumentierte er, habe schließlich nicht Buddhaschaft erlangt durch das Lesen und Rezitieren von Sutras, sondern durch Meditation.

Bassui forderte Zen-Mönche heraus, die Schriften genau anzugeben, in denen bestimmte Zeiten für religiöse Übungen vorgeschrieben seien, und behauptete, dass dieser Brauch nur bis in die Zeit der Mongoleninvasion zurückreiche, als die Regierung öffentliche Gebete vorschrieb. »Je mehr ich darüber nachdenke«, fügte er hinzu, »desto mehr komme ich zur Ansicht, dass diese Zeiten der religiösen Übung nicht Gebete waren, sondern einfach das Ergebnis des Niedergangs im Weg des Buddha, des königlichen Weges.« Dann schärfte er den Mönchen ein, keine Zeit mit solchen Dingen zu verlieren, sondern alles zurückzulassen und zazen zu sitzen. In der Linie dieser Bilderstürmerei interpretierte er alle traditionellen religiösen Praktiken seiner Zeit neu: Sutra-Studium, Zeremonien, die Verehrung des Buddha und die Suche nach Heil durch Wunder. Er entkleidete das Zen aller kulturellen, abergläubischen und sozialen Beigaben, manchmal mit leiser Ironie. »Ein Sutra zu rezitieren in der Hoffnung, anderen damit zu nützen, ist wie ein Kochrezept vorzulesen in der Hoffnung, es würde Leute vor Hunger bewahren.« In einer Kultur, die durchdrungen war von Aberglauben und Autoritätsgläubigkeit, konnte eine solche Lehre leicht als Blasphemie erscheinen, aber es kamen Tausende von spirituell Suchenden, um ihn zu hören, wenn er ihnen versicherte, dass die Stimmen der Frösche und Würmer, die Geräusche von Wind und Regen, alle die wunderbare Sprache des dharma sprächen.

Bassui war unter allen Zen-Lehrern derjenige, der seine Schüler am meisten ermutigte. Anstatt sie in die Erleuchtung hineinzuscheuchen, redete er ihnen gut zu und leitete sie geduldig. Schülern, die sich beklagten, dass sie keine Resultate erzielten, versicherte er, dass fortgesetzte Meditation sie weiterbringen werde auf dem Weg der karmischen Vorbereitung auf die Selbstverwirklichung. Manche, sagte er, seien scharfsinnig und schnell, andere wieder langsam und gründlich. Aber jeder Geist könne umfassend angewandt werden; jeder Mensch könne Farben sehen mit seinen Augen, Geräusche hören mit seinen Ohren, mit seinem Mund reden und mit seiner Haut fühlen. Das mache sie alle zu Buddhas. Ganz wichtig sei es, dass die Übenden Vertrauen zu sich selbst hätten statt zu wundertätigen Heiligtümern, Traditionslinien oder asketischen Praktiken, wie dem Körper Verbrennungen zufügen, oder zu aggressiven Frage-und-Antwort-Spielen. Er warnte davor, von einem koan oder einer Vorschrift besessen zu werden, und schalt Schüler, die mit Arroganz andere Übende kritisierten oder verurteilten.

Schüler, die eine Vorliebe für okkulte Praktiken zeigten, hatte er unter genauer Kontrolle und weckte andere unsanft, die in Trance erstarrt waren. Fanatische Moralisten und Hedonisten waren für ihn beide »krank im Geist«, und er empfahl ernsthaften Zen-Übenden, solche Leute zu meiden. Er verglich solch extreme Verhaltensweisen mit notorischen Räubern, deren Herr der bewusste Geist sei – »die Grube des Wissens, die auf Anhaftung an Form basiert.«[4)]

Wie man mit dieser Bande fertigwerden könne? »Hör auf herumzuwandern, sieh durchdringend in deine Selbst-Natur und, konzentriert auf deine spirituelle Energie, sitze zazen und brich durch.« Keine upaya (nützlichen Mittel) sind vonnöten in Bassuis Zen. Alles, was nötig ist, ist ein schneller Blick auf den, der jetzt gerade dies hier liest. Wer ist das?

---

1) Den Menschen befreien. Gespräche eines Zen-Meisters, Frankfurt, Angkor Verlag 2001.

2) Bei seinem ersten Besuch bei Ma-tsu fragte Ta-mei Fa-ch'ang: »Was ist der Buddha?« »Der Geist selbst ist Buddha«, war die Antwort, bei der Ta-mei die Erleuchtung erfuhr [Mumonkan, Fall 30]. Später, als er selbst ein Kloster gegründet hatte, schickte Ma-tsu einen Mönch zu ihm, um ihn zu prüfen. Der fragte: »Als du beim großen Meister Ma warst, was hast du von ihm gelernt?« Ta-mei antwortete: »Der große Meister sagte mir, der Geist selbst sei Buddha.« Der Mönch sagte: »Der große Meister hat jetzt seine Methode geändert, das Buddha-dharma zu lehren. Er sagt jetzt, dieser Geist, der Buddha ist, sei weder Geist noch Buddha.« Ta-mei meinte: »Das alte Schlachtross [ma = Pferd, tsu = Großvater, Patriarch] hört nicht auf, den Geist der Menschen zu verwirren. Er soll mit seinem »weder Geist noch Buddha« fortfahren, ich bleibe bei diesem Geist, der selbst Buddha ist.« Als der Mönch zurückkehrte und Bericht erstattete, meinte Ma-tsu: »Die Pflaume ist reif.« [Ta-mei = große Pflaume]
Der Laie P'ang hörte davon und ging hin, um seinerseits die Sache nachzuprüfen. Er hatte Ta-mei noch kaum begrüßt, da sagte er: »Schon lange wollte ich dich treffen. Ich frage mich, ob die Pflaume wohl reif ist oder nicht.« »Reif«, rief Ta-mei, »in welchen Teil willst du beißen?« »Eine Sammlung von Trockenfrüchten«, bemerkte der Laie. Ta-mei streckte die Hand aus: »Dann gib mir wenigstens die Kerne zurück!« Der Laie drehte sich um und ging weg, ohne sich noch einmal umzusehen. [Nach A Man of Zen]
Das »alte Schlachtross« war offenbar sehr angetan, dass seine Lehrmethode nicht (wie etwa 80 Jahre später bei Rinzai) zu einer »Methode« vereinheitlicht wurde. Genau zu diesem Punkt gibt es von ihm eine klare Stellungnahme. Ein Schüler fragte Ma-tsu: »Warum sagt der Meister, dieser Geist selbst sei Buddha?« »Damit die kleinen Kinder nicht mehr weinen«, antwortete der. »Und wenn das Weinen aufgehört hat?« »Dann sage ich, dass dieser Geist, der Buddha ist, in Wahrheit weder Geist ist noch Buddha.« Und was würdet Ihr einem Menschen außerhalb dieser beiden Kategorien sagen?« »Ihm würde

ich erzählen, dass es überhaupt keine Existenz hat.« »Und was würdet Ihr sagen, wenn Ihr unvermittelt einen Menschen des Inneren Kreises träft?« [Ein durchaus taoistischer Ausdruck] »Dem würde ich einfach raten, das Große Tao zu verkörpern.«

3) Zwei Mönche sahen eine flatternde Fahne. Der eine sagte: »Die Fahne bewegt sich.« Der andere sagte: »Der Wind bewegt sich.« Der sechste Patriarch kam zufällig vorbei. Er sagte zu ihnen: »Weder die Fahne noch der Wind bewegt sich, sondern euer Geist.« Die Mönche schauderten.

4) Vgl. Yung-chia [jap. Yoka Genkaku, 665–713] (zit. nach Chinul):
Wenn du der Verblendung abschwörst und der Wahrheit anhängst,
wird der abschwörende und anhängende Geist klug und künstlich.
Anhänger verstehen nicht ihr Leben zu leben,
einen Räuber nehmen sie an Sohnes statt an!

ikkyu
kaiser der abweichler

Die Muromachi-Zeit (1338–1573) sah sowohl Japans künstlerische Renaissance als auch seine schrecklichsten Hungersnöte, Seuchen und Aufstände. Höchst passend bildete sie den turbulenten Hintergrund für das Leben Ikkyus, Japans populärstes und umstrittenstes Genie. R.H. Blyth nannte ihn »den größten unter den Zen-Mönchen Japans.«

Im Jahre 1272 hatte Kaiser Go-saga ein Edikt erlassen, um jeden Streit um seine Nachfolgelinie zu vermeiden. Es sah vor, dass die Nachfolger auf dem Thron abwechselnd aus der Linie seines zweiten und seines siebenten Sohnes stammen sollten. Anstatt die Nachfolge des Kaisers zu sichern, rief der Plan nur noch größere Streitigkeiten und Nachfolgefragen hervor, die in einen mehr als hundertjährigen Parteienhader mündeten. In Loyalität zu seinem Haus setzte die südliche Partei ihren Widerstand gegen die Macht der Ashikaga fort, bis im Jahre 1392 ein Übereinkommen zur Regelung der Herrschaft ausgehandelt wurde. In die Wirklichkeit umgesetzt wurde dieses aber nie. 1392 wurde Go-komatsu, eine Schachfigur des siegreichen starken Mannes Taka-uji, der rechtmäßige hundertste Kaiser des Japan beider Parteien. Er regierte nur dem Namen nach und diente den tatsächlichen Machthabern, den Ashikaga-Shogunen des Hauses Hosokawa, als bequeme nationale Galionsfigur. Als Ikkyu 1394 geboren wurde, waren die seit über 100 Jahren im Kampf miteinander stehenden Parteien – der nördliche Hof in Kyoto und der südliche in Yoshino – unter dem mächtigen Kriegs-Shogun Ashikaga Taka-uji zu dieser ungeliebten und fragwürdigen Koexistenz zusammengezwungen worden.

Die religiösen, politischen und wirtschaftlichen Wechselfälle dieser so schrecklichen und entscheidenden Jahre begleiteten den Zen-Mönch Ikkyu nicht nur, sie bildeten den Stoff seiner eigenen Lebensgeschichte. Er war selbst ein illegitimer Sohn des Kaisers Go-komatsu und als potentieller Thronanwärter eine Gefahr für die Machthaber. Seine Mutter, eine Konkubine, welche die südliche Yoshino-Partei als Friedensgeschenk geschickt hatte, musste den Hof verlassen, um ihren kleinen Sohn im Geheimen aufzuziehen, nachdem sie durch eine Rivalin aus dem Norden aus der kaiserlichen Gunst vertrieben worden war.

Das Japan des fünfzehnten Jahrhunderts war unter vielen Aspekten ebenso mobil, offen, gewalttätig und wirtschaftlich wechselhaft wie das des zwanzigsten. Große Handelsschiffe befuhren das Meer, der Handel gedieh und brachte eine blühende Geldwirtschaft und moderne landwirtschaftliche Methoden. Reishändler und Wucherer konnten über Nacht ein Vermögen machen, und marodierende Militäreinheiten und Söldnergruppen nutzten jeden – wirklichen oder eingebildeten – sich bietenden Anlass, sich in den nächsten Krieg zu stürzen. Vom chinesischen Festland kamen Kunst und buddhistische Philosophie – besonders die der Rinzai-Schule des Zen. Sie wurde bald mit der »männlichen« Disziplin in Verbindung gebracht, die man von der herrschenden Samurai-Klasse erwartete. Die Regierung des Shogun begründete die gozan-(Fünf Berge-)Tempelhierarchie als Kopie des zeitgenössischen chinesischen Tempelwesens.[1] Hier fand nun ein für diese Zeit wichtiger und typischer Austausch statt. Die Mönche betätigten sich als Lehrer in Kultur und Buddhismus und genossen dafür die Protektion der unzivilisierten Kriegerkaste. Die gozan waren um Kyoto gruppiert, der Hauptstadt der Ashikaga-Shogune, und drängten bald die eher esoterischen und umständlichen Tendai- und Shingon-Schulen des Buddhismus in den Hintergrund, die vom Kaiserhaus favorisiert worden waren. Das gozan-System umfasste einige Hundert staatlich unterstützte Tempel. Religiöse Förderung schloss dabei auch die Zahlung von Gebühren an höhere Stellen und den Wettbewerb um Einflusssphären ein. Die Äbte der großen Zen-Tempel wie z. B. dem Nanzen-ji in Kyoto fungierten mehr als Erzieher, Berater, Diplomaten, Geschäftsleute, Dichter und Künstler denn als Mönche. Dieser auf den militärisch-wirtschaftlichen Aspekt reduzierte Zen-Buddhismus wurde so das Markenzeichen der regierenden Kriegerklasse.

Kaiser Go-daigo hatte das Daitoku-ji in Kyoto 1333 zum »Ort der Kaiserlichen Verehrung« gemacht. Sein Nachfolger protegierte das Myoshin-ji, nur einige Kilometer entfernt, und schuf dadurch eine zweite Zen-Linie, die zu Ikkyus Zeit mit dem Daitoku-ji konkurrierte. Dessen Schule war bekannt als Otokan, ein Akronym auf die drei Gründerväter Daio, Daito, und Kanzan.[2] Besonders auf Daio und Daito bezog sich Ikkyu später, wenn er ein »reines Zen« sah, das alle kaiserlichen Grenzen überschritt. Ein Zen der Art, wie es Daio Kokushi (1235–1309) praktizierte, der die Tradition der Yang-ch'i-Linie der Rinzai-Schule (jap. Rinzai-Yogi-Linie) direkt von Hsü-t'ang Chih-yü (Kido Chigu) aus China gebracht und an seinen Nachfolger Daito Kokushi (1282– 1337) weitergegeben hatte. Nachdem Daito von seinem Lehrer inka (das Siegel der Bestätigung und Anerkennung der Erleuchtung) erhalten hatte, zog er in eine verfallene Hütte abseits von Kyoto. Mit einer Handvoll von Schülern verbrachte er unbeachtet sieben Jahre unter der Gojo-Brücke und fristete sein Leben zusammen mit den Bettlern, die dort das trockene Flussbett bewohnten. Daito brachte Zen aus dem höfischen Umkreis auf die Straße und schuf so eine volksnahe Version dieser Schule, die später alle Aspekte der Kunst und Kultur dieser Periode beeinflussen sollte. Von Kaiser Go-daigo als Abt jenes Tempels eingesetzt, der zu seinen Ehren benannt worden war, kehrte Daito zögernd in das klerikale Leben zurück – wie Ikkyu, sein dharma-Erbe, es über hundert Jahre später tun sollte, und wurde kokushi, »Lehrer der Nation«. Seine Linie spaltete sich später unter dem Einfluss des Shogunats auf, welches das Myoshin-ji protegierte und damit das Daitoku-ji in den Hintergrund drängte.

Im 15. Jahrhundert griff der Streit zwischen dem vom Kaiserhaus protegierten Daitoku-ji und dem Haupttempel des Shogunats Nanzen-ji auch auf das Myoshin-ji über. Die Spiritualität verrottete in den Klöstern, ob nun unter kaiserlichem Patronat oder vom Shogun unterstützt. Die Priester verkauften inka an reiche Geldgeber, und sie verbrachten weniger Zeit damit, Novizen in die Meditation einzuführen, als ihnen die Augenbrauen zu rasieren, ihre Gesichter zu pudern, sie in Frauenkleider zu stecken und in sexuelle Affären zu verwickeln. Sake zu brauen und zu trinken wurde zum Normalzustand. Auf Bestellung elegante chinesische Gedichte zu schreiben, gezierte Shogune gezierte Kalligraphie zu lehren und verschwenderischen Festmählern beizuwohnen, dies alles füllte die Zeit der Zen-Meister der Muromachi-Periode aus.

Nur in einigen wenigen Untertempeln wurde die Disziplin des hingebungsvollen zazen aufrechterhalten. Sie lagen meist verstreut in den Außenbezirken der Hauptstadt; ärmliche und schäbige Wohnorte, unterhalten von Otokan-Fanatikern; und sie waren es, die zum Fortbestand des Buddha-dharma beitrugen. In zweien dieser Untertempel absolvierte Ikkyu sein spirituelles Training.

Ikkyu erblickte das Licht der Welt am Neujahrstag 1394 in Saga, einer abgelegenen Vorstadt von Kyoto, wohin jene Aristokraten in aller Stille abgeschoben wurden, die sich nicht länger der Gunst des Hofes erfreuten. Von ihren Feinden gezwungen, ihren Liebhaber, den siebzehnjährigen Kaiser Go-komatsu, zu verlassen, hatte sich Ikkyus schwangere Mutter hierher zurückgezogen, glücklich, mit dem Leben davongekommen zu sein. Der Knabe wurde von Dienern aufgezogen und im Alter von fünf Jahren seiner Mutter ganz weggenommen und in das Ankoku-ji, einen nahegelegenen Zen-Tempel, gebracht. Durch diesen Schritt sollte er von allen möglichen späteren politischen Ambitionen ferngehalten und so vor Meuchelmördern geschützt werden. In der Muromachi-Zeit war es nicht unüblich, dass Aristokraten ihre Söhne in Zen-Tempeln unterbrachten, denn diese fungierten als »Abschlussschulen« in einer Zeit, in der die Priester den Zugang zur Hochkultur in Händen hielten. Als Mönch konnte Ikkyu gleichsam untertauchen und so als illegitimer Sohn des Kaisers überleben.

Der Lehrplan im Ankoku-ji umfasste chinesische Sprache und Kultur, Inbegriff der Bildung in höheren japanischen Kreisen. Wie von ihnen erwartet wurde, verbrachten Ikkyus Lehrer im Ankokuji mehr Zeit damit, ihre kahlgeschorenen Novizen literarische und künstlerische Dinge zu lehren als Meditation. Gozan-Zen war zu dieser Zeit so populär, dass der Shogun selbst sich den Kopf scheren und zum Zen-Priester ordinieren ließ.

Als Novize erhielt der illegitime Kaisersohn den Namen Shuken; erst 19 Jahre später wurde er zu Ikkyu, »ein Halt« – dieser Name wurde ihm von seinem Meister Kaso als Bestätigung seiner Erleuchtung gegeben. Der Knabe Shuken erwies sich als begnadeter Musiker und Dichter. Von seinen Priester-Lehrern lernte er die eleganten Formen der chinesischen Poesie, Kunst und Literatur, und er schien nach seinen frühen Imitationen chinesischer Lyrik für das typische Leben eines gozan-Priesters vorbestimmt zu sein. Im Unterschied zu den anderen Novizen hatte Ikkyu jedoch keine Familie. Er wurde von seiner Mutter streng isoliert und tröstete sich, indem er traurige Verse über Konkubinen der chinesischen Geschichte schrieb, die am Hof in Ungnade gefallen und ins Exil getrieben worden waren. Darüber hinaus war er körperlich wenig anziehend, mit einem flachen, viereckigen Gesicht, einer wenig aristokratischen Boxernase und traurigen Augen. Seine gewöhnliche Erscheinung und zweifelhafte Abstammung musste er also durch intellektuelle Brillanz wettmachen.

Mit dreizehn wechselte Shuken ins Kennin-ji, den ältesten Zen-Tempel Kyotos, um unter Botetsu zu studieren, einem Priester, der für seine hervorragende Gelehrsamkeit und seine literarische Lehrbefähigung berühmt war. Das Kennin-ji gehörte zu den fünf höchstrangigen Tempeln der Ashikaga, und es herrschte dort eine Atmosphäre scharfer Konkurrenz unter den besten angehenden Dichter-Priestern dieser Zeit. Hier schrieb Shuken seine jünglingshaften Nachahmungen der Poesie der T'ang-Zeit und konnte sogar einen Gedichtband drucken lassen. Aber hier, am Sitz der Macht und des politischen Einflusses, trat auch sein religiöser Nonkonformismus mit Nachdruck hervor. Bald machten seine jugendlichen Gedichte voller Pflaumenblüten und abnehmender Monde einer beißenden Kritik an der Hierarchie des Kennin-ji Platz. Er griff den Tempel an wegen seiner weltlichen Wege, seines Mangels an spirituellem Training, seines versnobten Kastenwesens unter den Mönchen und weil Politik größere Bedeutung zu haben schien als das Streben nach Erleuchtung. Auf sich allein gestellt, saß Shuken verbissen zazen, bis er die Umgebung des Kennin-ji nicht mehr ertragen konnte und im Herbst 1410 nach Mibu ging, in einen Tempel unter dem Abt Seiso, einem Rezitationsmeister und Spezialisten für Konfuzianismus. Der kurze Aufenthalt dort erwies sich als ebenso unerträglich, und der Junge ging erneut. Er verließ endgültig das mächtige gozan-System und zog in einen obskuren Tempel am Ufer des Biwa-Sees, wo er der einzige Schüler von Keno, »Bescheidener Alter Mann«, Abt von Saikin-ji, »Tempel des westlichen Goldes« wurde. Dieser schäbige Tempel, dessen alleiniger Meister sich weigerte, schriftliche inka auszustellen, wurde für Shuken zur Fundgrube für die Art von Rinzai-Zen, nach der es ihn verlangt hatte.

Lin-chis (Rinzais) Weigerung, von Huang-po (Obaku), seinem Lehrer, inka anzunehmen, und Kenos Weigerung, ein solches zu geben, sprachen sowohl den Reformer in ihm an als auch den Abtrünnigen. Wurden nicht inka auf dem Marktplatz von den gozan für Protektion und Geld verkauft? Kenos Beispiel, und Rinzais vor ihm, übte auf Ikkyu einen so machtvollen Einfluss aus, dass er in seinem ganzen Leben als Zen-Schüler oder -Lehrer nie inka annahm oder gab. Für einen legitimen Erben Rinzais bedeutete wahres Zen Übertragung jenseits der Worte, Schriften und formellen Erleuchtungszertifikate. Und Keno war genau ein solcher Meister – unkonventionell, kompromisslos, streng in seiner Hingabe an die Meditation und ohne jede weltliche Ambition. Shuken verbrachte vier Jahre harten Übens in dem einsamen Tempel des westlichen Goldes, bis Kenos plötzlicher Tod im Dezember 1414 der Idylle ein Ende setzte.

Der 24-jährige fastete und vollzog allein die Begräbnisriten für den alten Priester, der keine anderen Schüler gehabt hatte. Sieben Tage vollzog er seine religiösen Pflichten, und dann, in einem Zustand von Schock, Hunger und Verzweiflung, versuchte er sich im Biwasee zu ertränken. Wie seine Wahl von Keno als Zen-Lehrer zeigte dieser erste Selbstmordversuch die kompromisslose, emotionale, ja übertrieben selbst-dramatisierende Seite von Ikkyus Natur. Viel später, als er bereits ein verehrter Zen-Meister war, zögerte er nicht, nochmals einen Selbstmordversuch zu unternehmen als öffentlichen Protest gegen das, was er als Bestreben des Shogun ansah, seine Zen-Linie zu zerstören und die Nation zu ruinieren. Interessanterweise wurden beide Versuche durch eine rechtzeitige Intervention der kaiserlichen Familie verhindert. Am Ufer des Biwasees war es ein Bote seiner Mutter, den sie gesandt hatte, um dem verzweifelten jungen Mönch zu folgen. Sie rettete ihn mit ihrer Bitte, wenigstens zu ihrem Trost weiterzuleben. Bei seinem öffentlichen »Fasten bis zum Tode« in seinem dreiundfünfzigsten Lebensjahr war es der Nachfolger seines Vaters, sein Vetter Go-hanazono, dessen kaiserliches Dekret seinen Tod verhütete. Ikkyu war weder fähig noch bereit, seine Emotionen, seine Schwächen und Charakterfehler zu verstecken. Seine beißende Kritik konnte sich in einem Moment gegen die korrupte religiöse Hierarchie wenden und im nächsten mit gleicher Intensität in einem gewalttätigen, selbstzerstörerischen Akt gegen sich selbst.

Verzweifelt nach Erleuchtung suchend, machte er sich auf die Suche nach einem neuen Zen-Meister. Er hörte von einem anderen scharfen und unbeugsam strengen Zen-Lehrer, einem alten Meister mit Namen Kaso, der einen Zweigtempel des Daitoku-ji leitete, ebenfalls am Biwasee, dem schicksalhaften Schauplatz seines Selbstmordversuchs, gelegen, der sechs Jahre später Hintergrund seiner endgültigen Erfahrung des Großen Todes (satori) werden sollte.

Kasos Tempel Zenko-an war nicht weniger heruntergekommen als der Tempel Kenos. Auch Kaso hasste die Korruption der Hauptstadt und hatte wiederholt Angebote zurückgewiesen, eine hohe Position in der Hierarchie des Daitoku-ji einzunehmen. Aber Kaso hatte wenigstens ein paar Mönche und eine Nonne, die mit ihm studierten. Sein leitender Mönch Yoso, ein Mann mit zwanzig Jahren Übung, war ein Zuchtmeister. In wahrer Zen-Tradition begrüßte er den neuen Bewerber Shuken, indem er ihm einen Eimer Spülwasser über den Kopf goss, als er am Tempeltor erschien. Der ließ sich davon nicht abschrecken und saß drei Tage in Meditation vor dem Tor, während der unentschlossene Kaso zögerte, ob er einen Novizen aufnehmen sollte, der erst kürzlich einen Selbstmord versucht hatte und dem zu allem Überfluss nachgesagt wurde, er sei ein Sohn des Kaisers. Am vierten Tag ließ er sich erweichen und hieß den Bewerber im spartanischsten aller Zen-Tempel willkommen, wo Novizen und Lehrer Seite an Seite in der bitteren Kälte arbeiteten, bis ihre Hände blutig waren, und wo sich nachts auf den Decken Eiskristalle bildeten.

Neun Jahre lang kämpfte Shuken mit den ihm gegebenen koan, meditierte jeden Tag darüber, ging morgens und abends zu Kaso zum dokusan und beantwortete dessen prüfende Fragen, und Kaso bestätigte sein Verständnis des koan oder wies es zurück. Den schmerzvollen

Prozess seiner sich vertiefenden Einsicht charakterisierend, schrieb er in einem Gedicht: »Ich leide die Schmerzen der Hölle.« Im Sommer meditierte er allein auf dem Biwasee in einem kleinen Boot, das ihm ein befreundeter Fischer geliehen hatte. Seine künstlerische Begabung konzentrierte er auf die Herstellung von Puppen für einen Laden in Kyoto, wo er manchmal einen Monat blieb, um für den Tempel Geld zu verdienen. In seinen wenigen freien Augenblicken mischte er sich unter die ungebärdigen armen Wahrsager, die Weinhändler, Prostituierten und Fischer, die zu den Einwohnern von Katada zählten, der Stadt, zu der das Zenko-an gehörte.

Für einen Musiker und Dichter nicht überraschend, erfuhr er seine erste Erleuchtungserfahrung durch Töne. Im Jahre 1418 arbeitete er am Fall 15 des Mumonkan, »Tozans 60 Schläge«. In diesem koan kommt Tung-shan (jap. Tozan [der spätere Begründer der Ts'ao-tung-(jap. Soto)Schule]) zum großen Meister Yün-men (jap. Ummon), der ihm mehrere »ganz normale« Fragen stellt wie »Wo kommst du her?«, »Wo hast du den Sommer über praktiziert?« u.ä. Tung-shan gibt darauf ganz normale Antworten, und ihm wird beschieden: »Ich erspare dir dreißig Schläge!« Als er am nächsten Tag wiederkommt, fragt er Yün-men, wodurch er sich denn den Ärger des Meisters zugezogen habe. Der antwortet: »Du Reissack! Was wanderst du in Kiangsi und Honan herum?«, und Tung-shan erfährt große Erleuchtung.

Eines Tages machte eine Gruppe von blinden Sängern Halt im Zenko-an, um eine populäre Ballade über eine tragische Liebe vorzutragen. Als Shuken dem Gesang lauschte, durchdrang er plötzlich den koan. Kaso bestätigte im dokusan seine Erfahrung und gab ihm den dharma-Namen Ikkyu, »ein Halt«, einen Namen, der Bezug nimmt auf die Einsicht des »einen Moments«, die Shuken erlangt hatte. Als Antwort schrieb Ikkyu ein Gedicht:

Von der Welt der Leidenschaften
zurück in die Welt der Leidenschaften –
da ist ein Moment des Halts.
Wenn es regnet, lass es regnen,
wenn der Wind bläst, lass ihn blasen.

Als Ikkyu dann im Sommer 1420 in einem kleinen Boot auf dem Biwasee sitzend meditierte, provozierte wieder ein Geräusch sein Erwachen – diesmal der Ruf einer Krähe am frühen Abend. Ikkyu erfuhr sein großes satori, das ganze Universum wurde zum Krähenruf, und selbst »ein Halt« entfiel ihm. Kaso bestätigte das satori, prüfte ihn weiter mit Fragen und sagte: »Das ist die Antwort eines arhat, aber noch nicht die eines Zen-Meisters.« »Dann bin ich ein arhat«, gab Ikkyu zurück, »ich brauche kein Zen-Meister zu sein.« Darauf rief Kaso aus: »Ah, dann bist du also doch ein Zen-Meister!« und schrieb auf der Stelle ein inka aus. Ikkyu nahm die Urkunde, warf sie zu Boden, drehte sich um und verließ den Raum. Nach anderen Quellen hat er sein inka erst im Jahre 1437 vernichtet.

Als der Obermönch Yoso von Ikkyus Benehmen hörte, wurde er wütend. Er, der seit zwanzig Jahren Zen übte, hatte nicht nur die große Erleuchtung dieses unverschämten 26-jährigen Eindringlings zu verkraften, sondern auch dessen Verachtung für das begehrteste Zeichen in Zen-Kreisen. Er selbst hütete ein Porträt von Kaso als »symbolisches« Zeichen seiner Einsicht und dharma-Nachfolge, aber als er es einmal herumgezeigt hatte, hatte Kaso seine Hoffnungen zunichtegemacht und gerufen: »Wenn du diese Rolle jemals inka nennst, verbrenne ich sie!« Ikkyus Arroganz streute nun Salz in seine Wunden, und die beiden wurden zu erbitterten Feinden. Jeder suchte seine Loyalität dem Lehrer gegenüber auf seine Weise zu zeigen. Als Kaso an der Ruhr erkrankte, räumte Ikkyu, dessen Erleuchtung nur seinen bizarren Stil auf die Spitze trieb, die Exkremente mit bloßen Händen weg. Yoso und die anderen Schüler verwendeten dazu Besen und Stöcke. Als er von Yoso wegen dieser seltsamen Zurschaustellung seiner Verehrung zur Rede gestellt wurde, gab er zurück: »Da es der Schmutz unseres Meisters ist, darf ich keinen Widerwillen dagegen haben.«

Zunehmend begann Ikkyus Verhalten nicht nur Yoso zu irritieren, sondern auch Kaso selbst. Wenn Gönner des Klosters zu Besuch kamen, platzte der junge Mönch mit beleidigenden Bemerkungen heraus wie »Zen ist keine Modesache!« und verließ den Raum. Er griff auch das modische Leben in Zenko-ans Muttertempel Daitoku-ji vehement an und übte anlässlich eines Gedenkmahls, an dem er dort teilnahm, öffentlich vernichtende Kritik an den »falschen Mönchen in Kuh-Röcken«. Schließlich wurden sein unorthodoxes Benehmen inmitten der Bevölkerung von Katada, seine betrunkenen Feiern und sein Spott über die Nachfolger-Riten im Zen selbst dem unkonventionellen Kaso zu viel. 1423 gab er Yoso inka und machte ihn in aller Form zu seinem dharma-Erben. Ikkyus Antwort war spontan und typisch. Er verließ das Kloster und begann ein unstetes Wanderleben, in dessen Verlauf er immer wieder bei Zeremonien in der geflickten Robe und den Strohsandalen eines Bettelmönchs auftauchte. Als Kaso ihn einmal wegen seiner groben Art und Weise ermahnte, zitierte Ikkyu Rinzai: »Ich halte nichts von Roben«, und ging weg. Kaso erkannte das Genie in seiner anarchistischen Verkleidung und erwiderte später an diesem Tag auf die Frage, wer denn sein Nachfolger sei: »Es wird der Verrückte sein.« Seine spirituelle Wahl war der »verrückte« Ikkyu, aber als der alte Meister starb, war es Yoso, »der Kultivierte«, der Abt des Daitoku-ji wurde.

Ikkyu wanderte nach dem Vorbild seiner Idole Linchi und Daito umher, und er nannte sich selbst in seinen Gedichten kyo-un, »Verrückte Wolke« – ein Wortspiel mit der traditionellen Bezeichnung für Mönche, unsui, »Wolke-Wasser«, und als Hinweis auf seine besondere »verrückte« Form des Zen. Im Unterschied zu seinen Vorgängern, deren Wanderjahre relativ kurz waren, dauerte Ikkyus ruheloses Wandern von seinem 29. bis zu seinem 57. Lebensjahr. Anders als selbst Rinzai und Daito weigerte sich Ikkyu, formell die Rolle eines Zen-Lehrers oder Abtes eines Zen-Klosters anzunehmen. Doch irgendwann gesellte sich eine Handvoll gleichgesinnter Exzentriker zu ihm, und sie zogen als Gruppe umher. Mit einer Weggefährtin, die seine Frau wurde, hatte er einen Sohn. Die »Chronik des japanischen Mönchs Ikkyu«, eine nach Jahren geordnete Übersicht über sein Leben, angeblich zusammengestellt von seinem Haupt-Schüler Bokusai, beschreibt Ikkyus Kreis als »aus hartem Holz geschnitzt, fähig, jede Bequemlichkeit zu vergessen um des dharma willen. Sie sammelten dürre Äste als Feuerholz und schöpften Trinkwasser aus den Wildbächen ... Sie waren gewissenhaft und unermüdlich.« In einem baufälligen Haus, das er zu Ehren von Rinzais Bezeichnung für dessen Nachfolger »die Hütte des blinden

Esels« nannte, ließ sich Ikkyu nieder. Er wollte durch sein ganzes Leben lehren, was Rinzai propagiert hatte: »Scheißen und pissen und ganz gewöhnlich sein.« Als seine Frau starb, nahm er seinen Sohn als Schüler in seinen Tempel des blinden Esels mit seinen zerbrochenen Wänden und dem verrotteten Firstbalken auf. Das war keine geringe Ehre, denn Ikkyu wies jeden ab, der zu irgendeinem anderen Zweck kam als dem eines ernsthaften Zen-Studiums.

Hier schrieb er auch weiter seine rebellischen und aufrüttelnden Gedichte gegen die korrupten Klöster und ihre reichen und mächtigen Patrone. Er nahm sich der massiv unterdrückten Bauern und Städter an, die seine Anhänger waren, und während einer der vielen Volkserhebungen, bei denen von den Hosokawa-Shogunen ein Schuldenerlass gefordert wurde, schrieb er:

Räuber sind nie in armen Häusern anzutreffen,
eines Mannes Reichtum macht nicht die ganze Gegend reich.
Die Schwierigkeit beruht, glaube ich, auf dem
kleinen Glück – du verlierst deine Seele
für zehntausend Kupferstücke!

1425 starb der neu ernannte Shogun Yoshikaza an seinem Alkoholismus, und sein bereits im Ruhestand lebender Vater Yoshimochi musste diese Position wieder einnehmen. Der war durch Alkoholmissbrauch jedoch geistig so gestört, dass er seine Herrschaft nicht ausüben konnte, und einem Nachfolger Platz machte, der aber bald einem Attentat zum Opfer fiel. Inmitten dieses gesellschaftlichen Niedergangs kritisierte Ikkyu nicht nur furchtlos die Korruption des Zen, sondern auch die politische Lage. In einer Sammlung von recht revolutionären Gedichten schrieb er:

Gier nach Luxus, nach Reis und Geld untergräbt
den kaiserlichen Palast.
Nicht gut, daß ich an eine schöne Frau auch nur
denke, wenn das Reich in so trauriger Lage ist.
Diesem einen Gefolgsmann hängt das Herz in Fetzen!

Er konnte nicht die Augen vor der schrecklichen Realität des Alltagslebens im Japan der Muromachi verschließen und wollte sich auch nicht vor ihr im sicheren Kloster verstecken. So begann er wieder das Leben eines Laien zu führen, aß Fleisch und Fisch, trank Wein, schlief mit Frauen und besang sie in seinen Gedichten. Als lebendes Beispiel für Rinzais Forderung, »die Liebe zum Heiligen und den Hass auf die Welt« zu vermeiden, suchte Ikkyu die wahre Praxis des Zen vom Kloster auf die Straße zu bringen. Dorthin gehörte sie seiner Meinung nach, so wie es Daito vor ihm bereits gesehen hatte. Er griff öffentlich die ausschweifenden Institutionen des Rinzai-Zen an und hielt sich dabei die Maske des verrückten Mönches vor, um seine Botschaft zu bekräftigen, dass es »leicht ist, den Bereich der Buddhas zu betreten, viel schwerer aber, den der Dämonen.« Mehr als 15 Jahre lang hatte er den konventionellen, strengen und »männlichen« Stil des Zen geübt, nun war er entschlossen, »den Markt zu betreten mit segenspendenden Händen« [3], sich unter die gewöhnlichen Leute zu mischen, zu leben, wie sie lebten, und dadurch das dharma zu predigen, welch unkonventionelle Form es auch immer annehmen sollte.

Ikkyu war nicht wie Rinzai ein harter und körperlich gewalttätiger Mann, sondern ein Liebender, ein Dichter, dem ein Sperling in der Hand im Gedächtnis blieb, der zärtlich über Frauenschönheit schreiben konnte und gleichzeitig das Zen-Establishment geißelte. Auch wenn das rauhe und wilde Lin-chi-lu [vgl. S. 61, Anm. 1] sein Standardtext war (er ging sogar so weit, es auswendig zu lernen), übertrug er dessen Lehren in das höchst empfindsame Gefäß seiner eigenen Natur und Erfahrung. Und obwohl er Rinzai äußerlich imitierte, indem er sich einen Bart und langes Haar wachsen ließ und doch Mönch blieb, setzte Ikkyu sich von Rinzais »maskulinem« Zen-Stil ab, er nahm Frauen als Schülerinnen und Weggefährtinnen an und akzeptierte sie als sozial und intellektuell gleichgestellt. Seine Ablehnung des Lebens in den Tempeln rührte sowohl von seinem Abscheu vor den sexuellen Ausschweifungen dort her [obwohl – oder vielleicht gerade weil – er selbst durchaus homosexuelle Neigungen hatte] als auch vor der dort herrschenden religiösen Heuchelei. Tatsächlich reichten in einer Gesellschaft, in der die regierenden Samurai ihre Abneigung gegen Frauen zur Schau stellten, indem sie die Liebe von Knaben bevorzugten, Ikkyus »feministische« Ansichten völlig aus, um ihn als verrückt abzustempeln. In den Bordellen und Geisha-Häusern entwickelte er sein Zen des Roten Fadens, ein Bild, das er dem alten chinesischen Meister Hsü-t'ang (Kido) entlehnt hatte. So schritt er fort zu den tiefen und subtilen Ebenen der Verwirklichung in »eben diesem Leib« als dem »Lotos des wahren Gesetzes«. Menschliche Wesen sah er an Geburt und Tod gebunden durch den Roten Faden der Leidenschaften wie durch eine blutige Nabelschnur. Eng verwandt mit dem tantrischen Buddhismus, der die sexuelle Vereinigung als religiöses Ritual verwendet, ist Ikkyus Zen des Roten Fadens die radikalste nicht-dualistische Interpretation des Geschlechtsakts, die je von einem Zen-Meister vorher oder nachher propagiert wurde [vielleicht bis zu Bobo Roshi im 20. Jh.; vgl. Wetering, S. 108 ff.].

Indem Ikkyu weltliche Formen der Zen-Übung förderte, entwickelte er eine völlig neue Ästhetik, schuf neue Formen in Kalligraphie, Poesie, No-Theater, Keramik und Tee-Zeremonie. Sein »laufender« Kalligraphiestil und die kyo, »verrückten«, manchmal geradezu pornographischen Gedichte wurden von seinen Laienschülern weiterentwickelt, von denen viele zu führenden Malern, Bildhauern und Schauspielern ihrer Zeit wurden. Einer von ihnen war sein Sohn Jotei, der später einer der bedeutendsten Teemeister Japans wurde. Vor allem aber kultivierte Ikkyu ein Leben der Armut und Bescheidenheit. Daraus erwuchs das in Japan so geschätzte wabi-Ideal der äußersten Einfachheit, das die Ästhetik dieses Landes bis heute charakterisiert.

Sein geselliger religiöser Stil wurde klarer, als er nach Sakai ging, einer aufblühenden Stadt am Ufer des Biwasees, die wie Katada von Raufbolden, Straßenmädchen, Piraten, reichen Kaufleuten und zweifelhaften Künstlern bevölkert war – Ikkyus idealen Gemeindemitgliedern. In dieser Atmosphäre feierte er im Kreise einer kleinen Gruppe loyaler Mönche und Laienschüler am Neujahrstag 1435 seinen 41. Geburtstag. Anstatt eine traditionelle Neujahrspredigt zu halten, stand er früh auf und lief hinaus in die Straßen der Stadt. Er schwang drohend ein langes hölzernes Schwert und schlug damit gegen Hauswände, um die Aufmerksamkeit auf sich zu lenken. Laut Bokusais Chronik sammelten sich die verwunderten Stadtbewohner und riefen durcheinander: »Wozu braucht ein Mönch ein Schwert? Schwerter sind Mordwerkzeuge!« Ikkyu antwortete darauf: »Ihr wißt es noch nicht – in dieser Zeit ist die Welt voll von einer Weisheit, die ebenso falsch ist wie dieses Holzschwert. Solange man es in der Scheide behält, sieht es aus wie eine wirkliche Klinge, aber wenn man es herauszieht, wird offenbar, dass es nur ein Holzspan ist. Es kann nicht einmal einen Menschen töten – geschweige denn einen lebendig machen!« Die Bürger von Sakai begriffen lachend und applaudierten ihrem exzentrischen Geistlichen. Ikkyu war sich bewusst, dass er allein das große Schwert des Bodhisattva Manjusri in Händen hielt, die Klinge der Weisheit, die alle Verblendung durchschneidet und so zur Erkenntnis führt.

Doch trotz seiner äußerlichen »Verrücktheit« war Ikkyu ganz offensichtlich ein strenger Anhänger von Rinzais rigorosem Zen. Völlige Hingabe an Meditation, koan-Praxis und dokusan mit einem erleuchteten Meister waren ja das Kernstück seiner eigenen Laufbahn. Das Umfeld war wohl informell, unter den Schülern befanden sich mehr Laien als ordinierte Mönche, aber die Zen-Praxis war weitaus traditioneller als das ritualisierte Schauspiel, das in den gozan-Tempeln vor sich ging. Zehn katastrophale Tage lang versuchte er sich als Abt des Nioi-an, eines Untertempels auf dem Gelände des Daitoku-ji. Das Angebot war ihm von Yoso unterbreitet worden, und Ikkyus Anhänger hatten ihn dazu aufgefordert, diese Stellung zu Ehren seines geliebten alten Lehrers Kaso zu dessen Jahrestag anzunehmen. Bei dem Gedenkmahl machten jedoch Yosos reiche Gäste Ikkyu klar, dass sie für ihre reichlichen Geldspenden von ihm schriftliche inka erwarteten. Noch während des Essens stand er auf und ging hinaus, gefolgt von seinen Haupt-Schülern Bokusai und Bokushitsu. Er stellte ein Inventar des Tempels zusammen und heftete es an ein Gedicht, das er als Rücktrittserklärung an die Wand hängte:

Nach zehn Tagen in diesem Tempel dreht sich's in meinem Geist –
der Rote Faden der Leidenschaft ist stark in meinen Lenden;
wenn ihr mich ein andermal finden wollt,
sucht beim Fischhändler, im Sake-Laden oder im Bordell!

Wahrscheinlicher jedoch verbrachte Ikkyu den nächsten Monat mit seinen Schülern bei einem sesshin auf dem Gelände seines Gönners Shiten Soiku im Süden von Kyoto mit teisho und dem Beantworten von Schülerfragen. Sein Zen gab er unmittelbar weiter, in der Begegnung von Angesicht zu Angesicht. Um diese Lehre in eine gewisse Ordnung zu bringen und die Schüler anzufeuern, überreichte er jedem eine Schriftrolle, auf der es hieß: »Ich bin ein einfacher Mann und habe in meinem Leben nie jemanden bestätigt; ich fürchte, dass nach meinem Tod niemand da sein wird, um für mich zu sprechen. Da ich meine Bestätigung unter vier Augen erhielt, habe ich nicht darüber gesprochen. Aber wenn jemand es übernimmt, das dharma zu verbreiten und seine eigene Schule im Geheimen zu gründen, werden die Regeln in Unordnung gebracht. Solche Menschen sollten rasch der Obrigkeit gemeldet und bestraft werden. Sie verfälschen den Buddhismus und sind meine erklärten Feinde. Wirklich wichtig ist der Schutz des dharma. Wie könnte da jemand zur Seite stehen und mit verschränkten Armen zusehen?«

Ikkyus hartnäckiges Beharren auf dem wahren Geist der Nachfolge Daitos beeindruckte sogar zwei Mönche Yosos vom Daitoku-ji, Tsu und Kin. Beide tauchten eines Tages in seinem schäbigen Tempel in Sakai auf, baten um Aufnahme als Schüler und wurden von ihm herzlich willkommen geheißen. Solche Dinge bestärkten natürlich Yoso in seinen wiederholten und unaufrichtigen Versuchen, sich mit Ikkyu zu versöhnen – er lud ihn zu einer klösterlichen Festlichkeit ein. Bokusai gibt den ironischen, zunehmend bitterer werdenden Dialog zwischen den beiden alten Widersachern Wort für Wort wieder. Als Ikkyu ankam, stand Yoso persönlich am Tempeltor und rief: »Du kommst ziemlich spät; ich wollte schon jemanden schicken, um dich hierherzubringen. Ich wollte dir sagen, dass du Kasos Gesicht mit Latrinenwasser vollgeschüttet hast.«

Ikkyu antwortete ruhig: »Du brauchst mir nicht den frommen Bruder vorzuspielen. Könntest du mir freundlicherweise erklären, was du mit dem Latrinenwasser meinst?« Yoso fuhr fort, ihn zu beschuldigen, dass er die Traditionslinie des Daitoku-ji fälschlich benutze und die teisho seiner Meister zu seinen eigenen Zwecken rezitiere. Ikkyu gab zurück: »Auf der anderen Seite höre ich, dass du eine falsche Praxis anpreist und mit deinen Schülern kein sanzen mehr machst. Das ist es, wovon Kaso nie etwas wusste. Welche Alternative gibt es dazu? Wie kann man irgend etwas erreichen ohne diese Gespräche? Nein, du bist es, der Latrinenwasser schüttet, aber in dein eigenes Gesicht. Kaso kannst du mit deinen Irrtümern nicht beschmutzen.« Zornig sprudelte es aus Yoso heraus: »Ich trage seine Bestätigung. Mit welchem Recht beleidigst du mich?« »Ich wurde auch bestätigt«, sagte Ikkyu, »aber solche Dinge eignen sich nicht für öffentliche Vergleiche.« »Na, vermutlich habe ich keine Möglichkeit zu beweisen, dass du nicht bestätigt worden bist.« Daraufhin lachte Ikkyu laut und ging wieder.

1447 aber mussten die beiden ihre Kräfte vereinen, um ihre geliebte Traditionslinie davor zu retten, vom Hosokawa-Shogunat übernommen zu werden. Diesem war es als Gönner des Myoshinji immer schon gelungen, das dem Kaiserhaus zugeordnete Daitoku-ji in den Hintergrund zu drängen. Als gesetzgebende Macht in Japan setzten die Hosokawa den Kaiser unter Druck, einen Rivalen aus dem Myoshin-ji zum obersten Abt von Daitoku-ji zu ernennen. Dies rief dort einen Aufstand hervor, bei dem einer der Priester Selbstmord beging und einige andere eingekerkert wurden. Ikkyu begann in den Bergen um Kyoto einen Hungerstreik und schrieb:

Ich schäme mich, noch unter den Lebenden zu sein;
so viele Jahre habe ich Zen geübt und den Weg
praktiziert, jetzt habe ich neue Probleme.
Die Wahrheit des Buddha scheint wirklich
verschwunden zu sein,
und statt ihrer erhebt sich der Dämonenkönig
hundert Fuß hoch!

Als Kasos legitimer Erbe war selbst der verhasste Yoso besser als ein von den gozan bestellter Eindringling in die Daitoku-ji-Linie. Als Ikkyu vom Hunger geschwächt inmitten eines Gewitters in Meditation saß, wurde er von einem Kurier seines kaiserlichen Vetters Go-hanazono angesprochen. »Wenn der verehrte Mönch weiter in dieser Weise fortfährt, werden der Weg des Buddha und der Weg des Kaisertums beide vergehen. Wie kann Er solches verursachen? Wie kann Er sich in Zeiten wie diesen vom Reich davonmachen?«, übermittelte der Kurier die Worte des Kaisers. Ikkyu hatte seinen Standpunkt deutlich gemacht. Er gab das Fasten auf, und das Daitoku-ji war gerettet – mit Yoso als Abt. Und Ikkyu ging erneut auf Wanderschaft, genauso Verrückte Wolke wie zuvor.

1457 hatten die Hosokawa die Bevölkerung wirtschaftlich so ausgeblutet, dass die sonst hilflosen Massen einen Volksaufstand wagten. Truppen plünderten und verbrannten ganze Stadtteile von Kyoto in irgendjemandes Namen, darunter auch Ikkyus Stadt-Zentrum der »Hütte des blinden Esels«. So machten er und seine Freunde sich auf den Weg nach Süden in ländliche Gegenden. Als der Onin-Krieg rund um sie tobte und alle großen Paläste und Klöster brannten, konnte Ikkyus Gruppe sich glücklich schätzen, kein Interesse hervorzurufen, und sie nannten ihren Tempel »Hütte des Dankes«.

Tausende starben, und zeitweise waren die Straßen Kyotos verstopft von den Leichen der Tiere und Menschen, die verhungert oder an Seuchen gestorben waren. Aber immer noch erfreuten sich die Anhänger des Shogun und seine Priesterschaft ihrer wirtschaftlichen Macht. Ikkyus Antwort auf diese Zurschaustellung von Gier, Hass und Wahn war eine religiöse Allegorie, die er Skelette nannte. In diesen makabren Darstellungen des Todes, die kaum Schritt halten konnten mit dem tatsächlichen Elend und Sterben, verschrieb Ikkyu mit seiner Empfehlung, sich »ganz auf zazen zu konzentrieren«, ein Medikament gegen die höllischen Umstände. Das Alltagsleben konnte selbst unter diesen Umständen nicht von der wahren Zen-Praxis getrennt werden, und so hörte die Meditation in Ikkyus ländlicher Klause auch inmitten der Kriegswirren nicht auf. Hier war es auch, dass sein Schüler Zenchiko das No-Drama entwickelte und dass die Teezeremonie ihren Höhepunkt als meditative Form erreichte. Ikkyu setzte seine beißende Kritik an Tempel und Staat fort und tadelte »die arroganten Stärkeren, die weiterhin Musik machen und das Leben genießen, während das ganze sonstige Volk leidet«, und er veröffentlichte eine Serie von bissigen Ergüssen gegen Yoso und andere Personen des öffentlichen Lebens unter dem ironischen Titel »Selbstkritiken«.

Ein Anfall von Ruhr kostete Ikkyu beinahe das Leben, aber er erholte sich wieder; und mit weit über siebzig ging er noch eine leidenschaftliche Liebesbeziehung ein, die bis in seine Achtzigerjahre andauern sollte. 1471 schloss sich die Dame Shin, eine blinde Sängerin, Komponistin und begabte Musikerin, dem Kreis zen-inspirierter Musiker, Maler und Dichter in der »Hütte des Dankes« an. Sie veränderte Ikkyus Leben völlig – der alte Zen-Meister war 77, seine Geliebte in den späten Dreißigern. Wir wissen über diese Romanze nur aus den ausdrucksstarken, detaillierten Gedichten Ikkyus, in denen er ihre Liebe besang. Bokusai bleibt an diesem Punkt in seiner Chronik stumm, aber mit Ikkyus Zustimmung ließ er ein erstaunliches offizielles Porträt von diesem malen, das auch die blinde Sängerin zeigt. Dieses chinzo, ein Zen-Porträt, das heute noch im Daitoku-ji hängt, bildet Ikkyu ab ohne den üblichen Meisterstock, gekleidet in die Robe eines gewöhnlichen Mönches. Hintergrund des Bildes ist ein grauer, leerer Kreis, der die letztendliche Leerheit der Dinge bezeichnet, während die Sängerin darunter sitzt und, in professionellem Putz ihr koto spielend, die manifeste Welt der Form darstellt.

In der Dame Shin, oder Mori, hatte Ikkyu endlich sein lang gesuchtes weibliches Selbst gefunden. Frei von Scham pries er ihre Schönheit und rühmte in seinen Schriften und öffentlichen Auftritten ihre Gaben. Mehr noch, Ikkyu baute gewagte Details ihrer physischen Beziehung in seine Lehren über Zen ein, er stellte koan in einen erotischen Kontext, der die manifeste und die absolute Welt in einem Liebesknoten verband. So wird der koan »Auf welche Weise gleichen meine Hände den Händen Buddhas?«, der auf Huang-lung Hui-nan (Oryo), einen Rinzai-Meister des 11. Jahrhunderts, zurückgeht, bei ihm zu:

Meine Hand Moris Hand nennen
Meine Hand, wie gleicht sie Moris Hand.
Ich glaube, die Dame ist Meisterin des Liebesspiels;

wenn ich geschwächt bin, kann sie den Jadeschaft heilen,
und dann frohlocken die Mönche bei der Versammlung.

In diesen radikalen Umformulierungen von Methoden und Praxisformen des Zen, welche die Frau sowie den Roten Faden ehren, der selbst die erleuchtetsten Zen-Meister an Leidenschaft, Geburt und Tod bindet, drückte sich Ikkyus Freude an der menschlichen Liebe aus. Indem er sich selbst als mukei, den »Mönch vom Traum-Boudoir«, bezeichnete, deutete er an, dass er in der Sexualität eine grundlegend geheiligte spirituelle Praxis sah.

Wer führt die Grundtradition der Rinzai-Schule weiter?
Die letzte Nacht des Nicht-Seins, die drei Pfeiler [des Zen]
gibt's in der »Hütte des Blinden Esels«.
Dieser alte Mönch vom Traum-Boudoir in seinem Pavillon
zur Betrachtung des Mondes lebt Nacht für Nacht ein mehr
als trunkenes Leben der Poesie.

Es war Shin, dharma-Gefährtin und poetische Inspiration, die dem »alten Mönch« tiefere und immer tiefere Einsicht in die »Grundtradition der Rinzai-Schule« gewinnen ließ.

Im Jahre 1474 befahl Kaiser Go-tsuchimikado, dass Ikkyu als Abt des Daitoku-ji eingesetzt werden sollte. Kyoto lag nach dem Onin-Krieg in Trümmern, und es gab buchstäblich kein Daitoku-ji mehr, das der neue Abt hätte beziehen können. Ikkyu, nun über achtzig, hatte die Aufgabe, es aus dem Nichts wieder aufzubauen. Der Thron selbst war so verarmt, dass die kaiserlichen Gefolgsleute die Hofschätze verkaufen mussten, um Reis zu bekommen. Nur Ikkyus reiche und mächtige Gönner, die Kaufleute, als wirtschaftliche Sieger aus dem Krieg hervorgegangen, waren flüssig genug, um den Heimattempel ihres Meisters wiederaufbauen zu können. Mit seinem charakteristischen Eifer für seine geliebte Traditionslinie erklärte Ikkyu sich nicht nur bereit, dieses unmögliche Unterfangen durchzuführen, sondern bot bei dessen Durchführung eine typisch surrealistische Verrückte-Wolken-Gründungszeremonie. Auf einem Hügel, der an seinen winzigen, obskuren Tempel in Sakai grenzte, rezitierte er eine Reihe von seltsamen Gedichten, begleitet von bühnenreifen Gesten, mit denen er die noch zu errichtenden Gebäude des Daitoku-ji darstellte.

»Das letzte verbliebene Licht aus Daitos Schule ist erloschen«, sang er. »Wie ist zu erklären, dass das Herz von der Unvergänglichkeit aller Dinge singt? Fünfzig Jahre hat dieser Mönch nur den Regenmantel und den Hut aus Stroh[4] getragen; heute ist er zu seiner Schande ein purpurgekleideter Abt.«

Ohne Hilfe vom Kaiserhaus oder vom Shogunat gelang Ikkyu der Wiederaufbau des Klosterkomplexes. Einer seiner Schüler, Owa Sorin, ein Kaufmann aus Sakai, tat sich dabei besonders hervor. Er ging so weit, die Masten seiner seetüchtigen Schiffe abzumontieren, um das Dach der neuen dharma-Halle des Daitoku-ji zu stützen. Im Jahre 1481 war der Wiederaufbau abgeschlossen – Ikkyu aber war inzwischen gestorben. Der wandernde Mönch, der sein inka weggeworfen hatte und damit jede Beglaubigung als legitimer Erbe von Daito und Kaso, hatte diese Traditionslinie wieder neu errichtet und sie dann für immer verlassen, mit keinem anderen Verbindungsglied als einem auf einer Rolle aufgezeichneten Credo: »Nach meinem Tod werden unter meinen Schülern solche sein, die in die Wälder oder die Berge gehen [um zu meditieren], andere mögen Sake trinken und sich mit Frauen vergnügen, aber jene, die vor einem Auditorium Vorlesungen halten und von Zen als dem »Weg der Moral« reden, die vergewaltigen den Buddhismus und sind in Wirklichkeit Ikkyus Feinde. Sie sollen bestraft werden von Kaso[s Gedächtnis], denn sie sind die Einäugigen, welche die Blinden führen. Ich habe nie ein inka gegeben, und wenn sich jemand dessen brüstet, ist er nicht von Ikkyus Schule. Und wenn eine solche Person den Anspruch erhebt, den Buddhismus zu verstehen, benachrichtigt die Obrigkeit! Nochmals möchte ich euch dringend darum bitten; so könnt ihr eure Loyalität zeigen. Lasst euch diese Botschaft durch den Kopf gehen.«

Wie Franz von Assisi wurde Ikkyu bei seinem Tod für seine öffentlichen Akte der Barmherzigkeit ebenso gefeiert wie für seine Lehren, dafür, dass er zwischen Arm und Reich nicht unterschieden hatte, nicht zwischen den Straßenmädchen und den Höflingen, den Berühmten und den Verachteten. Bokusais Chronik beschreibt einen Mönch, dem die Kinder nachliefen, um mit seinem Bart zu spielen, der so sanft war, dass die Vögel Futter nahmen aus seiner Hand; und der doch »jene Art des Zen hasste, die von den Meistern so großzügig verteilt wird, die ihre Schüler behandeln wie Schoßhunde.« Mit seinen Schülern war er »streng und anspruchsvoll«. Wenn er einen halbherzigen Bittsteller entdeckte, entschuldigte er sich dafür, nicht lehren zu können, und sagte: »Ich bin nur ein schwächlicher alter Mann.« Aber mit einem ernsthaften Zen-Schüler »konnte er alles Mögliche anstellen und alle Arten von Fähigkeiten zeigen. Er konnte sowohl die tiefen Wahrheiten als auch ihre Herleitung erläutern ... Er war ein außerordentlicher Mann mit dem grundlegenden Charakter und Verhalten eines Buddha oder Patriarchen.«

Ikkyus Liebe zu seiner Traditionslinie veranlasste ihn, seine letzten Lebensjahre dem Wiederaufbau des Tempels zu widmen, dessen Hierarchie er während des Großteils seines Lebens zu zerschlagen und mit seinen Possen lächerlich zu machen versucht hatte. Es ist kein Zufall, dass er sich Rinzai als Vorbild genommen hatte, denn das harte »Zen des Tuns« des chinesischen Meisters sechs Jahrhunderte früher war genauso eine Rebellion gegen die Beschränkungen durch den postkonfuzianischen Hof seiner Zeit gewesen. Indem Ikkyu Rinzais Unverblümtheit nacheiferte, dessen wenig klerikalen Bart übernahm und sich nicht den Kopf scheren ließ, konnte er, der Kaisersohn, im Volk untertauchen und Klassenschranken aller Art verwischen. Er konnte das korrupte klerikale Establishment in seinen Gedichten zum Teufel jagen und seine tiefe religiöse Einsicht in exzentrischen Symbolen mitteilen, die einen westlichen Geist sofort an William Blake in England oder Walt Whitman in den USA denken lassen. Wie sie liebte er die Natur, pries die körperliche Liebe und nützte seine Kunst und spirituelle Vision dazu, die bereits todgeweihten Institutionen seiner Zeit mit schneidendem Humor zu kritisieren. Sein Zen sprach Herz und Sinn mehr an als das Zen der Samurai, das seine Kraft aus dem hara bezog, dem Kraftzentrum im Bauch, und das die Übung seiner Zeit dominierte. Und

Zen wurde von ihm erstmals um ein feminines Element bereichert, ein Aspekt, der dem Zen seit langem gefehlt hatte.

Ikkyus dichterische Gabe war ein nützliches Lehrwerkzeug, besonders im Zusammenhang mit der traditionellen koan-Praxis im Rinzai-Zen. Indem er sich mit seinen Schülern eine intime Art des Zen-Dialogs erlaubte, schuf Ikkyu einen einzigartigen Stil des mondo, in dem direkte Anspielungen auf die alten Meister mit den aktuellen Erfahrungen innerhalb seines Kreises verwoben wurden. So brachte sein Schüler, der Dichter Socho, die Verwendung von renga, den »Kettengedichten« (oft witzigen Frage-und-Antwort-Spielen) zur Perfektion. Aus einer Nacht des Trinkens und Dichtens wurde auf diese Weise:

Männer inmitten ihrer Trunkenheit,
was können sie tun für ihre weingetränkten Gedärme?
Nüchtern, am Ende ihrer Kraft, trinken sie den Bodensatz.
Die Klage dessen, der den Sand umarmte
und sich in den Fluss Hsiang-nan stürzte,
kostet diese Verrückte Wolke nur ein Lachen.

Angespielt wird in diesem Gedicht auf den chinesischen Beamten Ch'u-yüan, der sich trotz seiner Tugendhaftigkeit von Feinden verleumdet sah. Im Gespräch mit einem Fischer am Flussufer, wo er stand und an Selbstmord dachte, sagte er: »Alle Welt ist getrübt durch Verwirrung, ich allein bin rein! Alle Menschen sind wie betrunken, nur ich bin nüchtern!« – die Parodie eines Unerleuchteten auf die erleuchtete Feststellung des Buddha: »In allen Himmeln und unter dem Himmel bin ich allein der Ehrwürdige.« Der Fischer erwiderte: »Der wahre Weise haftet nicht an bloßen Dingen ... Wenn alle Welt ein trüber Wirbel ist, warum folgst du nicht seiner Strömung und schwimmst auf seinen Wellen? Wenn alle Menschen betrunken sind, warum trinkst du nicht den Bodensatz und schluckst den wässrigen Wein mit ihnen?« Aber Ch'uyüan war zu sehr in seine dualistischen Konzepte von Tugend und Laster verstrickt, um sich den Zen-Ratschlag des Fischers zu Herzen zu nehmen; er schrieb ein Gedicht über das »Umarmen des Sandes«, sprang in den Fluss und ertrank.

Ikkyus Verwendung dieser Anspielung auf die vollendete konfuzianische Tugend im Rahmen seiner eigenen »trunkenen« Zen-Lehrmethode gab nicht nur die Worte des Fischers wieder, sondern erfüllte sie mit Leben. Sein mit Zen-Anwendungen erfülltes Gedicht wurde selbst zum vielschichtigen koan, den die Schüler erst durchdringen müssen; eine Bühne für die Frage von Recht und Unrecht, Trunkenheit und Nüchternheit, Tugend und Laster.

Das Lachen der Verrückten Wolke war eine lakonische Antwort auf die Frage nach der Einheit von Form und Leere, Verblendung und Erleuchtung.

Ikkyus Leben mit der Dame Shin veranschaulichte den Buddhismus des Mahayana in seiner tantrisch-sexuellen Form und zeigte, dass Nirvana und diese Welt menschlicher Liebe und Leid ein und dasselbe sind, dass dieser sterbliche Körper selbst der Buddha ist. Seine einfachen Formen der Zen-Praxis brachten dem Laien die Meditation in ganz alltäglichen Situationen und Tätigkeiten nahe, wie Kochen, das Land bestellen, künstlerisch tätig sein oder sich um die Kinder kümmern. Sie waren auf die wachsende Gruppe der »Laienmönche« zugeschnitten, die sich um ihn sammelten; Menschen, die dem Zen ergeben waren, aber dies vor dem Hintergrund des weltlichen Lebens außerhalb der Klöster. Ikkyu lehrte und lebte seine Art von Rinzais »Zen in Aktion« auf einer zutiefst menschlichen Ebene. Er verweltlichte dieses noch weiter, als Linchi es getan hatte, und verwendete eine leidenschaftliche, ja schockierende Sprache, um das Wesen seiner Lehre zu verdeutlichen.

Immer gefährdet wegen seiner Herkunft und seiner emphatischen Stellungnahmen gegen Schützlinge des Shogunats, ging er höchst kritisch mit den religiösen Autoritäten um, die der direkten Kontrolle der Regierung unterstellt waren. Aber auch wenn er die monastischen Formen und Strukturen auf den Kopf stellte, zeigen seine Gedichte sowie seine Bindung an die Praxis des Zen, dass er zutiefst religiös und zutiefst demokratisch war, im spirituellen und im politischen Sinn des Wortes. Nichts konnte ein Individuum begrenzen und einengen, wenn es einmal frei von Dualismus war. Mehr noch – keine irdische Macht hatte das Recht, individuelle Freiheit zu begrenzen.

Ikkyus furyu – oder »weit abgelegenes« Zen – gleicht dem von P'utai (Hotei), dem Bodhisattva der Marktplätze, mit seinem Sack voll Süßigkeiten für die Kinder und seinen »segenspendenden Händen«. Radikal in ihrem Nicht-Dualismus, schließt diese Form des Zen das ganze Universum in seine Verwirklichung ein und ist nicht begrenzt auf die traditionell heiligen oder geheiligten Bereiche. Wenn alle Dinge Buddha-Natur haben und vollendet sind, wie sie eben sind, dann ist Befreiung nicht eine Frage von Stil und Benehmen, sondern eine lebendige Erfahrung. Ikkyus Lehrer Keno und Kaso betrachteten das harte Üben, für das nur wenige hingebungsvolle Sucher geeignet waren, als den sichersten Weg, diese tiefe Erfahrung hervorzurufen. Ikkyu hat ihre Methode nie für falsch gehalten, und sein Beispiel, diesem Weg mehr als 15 Jahre lang genau zu folgen, bis er die große Erleuchtung erfuhr, zeugt von seiner Wertschätzung für seine Meister. Aber als erleuchtetes Individuum, und auf eigenen Füßen stehend, wusste er keinen anderen Weg, als das Leid rund um ihn wahrzunehmen und zu antworten, und er ging in die Welt hinaus, um es zu lindern. Himmel und Hölle, Priester und Laie, hoch und niedrig, klug und beschränkt – all dies war für Ikkyu gleich geheiligt, um »gerade dies« zu sein. Er sah keine letzte Wahrheit hinter den Dingen, nicht einmal die Leere, und so schnitt er die Verbindung ab zu Schmerz und Leid, die Kennzeichen der Person sind, die von der Dualität besessen ist. Und doch hat Ikkyu nie seine »Gewöhnlichkeit« bestritten. Er glänzte in der Welt und feierte sie mit dem Gesang des göttlichen Narren.

---

1) Der Wu-tai-shan (Fünftafelberg) war seit dem 5. Jh. ein buddhistisches Heiligtum (nicht nur der Ch'an-Schule) und bezog sich wiederum auf die »Fünf-Berge«-Klöster des frühen Buddhismus in Indien.

2) Kanzan Egen (1277–1360), zweiter Abt des Daitoku-ji und erster des Myoshin-ji, nicht zu verwechseln mit den beiden berühmten Chinesen mit Namen Han-shan (jap. Kanzan) im 7. bzw. im 16. Jh.

3) Vgl. das zehnte Ochsenbild.

4) Regenmantel und Regenhut aus Stroh sind noch heute ein Zeichen der Armut in ländlichen Gegenden Japans.

bankei
dem volk aufs maul geschaut

Die Antworten des Dorfpriesters auf seine bohrenden spirituellen Fragen ließen Bankei so unbefriedigt, dass er sich im Alter von elf Jahren in einem kleinen Schrein versteckte und seinen Mund mit giftigen Spinnen vollstopfte. Dieser exzentrische, aber glücklicherweise erfolglose Selbstmordversuch stand am Beginn einer einzigartigen und furchtlosen Zen-Reise.

Geboren wurde Bankei 1622, in dem Jahr, als Iemitsu, der dritte Tokugawa-Shogun, die Macht übernahm und das repressivste und autokratischste Regime errichtete, das Japan bis dahin gekannt hatte; er starb 1693, fünf Jahre nachdem Tsunayoshi, der fünfte Tokugawa-Shogun, die Genroku-Periode eingeleitet hatte, eine schlecht organisierte, durch Korruption geschwächte »Neuordnung« im Fahrwasser einer neu entstandenen Bourgeoisie. Wie die Zeit, in der er lebte, drückte sich Bankeis Persönlichkeit und religiöser Stil häufig in Extremen aus. Ein Beispiel: Das allmächtige bakufu [Regierung], das innerhalb von sechzig Jahren alle Ausländer aus Japan ausgewiesen hatte, unterdrückte einen Aufstand, indem es ein allgemeines Reiseverbot erließ. Die Macht wurde dadurch zentralisiert, dass die einzelnen Landbesitzer, Dorfhauptleute, Bauern und Städter in ein bürokratisches Netz verstrickt wurden, in dem selbst der kaiserliche Hof ein Gefangener war. Alle bedeutenden Verkehrsadern Japans wurden mit Sperren versehen, um mögliche Reisende und potentielle Verschwörer zu Hause festzuhalten. Die Regierung, die sich nun in Edo [Tokio] befand, verbot den Bau von Brücken, die es erleichtert hätten, in die Hauptstadt zu gelangen. Bankei war ein beliebter Prediger, ein Anarchist in einer feudalen Diktatur; umso erstaunlicher ist es, dass es ihm möglich war, sich nach Belieben in diesem undurchdringlichen Netzwerk von Spionen und Grenzwächtern zu bewegen. Es war ihm sogar möglich, eine große, gesellschaftlich uneinheitliche Zuhörerschaft anzuziehen und ein Zen zu predigen, das dem Establishment manchmal recht entgegengesetzt war.

Die paranoide Politik der Abschottung während des größten Teils der Tokugawa-Periode war eine Reaktion auf die intensive und erfolgreiche Missionierung hauptsächlich durch portugiesische Jesuiten und Franziskaner, die sich durchaus auch in die japanische Innenpolitik eingemischt hatten. Der christliche Einfluss hatte Asien im 17. Jahrhundert so durchdrungen, dass China, Korea und Vietnam dem japanischen Beispiel folgten und ebenfalls den kulturellen und den Handelsverkehr mit dem Westen beschränkten. Die einschneidenden physischen Beschränkungen, welche die bakufu-Beamtenschaft der Bevölkerung auferlegte, waren ebenso schwer zu ertragen wie die sozialen. Man wurde in eine Samurai-, Bauern-, Künstler- oder Kaufmannsfamilie hineingeboren, und dort blieb man auch. Die daimyo, die Befehlshaber der Samurai, teilten sich in zwei Klassen: erbliche daimyo (Nachkommen jener Krieger, die bei der großen Schlacht von Sekigahara unter dem Shogun Ieyasu auf der Siegerseite gekämpft hatten) und Außenseiter (die sich erst später auf dessen Seite geschlagen hatten). Letztere galten als unzuverlässig, wurden mit schweren Steuern belastet und waren kaum mehr als Geiseln in einem System, das sie zwang, ein Jahr lang in Edo zu bleiben, und wenn sie heimkehrten, ihre Frauen und Gefolgsleute zurückzulassen. Diese Samurai reagierten ihre Frustration an den Bürgern und Bauern ab, welche die nächsttiefere Sprosse der gesellschaftlichen Stufenleiter bildeten. Japan unter Iemitsu war eine Militärdiktatur, die jedem Mitglied der Kriegerkaste nahezu unbeschränkte Macht über seine Vasallen zugestand. So war es nicht unüblich für einen Samurai, sein Schwert am Hals des nächstbesten Unglücklichen, der ihm über den Weg lief, zu »erproben«. Bankeis Predigten sind gespickt mit Beispielen von frommen Reisenden und gewalttätigen Samurai, die einander in solchen Begegnungen gegenüberstanden.

Die Verfassung des bakufu, ein vom früheren Shogunat bis ins Detail ausgearbeitetes Dokument, das von jedem neuen Shogun erneut bestätigt werden musste, definierte den Samurai-Kodex in allen Einzelheiten und hielt alle anderen unter einer strengen konfuzianischen Disziplin des »Schuster, bleib bei deinem Leisten«. Die erblichen daimyo waren reicher als der Kaiser selbst und besaßen fast das ganze Land, aber die Wirtschaft wandelte sich so schnell von der Landwirtschaft zum Handel, vom flachen Land zur Stadt, dass die schwer besteuerten Außenseiter-Samurai der völligen Verarmung entgegensahen. 1637 konvertierte eine solche Gruppe auf der Halbinsel Shimabara zum

Christentum, da sie nichts mehr zu verlieren haben glaubte, und begann einen erfolglosen Aufstand, der 37 000 christliche Japaner das Leben kostete. Dieses Ereignis war der Zündfunke für die Abschottung Japans gegen den Westen und mündete in eine brutale Christenverfolgung, die fast fünfzig Jahre andauerte.

Die Rebellion von Shimabara bestärkte nur die Paranoia des bakufu. Die chaotische Verwaltung, die keinerlei legale Grundlage besaß, sondern von den willkürlichen Entscheidungen der von den Tokugawa ernannten Beamten abhängig war, wurde mit Regierungsspionen durchsetzt. Schilder auf den Straßen strotzten von Tiraden über ethisch richtiges Verhalten; Kindern wurde eingeschärft, loyal gegenüber ihren Eltern zu sein; Bürger wurden zu Bedürfnislosigkeit und harter Arbeit ermahnt; und die Angehörigen aller Klassen hatten mit ihrem Geschick zufrieden sein. Um es auf den Punkt zu bringen: Alle Arten von Folter und scheußlichen öffentlichen Bestrafungen wurden angewendet, um die Vorstellung des Shogun von »Recht und Ordnung« durchzusetzen. Das hieß auch, dass ein Bauer oder Handwerker geköpft, geviertelt oder ausgeweidet und sein Leichnam öffentlich zur Schau gestellt wurde für ein Vergehen, das einen Samurai nur ein paar Yen Strafe gekostet hätte. Männer, Frauen, Kinder, Tiere und anderes »Rohmaterial« existierten in Japan nur zur beliebigen Verwendung durch das Militär. Aber indem der Shogun jeden Handel mit dem Westen unterbunden hatte, hatte er sich in ein unlösbares Dilemma begeben: Die Ansprüche seiner großen und müßigen Kriegerkaste konnten durch Japans begrenzte materielle Ressourcen nicht mehr befriedigt werden.

Bis zur Verabschiedung der Gesetze von 1638/39, welche die strenge Abschottung Japans vom Westen festlegten, war das Vermögen in Reis gemessen worden. Die Bauern, auch genannt die »Maschinen zur Produktion von Reis, den die Samurai schlucken«, waren völlig in der Macht ihrer Herren, die wiederum bei den Kaufleuten, welche sie mit sonstigen Gütern versorgten, dauernd verschuldet waren. Indem die Samurai ihre finanziellen Lasten auf ihre Bauern abwälzten, vernichteten sie endgültig die Landwirtschaft, auf der das Land jahrhundertelang aufgebaut hatte, und traten damit unwissentlich die wirtschaftliche

Macht an die chonin ab, die Geldverleiher und Reishändler. Diese städtische Klasse befriedigte nicht nur gegen hohe Zinsen die unersättlichen Bedürfnisse der Samurai, sondern schuf gleichzeitig die riesigen Handelsmetropolen, die später Nagasaki, Edo, Osaka und Sakai werden sollten. Der Handel nahm so rasch zu, dass mit dem Ende des 17. Jahrhunderts das Geld den Reis als Tauschmittel vollständig verdrängt hatte.

Obwohl immer noch weit unten auf der gesellschaftlichen Stufenleiter, hielten die verachteten chonin nun die finanzielle Macht in Händen und überließen den Samurai die Herrschaft über traditionelle Künste wie Schwertfechten, No-Theater, Teezeremonie, Blumenstecken und konfuzianische Philosophie. Die Kaufmannsklasse entwickelte das Kabuki-Schauspiel und die Künste des Holzblockdrucks und des Romans und hielt populäre Formen des Buddhismus hoch, die von den konfuzianischen Aristokraten an den Rand gedrängt worden waren. Diese Gruppe neureicher Kaufleute bildete die Masse von Bankeis Zuhörerschaft. Für sie lag Zen gerade noch an der Grenze des Begreifbaren, zwischen dem Intellektualismus und Hierarchiedenken der Neokonfuzianer und ihrem eigenen neuentwickelten bürgerlichen Selbstbewusstsein. Bankeis manchmal schneidende Verurteilungen des hierarchischen Zen, seine Angriffe auf altgediente Institutionen wie Klosterwesen, koan-Praxis, offizielle Erleuchtungsbestätigungen, das Rezitieren von Sutras und die dharma-Übertragung entsprachen genau dieser Zeit des sozialen Wandels und den Bedürfnissen seiner gemischten Zuhörerschaft. Selbst die Samurai, die kamen, um seinen erdverbundenen Vorträgen zu lauschen, wurden überzeugt.

Bankeis Schüler rekrutierten sich zunehmend aus den gebildeteren städtischen Kreisen, die mehr Interesse für die Welt der Kurtisanen und Teehäuser aufbrachten als für die vergängliche Welt der Existenz im Buddhismus. Er sprach sie an in ihrer eigenen Sprache und mit ihrer eigenen Stimme, betonte die alltäglichen Wirklichkeit und mahnte, alle Angelegenheiten im Hier-und-Jetzt zu erledigen.

Geboren wurde Bankei in dieser für eine Familie armer Samurai harten Zeit im kleinen Dorf Hamada, an Buddhas Geburtstag, dem 8. April 1622. Er war eines von neun Kindern und der vierte von fünf Söhnen. Mit Hilfe eines Gönners, eines besser gestellten Samurai, hatte sein Vater in einem nahen Dorf eine ärztliche Praxis eröffnet [einer der wenigen den Samurai als standesgemäß erlaubten Berufe]. Als Bankei zehn war, starb sein Vater und hinterließ die Praxis seinem ältesten Sohn Masayasu. Die Familie folgte den für die Tokugawa-Periode typischen konfuzianischen Regeln, hing aber geistig dem buddhistisch inspirierten Samurai-Kodex an. Zen war damals als autoritäre esoterische Sekte organisiert, vom Shogun unterstützt in seinen Bemühungen, das Christentum auszurotten, und es hatte wesentlich von seiner ursprünglichen Lebenskraft verloren, als Bankei im Alter von elf Jahren mit seiner religiösen Suche begann.

Er war ein intelligenter und schwieriger Knabe, der, obwohl anmaßend und in seiner Unabhängigkeit kaum zu bändigen, eine so schreckliche Angst vor dem Tod hatte, dass die Erwachsenen ihn sofort zur Räson bringen konnten, wenn sie vorgaben, sich zum Sterben niederzulegen. Er wurde in die damals übliche konfuzianische Schule geschickt, wo mechanische Fertigkeit das Hauptziel der Erziehung war. Dort beleidigte er seinen Kalligraphielehrer dadurch, dass er sich weigerte, dieselben Schriftzeichen abzuschreiben wie alle anderen, und er verärgerte seinen älteren Bruder, indem er die Schule schwänzte. Als Masayasu dem Fährmann auftrug, Bankei nicht über den Fluss zu bringen, der die Schule von seinem Elternhaus trennte, wenn dieser zu früh heim wollte, stieg Bankei einfach ins Wasser und marschierte nach Luft schnappend ans andere Ufer, obwohl seine Zehen kaum den schlammigen Grund berührten.

Der Tod seines Vaters hatte die melancholische Suche des Knaben nach einer Antwort auf die Frage nach Geburt und Tod provoziert – in solchem Maß, dass auch seine gelehrten Lehrer den durchdringenden philosophischen Fragen nicht mehr gewachsen waren. Eines Tages hörte er den konfuzianischen Satz: »Der Weg der großen Gelehrsamkeit liegt in der Klärung der leuchtenden Tugend.« Er fragte seinen Lehrer:

»Was ist die leuchtende Tugend?« und bekam zur Antwort: »Die eingeborene Natur des Guten in jeder Person.« Von dieser Antwort unbefriedigt, fragte Bankei andere Lehrer und bekam Antworten wie »Die ursprüngliche Natur« oder »Die letztgültige Wahrheit des Himmels«.

Bankei brannte nun darauf, diese »leuchtende Tugend« zu finden und zu erfahren, denn sie war seinem instinktiven Glauben nach der Schlüssel zu Leben und Tod. Er sah, dass die Antwort nicht in der Schule zu finden war, brach die Schule ab und wurde daraufhin von seinem Bruder aus dem Haus gewiesen. Im Alter von zwölf Jahren war er ein leidenschaftlicher Besucher von Vorträgen und Predigten konfuzianischer Gelehrter und buddhistischer Priester und versäumte keine Gelegenheit zu irgendeinem religiösen Treffen im Umkreis von Kilometern. Er hatte sich auf den Weg gemacht, die Bedeutung der »leuchtenden Tugend« zu klären.

Wie Ikkyu war auch Bankei früh von der Fürsorge seiner Mutter getrennt – umso mehr hing er sein ganzes Leben zärtlich an ihr. Er gelobte, sie an seinem religiösen Trachten teilhaben zu lassen und sie zur Befreiung zu führen, sobald er die Antwort auf seine brennende Frage gefunden hätte. Später, als sie in seinen Armen starb, eine neunzigjährige Nonne, die seine Schülerin geworden war, machte er die Bemerkung, seine lebenslange Suche sei nicht umsonst gewesen, denn er habe die Erleuchtung seiner Mutter gesehen als Ergebnis seiner Lehre.

Er war zwar aus seinem Elternhaus vertrieben, konnte aber auf die Freundschaft des Gönners seines Vaters, Sukeshitsu, zählen, der ihm eine kleine Hütte im Wald hinter seinem eigenen Grundstück anbot. Der Dreizehnjährige schnitt die Worte »Klause der Übung« in eine Dachschindel, brachte sie an der Eingangstür an und bezog das Häuschen. Wenn er nicht gerade saß und über die leuchtende Tugend meditierte, verbrachte er seine Zeit mit der Rezitation des nembutsu in einem nahegelegenen Reinen-Land-Tempel. Mit fünfzehn war er einem Shingon-Tempel beigetreten und studierte dort den esoterischen Buddhismus in der Hoffnung auf Antwort. Eher als die Lehre des

Konfuzius schien ihm der Buddhismus den Weg zur Erleuchtung zu weisen, aber selbst hier entdeckte Bankei eine Gewohnheit der leeren Rituale, eine Religion, die Form und Buchstaben über die lebendige spirituelle Erfahrung stellte.

Ein buddhistischer Priester riet dem Knaben, er könne vielleicht in einem Zen-Tempel fündig werden, ungefähr 30 Kilometer entfernt in Ako, bei einem Rinzai-Mönch namens Umpo. Es war 1638, das Jahr, in dem der Shogun die Politik der Abschottung begann, als Bankei zum Zuoi-ji kam und seinen ersten Zen-Lehrer traf. Der siebzigjährige Umpo war ein Abkömmling derselben unbestechlichen Otokan-Tradition, welcher der junge Ikkyu in Kasos schäbigem Katada-Tempel 200 Jahre zuvor begegnet war. Bankei brachte seine Frage nach der »leuchtenden Tugend« vor und wurde angewiesen, zazen zu sitzen und die Antwort selbst herauszufinden. In seiner typischen Impulsivität verlangte er, dass ihm auf der Stelle der Kopf geschoren und er zum Mönch ordiniert werde. Umpo willigte ein und gab ihm den Namen Yotaku [andere Lesart: Eitaku] – »lange das Juwel des Geistes polieren«. Den Namen Bankei erhielt er erst mit dreißig, vier Jahre nach seinem satori, als er als Zen-Mönch im Myoshin-ji in Kyoto aufgenommen wurde.

Umpo verwendete die traditionelle koan-Praxis nur als eine seiner Lehrmethoden und zog den »direkten« Zugang des zazen vor. Auf diese Weise saß Bankei über seiner Frage, bis er neunzehn war und, immer noch unerleuchtet, auf eine Pilgerfahrt ging in der Hoffnung, seinen Geist auf eigene Faust zur Ruhe zu bringen. In Tempeln oder Einsiedeleien entlang des Weges, meist aber im Freien übernachtend, wanderte er bis Osaka und ahmte die großen Lehrer aus Umpos Tradition nach, indem auch er einige Jahre mit den Bettlern unter der Gojo-Brücke in Kyoto verbrachte.

Der junge Radikale, der in seinem Zweifel am Sinn des Lebens eine Mundvoll giftiger Spinnen geschluckt hatte, entwickelte sich nun zu einem fanatischen Asketen, begierig auf ein Leben der Mühsal und Entbehrung als Mittel zur Lösung seines Problems. In seinen eigenen Worten: »Ich trieb mich gnadenlos an und erschöpfte mich psychisch und physisch; zeitweise übte ich tief in den Bergen an Orten, die von jedem menschlichen Kontakt abgeschnitten waren. Ich fertigte primitive Unterstände aus Papier an, zog sie über mich und machte zazen darin. Manchmal machte ich einfach ein kleines Pultdach aus zwei dicken Kartons, saß in einsamer Finsternis darunter, machte zazen und legte mich nie auch nur für einen Moment der Rast nieder. Sobald ich hörte, dass irgendwo ein Lehrer lebte, von dem ich glaubte, er könne mir einen Rat geben, ging ich sofort hin, um ihm einen Besuch abzustatten. So lebte ich etliche Jahre, und es gibt wenige Orte im Land, wohin ich nicht meinen Fuß setzte.«

1645, vier Jahre nachdem er Zuoi-ji verlassen hatte, kehrte er mit seiner immer noch ungelösten Frage zu Umpo zurück. Er kam weinend zu seinem Meister und berichtete ihm traurig von seinem Fehlschlag. Umpo sagte: »Du verlangst danach, jemand zu finden, der dich von deinem Ziel abhält.« Bankei wandte sich um und begab sich auf der Stelle auf eine neue Wanderschaft. In einer entlegenen Einsiedelei nördlich von Ako entschloss er sich, seine Meditation bis zum Tode weiterzutreiben. Seine drei Meter große Zelle hatte nur einen Zugang, gerade so groß, dass ein Bauer seinen Arm durchstecken konnte, um ihm zweimal am Tag eine Essschale hinzustellen. Ein zweites, kleineres Loch diente ihm als Abtritt, und Licht und Lärm schloss er aus, indem er die Türe mit Schlamm verstrich. Er saß auf dem kalten Felsboden, bis seine Schenkel und sein Gesäß bluteten und nässten, und vergaß häufig das ihm hingestellte Essen. Im Kampf mit dem »Dämon Schlaf« schüttete er sich beim kleinsten Anzeichen von Schläfrigkeit kaltes Wasser ins Gesicht, aber die Erleuchtung ließ auf sich warten. Schließlich war sein Körper durch die Kasteiungen so geschwächt, dass er an Tuberkulose erkrankte und gar nichts mehr essen konnte. Er spuckte große Blutklumpen und fand sich damit ab, hier und jetzt, wo er saß, auch zu sterben. Da hatte er plötzlich »eine seltsame Wahrnehmung« in seiner Kehle und spuckte einen großen Klumpen blutigen Schleim an die Wand. Während er ihn beim Hinuntersinken beobachtete, kam ihm plötzlich die erleuchtende Erkenntnis, dass »alle Dinge vollendet gelöst sind im Ungeborenen.« Vierzehn Jahre rastloser Suche wurden belohnt in dem Bruchteil einer Sekunde, in dem seine Frage eine tiefgehende, heftige und plötzliche Lösung fand. Und mit der kehrten auch seine Gesundheit und sein Appetit plötzlich wieder. Er schlang den Reis hinunter, den sein Betreuer ihm zubereitet hatte, und erlebte sich nach seiner Erfahrung des »Großen Todes« als von Grund auf verwandelt. Später, als er sich das Gesicht in einem nahen Fluss wusch, provozierte der Duft der Pflaumenblüten eine weitere Einsicht, die seine Begegnung mit dem, was »ungeboren« und »nicht-sterbend« war, noch tiefer bestätigte. Als er zu Umpo zurückkehrte, bestätigte der sein satori als »das Mark der Knochen Bodhidharmas«. Dann empfahl Umpo dem jungen Mann, den großen Gudo Toshaku aufzusuchen, den berühmtesten Zen-Meister seiner Zeit, um eine weitere Bestätigung seiner Erleuchtungserfahrung zu erhalten.

Zur Zeit von Bankeis satori galt Zen als fossiles Überbleibsel der früheren beiden Jahrhunderte. Die Rinzai- und die Soto-Schule waren in einem konstanten »Dialog« – tatsächlich eher einer Rivalität – begriffen über den Weg, wie man am besten eine lebendige Übung wiederherstellen könne. Beiden Traditionen war völlig bewusst, dass das, was als koan bezeichnet wurde, zu einem bloßen Nachplappern von ehrwürdigen Worten in den Mündern unerleuchteter Mönche degeneriert war. Soto-Übende blickten zurück auf die Schriften Dogens, des Gründers ihrer Schule im 13. Jahrhundert, während die Rinzai-Schule der strikten Myoshin-ji-Linie dem strengen Reglement des koan-Zen folgte. Die Zen-Gelehrsamkeit blühte – während die Zen-Erfahrung verblasste. Die verschiedensten nonkonformistischen Mönche wanderten umher und suchten auf sich allein gestellt nach Erleuchtung; es waren Exzentriker wie Suzuki Shosan, ein ehemaliger Samurai, der Zen-Priester geworden war, oder Ungo Kiyu und Daigu Sochiku, welche die Bestätigung ihrer Lehrer zurückwiesen als tote Übertragungen alter Männer, die selbst gar keine Erleuchtung erfahren hätten. Suzuki Shosan verkündete, dass die Feldarbeit oder das Führen des Schwertes in der Schlacht als Praxis hinreichend sei. Die beiden anderen wanderten umher und lehrten ihre eigene Art von Zen vor dem Hintergrund ihrer eigenen Erleuchtungserfahrung ohne jede formelle Übertragung.

Infolge der Buddhistenverfolgungen unter der Ming-Dynastie kamen einige chinesische Ch'an-Lehrer nach Japan und wirkten hauptsächlich in Nagasaki, der einzigen Stadt, die für Ausländer zugänglich war. Die beiden berühmtesten unter ihnen, Tao-ch'e Chao-yüan (Dosha Chogen) und Yin-yüan Lung-ch'i (Ingen Ryuki), wurden zwar beide gleichermaßen von der vom Myoshinji beherrschten Zen-Hierarchie abgelehnt, waren aber selbst so erbitterte Rivalen, dass Ingen versuchte, Dosha vergiften zu lassen, und ihn schließlich erfolgreich nach China zurücktrieb. Ingen blieb in Japan »als einziger legitimierte Ch'an-Meister der Rinzai-Schule« und begründete dort die Obaku-Schule, die zeitweilig eine große Schar von Schülern anzog und die Kunst der Malerei und der Kalligraphie stark beeinflusste. »Reformer« gab es überall, aber keiner von ihnen konnte der Praxis wirkliches Leben einhauchen.

Der sechsundzwanzigjährige Bankei machte sich erneut auf die Wanderschaft. Enttäuscht über die Nachricht, dass Gudo sein Kloster in Mino verlassen hatte, suchte Bankei in der Provinz Gifu nach anderen Zen-Lehrern. Entsetzt musste er zur Kenntnis nehmen, dass keiner von ihnen seine Erfahrung bestätigen konnte, denn keiner von ihnen hatte selbst die Erleuchtung erfahren! Ein freundlicher alter Priester war sogar so ehrlich, das zuzugeben, und drängte Bankei, seine eigene Bestätigung zu akzeptieren und sich nicht auf das niedergeschriebene Zen anderer zu verlassen.

Ein Jahr lang lebte Bankei in verschiedenen Einsiedeleien in der Provinz Gifu, bis er 1650 nach Harima zurückkehrte, in die Gegend seiner Heimatstadt. Dort überlegte er sich, wie man andere den Weg des Buddha lehren könnte. 1651 machte er sich nochmals auf den Weg, um auf den Rat Umpos hin den chinesischen Mönch Dosha Chogen zu treffen. Seine Überfahrt erbettelte er sich, kam mit einem Handelsschiff in Nagasaki an und marschierte sofort nach der Landung zu dem Tempel Sofuku-ji, wo er von dem alten chinesischen Meister empfangen wurde.

»Du bist durchgedrungen bis zum Kern des Selbst«, sagte Dosha, »aber du hast noch die Sache dahinter zu erledigen, die ja die Substanz unserer Schule ist.« Diese Bestätigung von höchster Stelle, die Bankei drängte, sein satori aus der dünnen Atmosphäre der Leerheit herunterzuholen und es in der Erfahrung des täglichen Lebens anzuwenden, verärgerte den jungen Mann so sehr, dass er sich umdrehte und wegging, ohne auch nur die obligate respektvolle Verbeugung zu machen. Aber irgend etwas in der Stimme des alten Priesters muss ihn getroffen haben, denn Bankei blieb, wurde Doshas Schüler und suchte sich in der zendo unter den anderen Mönchen seinen Platz. Obwohl er sich mit seinem Meister nicht in klassischem Chinesisch verständigen konnte und der kein Japanisch sprach, schaffte es Bankei, mit ihm Dialoge zu führen, indem er Zettel mit kanji (chinesischen Schriftzeichen) beschrieb [die im Japanischen ebenfalls verwendet werden]. Immer noch rebellisch, weigerte er sich, die Rezitation in chinesischem Stil und andere fremdsprachige Rituale mitzumachen. Als Dosha ihn deswegen rügte, sagte er: »Der einzige Grund, warum ich hierher gekommen bin, ist die Klärung der Großen Sache. Wie könnte ich es mir leisten, meine Zeit zu vergeuden, indem ich zusätzliche Methoden lerne, Sutras zu rezitieren?« Dosha sah, mit welcher Art von Mönch er es zu tun hatte, ließ die Sache auf sich beruhen und machte Bankei für ein Jahr zum tenzo (Klosterkoch).

Am 21. April 1652 hatte Bankei beim Sitzen in der zendo eine neuerliche tiefe Erleuchtungserfahrung. Er platzte in Doshas dokusan-Raum und schrieb: »Was ist die letztendliche Sache des Zen?« »Wessen Sache?« war Doshas schriftliche Antwort. Bankei streckte die Arme aus. Dosha wollte gerade wieder schreiben, da packte Bankei den Pinsel, warf ihn zu Boden und ging aus dem Zimmer.

Bankeis Absonderung von der rituellen Praxis und sein selbstsicheres Auftreten machten ihn bei den anderen Mönchen nicht gerade beliebt. Bald drückten sie offen ihren Ärger über seinen besonderen Stellenwert bei Dosha aus. Der alte Lehrer riet ihm unter vier Augen, den Tempel für eine Weile zu verlassen, und das war dem Querkopf gerade recht. Er kehrte in die Gegend von Harima zurück und wanderte dann weiter in die Provinz Yamato, in die Nähe von Nara, einer entlegenen Gegend, bekannt durch die vielen Einsiedler, die dort in den Hügeln lebten.

Hier saß er in einer roh zusammengezimmerten Hütte und schrieb religiöse Regenzauberlieder [1] für die Bauern, die ihn dafür verköstigten.

1653 kehrte er in seine kleine Einsiedelei in der Provinz Mino zurück und fuhr fort, seine Einsicht in der Einsamkeit zu vertiefen. Von klein auf hatte er Anzeichen von hellsichtiger Intuition gezeigt, und diese Intuition sagte ihm in dem harten Winter dort, dass Umpo krank sei. Einige Mönche hatten sich zusammengefunden, um mit Bankei zu sitzen. Einer, mit Namen Sen, war besonders skeptisch gegenüber Bankeis Ankündigung, er müsse abreisen, um den kranken Umpo zu sehen. »Woher willst du wissen, dass dein Lehrer krank ist? Der ist viele Kilometer entfernt«, gab er Bankei zu bedenken. Der wiederholte zuversichtlich seine Überzeugung, dass Umpo krank sei. Sen beschuldigte ihn des Betrugs und bot lachend an, ihn zu begleiten, um den Schwindel aufzudecken.

Bankei nahm die Herausforderung an, und die beiden Mönche machten sich auf den Weg nach Ako. Auf halbem Weg bestand Bankei auf einem Umweg und behauptete, dass die Frau eines alten Freundes gerade in Osaka gestorben sei und dass er dort gebraucht werde. Wieder schrie Sen »Schwindel!«, als er Bankei in Richtung Osaka hinterherhastete. Als sie Osaka erreichten, wurden sie von Bankeis Freund in Trauerkleidung empfangen: »Meine Frau ist vor drei Tagen gestorben; seltsam, dass du gerade jetzt kommst – sie hat während der letzten Tage ihrer Krankheit immer deinen Namen gerufen.« Bankei nahm Sen zur Seite: »Nun, bin ich also ein Schwindler?« Dessen Antwort war, Bankei ewige Treue zu schwören.

Solche jugendlichen Zurschaustellungen seiner paranormalen Kräfte vermied Bankei jedoch in seinen mittleren Jahren, denn ein Ruf als Seher hätte nur sein Anliegen behindert, die Leute zu lehren, wie sie ihre grundlegende ungeborene Selbst-Natur für sich selbst entdecken könnten. Bei seinen Vorträgen sammelten sich ohnedies viele unwissende und abergläubische Menschen an in der Hoffnung, Zeugen eines Wunders zu werden. Bankeis übliche Antwort auf Fragen danach war, diese scherzhaft auf die Fragesteller zurückzulenken.

Als er endlich Zuoi-ji erreichte, erfuhr er, dass Umpo in der Nacht zuvor gestorben war und seinem Nachfolger Bokuo Sogyo Anweisung hinterlassen hatte, Bankei zur Lehrtätigkeit zu ermutigen. Es war nun 1654, und Bankei hatte auf seinen Wanderungen fünf Schüler mitgenommen. Sie begleiteten ihn zurück nach Nagasaki zu Dosha, der inzwischen seine eigenen politischen Schwierigkeiten mit seinem chinesischen Konkurrenten Ingen hatte. Allzeit bereit für eine ordentliche Auseinandersetzung, ergriff Bankei Partei für Dosha und versuchte die Unterstützung wichtiger Gönner für seinen bedrängten Lehrer zu erreichen. Ingens Anhänger schreckten vor nichts zurück; sie verbrannten sogar Doshas Urkunde über seine dharma-Übertragung, um ihn als »inkompetent« zur Weitergabe von Zen hinzustellen. Als dies nicht den gewünschten Erfolg zeitigte, griffen sie zu noch gröberen Mitteln, einschließlich des bereits erwähnten Versuchs, ihn zu vergiften. Bankei war unterwegs auf der Suche nach Unterstützung durch den daimyo Matsura Shigenobu, einen mächtigen Schüler Doshas, als die Situation für Dosha gänzlich untragbar wurde und er unehrenhaft nach China zurückkehren musste.

Shigenobu hatte Bankei als namenlosen bettelnden Mönch in Edo kennengelernt. Einer seiner Samurai hatte Bankeis Kommentar gehört, als ein in Panik geratenes reiterloses Pferd die Straßen unsicher gemacht hatte: »Das ist so, weil Meister und Pferd zwei sind und nicht eins.« Der daimyo war sicher, dass eine solche Bemerkung nur von einem erleuchteten Zen-Priester kommen konnte, lud Bankei zu sich ein und bestellte ihn schließlich zum Retreat-Meister des Familientempels in Hirado.

1658 wurde Bankei vom ersten Nachfolger Umpos, Bokuo, als dharma-Erbe seines Meisters bestätigt. Jetzt konnte er als Lehrer in der Linie des Myoshin-ji seine Botschaft vom Ungeborenen auf seine unnachahmliche, originelle Weise endlich offiziell verbreiten. Sobald sich dies herumgesprochen hatte, versammelten sich die Sucher in Scharen, um die fesselnden Vorträge des Reformators und Bilderstürmers zu hören. 36 Jahre lang lehrte Bankei in Tempeln, Klöstern, auf Versammlungsplätzen und den Ländereien begüterter Schüler.

Meistens wurde er von einer kleinen Gruppe Vollzeit-Schüler begleitet, wenn er das Land durchstreifte und in seinem populären Stil das Zen des Ungeborenen verkündete. Die großen Retreats [kessei] dauerten üblicherweise zwei oder drei Monate, und es gab drei bedeutende Tempel, die ihm dafür zur Verfügung standen: Ryumon-ji, das von einem loyalen ehemaligen Schulkameraden erbaut wurde, der in Bankeis Heimatstadt Hamada ein reicher Reeder geworden war; Nyoho-ji in Ozu auf der Insel Shikoku; und Korin-ji in Edo. Zunächst hatte Bankei noch versucht, sich mit einer kleinen Gruppe von Schülern im Nyoho-ji in seine »Klause des Eigentlichen« zurückzuziehen, um seine eigene Einsicht weiter zu vertiefen und gleichzeitig die anderen anzuleiten. Aber das Verlangen nach seinem Erscheinen bei großen Versammlungen war so groß, dass er geradezu in die Öffentlichkeit gedrängt wurde. Korin-ji, Bankeis Tempel in Edo, war von dem daimyo Kyogoku Takatoyo für ihn erbaut worden und wurde hauptsächlich von mächtigen Regierungsbeamten, reichen und weniger reichen Samurai, deren Gefolgsleuten und vom niederen Adel aufgesucht. Seine beiden anderen Tempel befanden sich in der Provinz, und dort versammelte sich eine eher bunt gemischte Gesellschaft von Mönchen, Nonnen, Laienanhängern, Fischern, Bauern, neureichen Kaufleuten, Städtern und Hausfrauen, die zum Teil draußen im Gras sitzen mussten, um seinen Worten lauschen zu können.

Bis 1679 hielt er Vorträge in über vierzig Tempeln, verteilt über ganz Japan, wobei ihm eine treue Kerngruppe von Schülern auf seinen Reisen über die Landstraße folgte. Durch Bankei erlebte die darniederliegende Zen-Schule eine wunderbare Wiederbelebung in ihrer ursprünglichen Form.

Bankeis Retreats im kleinen Kreis wurden mit der Zeit zu riesigen kessei, zwei- und dreimonatigen intensiven Übungsperioden jeweils im Sommer und im Winter. Hier traten jedoch traditionelle Meditation und persönliche koan-Gespräche zurück zugunsten gemeinschaftlicher Übung, von Versammlungen mit öffentlichen Fragen und Antworten und bis zu drei öffentlichen Vorträgen am Tag. Im Unterschied zu der damals üblichen kessei-Praxis in Zen-Tempeln erlaubte Bankei nicht, dass Schüler geschlagen oder gescholten wurden, es gab bei ihm kein Betteln von Mönchen und keine besondere Tageseinteilung. Von den traditionellen Formen wurden nur die Perioden des täglichen zazen und das Rezitieren von Sutras beibehalten – für jene, die daran teilzunehmen wünschten. Als buddhistischer Priester bot Bankei weiterhin traditionelle Zeremonien und private Gespräche an, in denen er je nach Gesprächspartner Ratschläge zu allem Möglichen, von Familienproblemen bis zur koan-Praxis, erteilte. Und er amtierte bei Hochzeiten, Begräbnissen und jukai (buddhistisches Aufnahmeritual), solange die Leute dies wünschten.

Obwohl er keinen Zweck in der Abfassung schriftlicher Unterlagen für seine Vorträge sah und seinen Schülern verbot, Mitschriften anzufertigen, wurden seine mündlichen Belehrungen weitergegeben in Form von persönlichen Tagebüchern und Berichten, die von seinen engsten Schülern und Schülerinnen verfasst wurden. Eine davon war Den Sutejo, eine bekannte Dichterin, die mit siebzehn geheiratet und sechs Kinder geboren hatte, mit vierzig Witwe und schließlich Nonne geworden war. Von 1681 bis zu ihrem Tode 1696 schrieb Teikan, wie Bankei sie nannte, ein Tagebuch, in dem sie seine Krankheiten, Begegnungen, Retreats und Reisen dokumentierte und genau die Zahl und die Art der Leute beschrieb, die jeweils daran beteiligt waren. Eine berühmte Eintragung stammt von 1690, als 1680 Mönche und Nonnen – die Schwärme von Laienanhängern nicht mitgezählt, die von Hokkaido im Norden bis Okinawa im Süden gekommen waren – an einem Winter-Retreat im Ryumon-ji, Bankeis Heimat-Tempel, teilnahmen. So viele waren gekommen, schrieb Teikan, dass »die Scheunen, Schuppen und Lagerhallen der ganzen Stadt« als Schlafräume für die Teilnehmer dienen mussten. Im Jahr darauf berichtete sie, dass Bankei im Gyokuryu-ji in Mino ein Winter-Retreat mit über 6000 Teilnehmern geleitet habe.

Aber seine früheren asketischen Übungen forderten ihren Tribut. Seine Lehrjahre waren immer wieder von Magenkrämpfen, Hustenanfällen und allgemeinen Zusammenbrüchen beeinträchtigt, die ihn manchmal zwangen, sich für Wochen zurückzuziehen. 1693 hatte sich seine Gesundheit so verschlechtert, dass seine Schüler im Ryumon-ji mit dem Bau einer Begräbnis-Pagode für ihn begannen. Aus ihren eigenen Mitteln und mit eigenen Händen arbeiteten Laien, Mönche, Samurai, Bauern und Städter, Arm und Reich, Seite an Seite, Tag und Nacht, um das Gebäude fertigzustellen. Am 10. August, einem sehr heißen Tag, wurde Bankei auf einer Bahre ins Ryumon-ji getragen. Am nächsten Tag erzählte er einem Begleiter im Vertrauen, dass er innerhalb von drei Monaten tot sein werde. In der ihm verbliebenen Zeit führte er weiterhin vom Krankenbett aus Gespräche mit seinen Schülern. Unmittelbar bevor er, wie von ihm vorhergesagt, im November starb, hörte er auf, Nahrung und Medikamente zu sich zu nehmen. Als er seinen engsten Schülern letzte Anweisungen gab, tadelte er ihre Tränen und sagte: »Wie könnt ihr erwarten, mich zu sehen, wenn ihr mit den Begriffen von Geburt und Tod [im Kopf] auf mich blickt?« Einem Schüler, der ihn bat, die im Zen übliche Todes-gatha zu verfassen, antwortete er: »Ich habe zweiundsiebzig Jahre gelebt und fünfundvierzig Jahre gelehrt. Was ich dir und anderen in dieser Zeit jeden Tag gesagt habe, das ist alles mein Todesgedicht. Ich mache jetzt kein anderes, bevor ich sterbe, nur weil das jeder andere tut.«

Bankei starb friedlich im Ryumon-ji, und seine Asche wurde aufgeteilt zwischen diesem Tempel und seiner »Klause des Eigentlichen« im Nyoho-ji. 400 Priester und 270 Nonnen hatten bei seinem Begräbnis zu tun; 5000 Laien aller gesellschaftlichen Schichten und Ränge kamen, um ihren Lehrer zu ehren. 47 Jahre nach seinem Tod erwies ihm die Regierung die größte Ehre, die einem Zen-Mönch widerfahren kann, und verlieh ihm den Titel kokushi, »Lehrer der Nation«.

Was hat Bankei gelehrt? Sein fusho zen, die Lehre des Ungeborenen, und hogo, die Anweisungen, waren selbst während der Tokugawa-Periode ungewöhnlich, als alle möglichen rastlosen Zen-Lehrer umherwanderten in der Hoffnung, eine aussterbende Art der Übung zu reformieren und wiederzubeleben. Überdies war es gefährlich in dieser Zeit der »Hexenjagd«, irgendetwas Ungewöhnliches zu predigen, das auch nur im Entferntesten an das Christentum erinnerte [was Bankei einige Male vorgeworfen wurde]. Doch seine Worte durchschnitten die diktatorischen gesellschaftlichen Regeln des Konfuzianismus, die jeden individuellen Gedanken und Ausdruck erstickten. Sie erreichten die Ohren und Herzen von gewöhnlichen Leuten, von Samurai, Herren und Dienern, Männern und Frauen, Laien und Ordinierten. Seine Botschaft war so einfach, dass man nicht schriftkundig oder auch nur Buddhist sein musste, um sie zu begreifen. Diese Lehren lassen sich alle darauf zurückführen, sämtliche Ideen loszulassen und den eigenen, »ungeborenen, ursprünglichen Geist« hier und jetzt zu erfassen, ohne sich irgendeiner besonderen religiösen Übung oder Überzeugung hinzugeben. Obwohl er Umpo und Dosha gegenüber loyal blieb, erkannte er klar ihre Schwächen als Zen-Meister; er ging sogar so weit, seiner Zuhörerschaft zu erklären: »Ich kann jetzt sehen, ... dass Doshas Einsicht nicht ganz vollständig war. Wenn er nur heute noch leben würde, könnte ich ihn zu einem guten Lehrer machen. Es ist sehr schade, dass er zu früh gestorben ist.« Bankei stellte sogar sich selbst als Zielscheibe des Spotts hin und drängte seine Schüler, ja nicht seinem früheren fehlgeleiteten Beispiel der Selbstkasteiung in der Zen-Praxis zu folgen. Er sagte ihnen: »Das Ungeborene ist nicht etwas, das durch Disziplin erreicht oder erlangt wird. Es ist nicht eine Beschaffenheit des Geistes oder religiöse Ekstase; es ist, dort wo du stehst, makellos so, wie es ist. Alles, was du tun musst, um es zu erkennen, ist, du selbst zu sein, genau wie du bist; zu tun, genau was du tust, ohne Kommentar, Befangenheit oder Urteil.«

Der Geist ist ein Spiegel; Gedanken erheben sich und schlagen sich darauf nieder. Es gibt keinen Grund, diese Gedanken entweder festzuhalten oder zurückzuweisen; man braucht sie nur kommen und wieder gehen zu lassen. Was uns davon abhält, diese einfache und zentrale Wahrheit über uns selbst zu erkennen, sind das Vorurteil unseres Selbst über die Wirklichkeit und unsere angelernten Gewohnheiten. Bankeis Zen ist ein Prozess der Deprogrammierung von Eindrücken und Konzepten, die von Geburt an angesammelt und im Gedächtnis eingefroren worden sind. Diese Eindrücke und Konzepte haben uns zu irrigen Ansichten über unsere eigene wahre Natur und die der Welt geführt. Der Geist des Ursprungs, der auch der unsere ist, wird dabei eingetauscht gegen dualistische Vorstellungen, die uns in verschiedenen Zuständen und Bedingungen – oder diese in uns –

entstehen lassen: menschlich, göttlich, tierisch, alles psychische Manifestationen von Gier, Zorn und Unwissenheit. Der einzige Ausweg aus dieser ewigen »Durchwanderung« ist der fortwährende Rückgriff auf das Ungeborene im Moment der Erfahrung.

Anders als andere Zen-Lehrer lehnte es Bankei ab, das Verständnis des Ungeborenen mit traditionellen Methoden herbeizuführen. Stattdessen beharrte er darauf, dass die Hörenden einen flüchtigen Eindruck davon beim bloßen Hören der Worte gewinnen könnten. Anstatt ihnen Meditation und koan-Praxis anzubieten, verwendete er Dialog und Ermunterung. Er lenkte die Aufmerksamkeit auf das Ereignis unmittelbar im Augenblick des Schocks und gab Anstoß und Antrieb zur Erfahrung des Ungeborenen. Bankei selbst war das Fahrzeug; das tägliche Leben, die Probleme und Situationen, in denen der Schüler sich befand, waren der Treibstoff. »Niemand kann behaupten, dass er von irgendjemand gehört hat, der das vor mir schon gemacht hätte. Ich bin der Erste«, sagte er seinen Zuhörern. Er hätte hinzusetzen können, dass er auch der Letzte war, denn seine wunderbare Gabe der Lehre starb mit ihm.

Wenn er mit einem einzelnen Schüler eine bestimmte konkrete Frage der Praxis behandelte, gelang es ihm häufig, diese ins Allgemeine auszudehnen. Zorn z. B. wurde so zu einem Vehikel für die Verfeinerung der spirituellen Sicht. Als ein Bauer von seiner Tendenz zu Wutausbrüchen sprach, antwortete ihm Bankei: »Du machst dich selbst innerlich zu einem erstklassigen Tier ... Du musst darum zu einem tiefen Verständnis kommen, wie man den Buddha-Geist nicht in etwas anderes verwandelt ... Bis du ihn verwandelst, lebst du – eben so, wie du bist – im ungeborenen Buddha-Geist; du bist nicht verblendet oder unerleuchtet. In dem Augenblick, in dem du ihn zu etwas anderem machst (wie z. B. Zorn), wirst du zu einem unwissenden und verblendeten Menschen ... Indem du dich erregst und dich selbst voranstellst, verwandelst du deinen Buddha-Geist in einen kämpfenden Geist – und fällst damit in eine verblendete Existenz, die du selbst erst geschaffen hast.«

So gibt es in Bankeis Zen nie einen Augenblick, in dem wir unerleuchtet wären, nur Augenblicke, in denen wir verblendet sind von wesenlosen Gedanken, die in einem Augenblick erscheinen und im nächsten wieder vergehen, wenn wir sie nicht beachten. Konsequenterweise reservierte er nie bestimmte Zeiten für die »Praxis«, sondern sagte: »Ich empfehle niemandem zu schlafen, aber jemanden zu schlagen, weil er es doch tut, ist eine entsetzliche Verirrung. Hier in meinem Tempel erlaube ich solche Dinge nicht. Wenn ich auch die Leute nicht zum Schlafen ermutige, so schlage und schelte ich sie auch nicht dafür. Ich werde weder das Schlafen noch das Nicht-Schlafen schelten oder loben. Ob die Leute jetzt gerade schlafen oder wach sind, wir lassen sie, wie sie sind. Wenn sie schlafen, schlafen sie im Buddha-Geist, in dem sie wach waren; wenn sie wach sind, sind sie im Buddha-Geist erwacht. Immer halten sie den Buddha-Geist fest, und in keinem Augenblick halten sie sich an etwas anderes. Darum ist es falsch zu denken, wenn jemand schläft, sei er deshalb etwas anderes. Wenn jemand glauben sollte, man könne den Buddha-Geist nur festhalten, wenn man wach ist, aber im Schlaf verwandle man sich in etwas anderes, so ist das nicht die letzte Wahrheit, sondern eine endlose Verwirrung.«

Trotzdem kam er den Wünschen seiner Schüler entgegen und erlaubte ihnen, zazen zu sitzen, wenn sie das wollten. Sein bevorzugter Zugang aber war, ihre Aufmerksamkeit auf die Geräusche der Vögel, Hunde, Glocken, auf das Husten des Nachbarn und das Rascheln des Windes in den Blättern zu lenken, während er redete. Er machte die völlig natürliche Funktion des Ungeborenen in der sinnlichen Erfahrung des Alltags begreiflich, indem er seinen Zuhörern nahelegte, besonders auf diese Geräusche zu achten, und sagte ihnen: »Ihr seid imstande, sie zu hören und zu unterscheiden, wenn sie da sind, ohne dass ihr euch bewusst darum bemühen müsst, weil ihr mit Hilfe des ungeborenen Buddha-Geistes hört.«

Er verurteilte gängige Techniken im Zen wie das Züchten des Großen Zweifels im Geist und das rastlose Arbeiten daran bis zum Erlangen des satori. »Du hattest vorher keinen Zweifel, aber jetzt hast du einen aufgepackt bekommen«, sagte er zu einem Mönch, dessen Lehrer diese Art von Meditation empfohlen hatte. »Du hast deinen ungeborenen Geist in eine Kugel von Zweifel verwandelt, und das ist völlig falsch.«

Als Mensch, der sein ganzes Leben hindurch schwere Krankheit gekannt hatte, konnte er bei Fragen, in denen es um das Ertragen physischen Leidens ging, sehr persönlich helfen. Der ungeborene Geist sei jenseits von Schmerz und Freude, erklärte er den Fragenden. Nur durch das Auftreten des Gedankens an Krankheit und Leid nimmt das Ungeborene die Form von Krankheit und Leid an. Da es völlig menschlich ist, zu stöhnen, wenn Gedanken über Krankheit uns dazu bringen, dem Schmerz nachzugeben, ist es das Beste zu stöhnen, statt die Maske eines Märtyrers darüberzustülpen. Der verwirklichte Mensch jedoch wird im Ungeborenen leben, ob krank oder gesund, im Bewusstsein, dass es der Gedanke an Krankheit ist, der das Leid verursacht.

Bankei behauptete, jeder habe die Möglichkeit, sich den ungeborenen Geist ins Bewusstsein zu rufen, ohne jede andere Übung der Achtsamkeit, ohne formale Meditation: »Versuche, dreißig Tage im Ungeborenen zu verbleiben. Sobald du dich daran gewöhnt hast, wirst du es unmöglich finden, vom Ungeborenen getrennt zu leben. Es wird für dich dann ganz natürlich sein, und selbst wenn du es nicht mehr willst, wenn du seiner müde geworden sein solltest, dann wird es keinen Weg geben, wie du anders als im Ungeborenen leben kannst – und das auf bewundernswerte Weise. Alles, was dazu notwendig ist, ist das Hören, Sehen, Riechen, Schmecken, Berühren, Atmen und natürlich, in der Welt zu leben und seiner Tätigkeit ohne zusätzliche Gedanken nachzugehen.«

Wenn Bankei von Traditionalisten angegriffen wurde, weil er die ehrwürdige Tradition der koan verwarf, erwiderte er, die großen Meister der Vergangenheit hätten ihren Schülern lebendige Lehren von Angesicht zu Angesicht gegeben; diese Dialoge und spontanen Gespräche seien aber dann zu einer mechanischen Methode verknöchert, irrelevant für den, der ganz konkret hier und jetzt da sei. Wie können wir wissen, argumentierte er, ob diese ganz privaten Gespräche aus alten Zeiten für uns in unserer jetzigen Situation hilfreich sein können?

Es sei besser, im Ungeborenen zu verbleiben, ohne dem Selbst zusätzliche Lasten aufzubürden.

Mönchen, die ihn kritisierten ob seiner Selbstdispensierung von Ritual und Vorschrift, antwortete Bankei, dass es keinen Unterschied gebe zwischen der Beachtung und der Nichtbeachtung dieser Gebräuche. Vorschriften seien gemacht für böswillige Leute; wer nur im Ungeborenen lebe und nicht durch schlechte Gedanken und Vorurteile über bloße Erscheinungen von ihm abgelenkt werde, der habe für solche Dinge keine Verwendung. [2]

Fragende oder auch Herausforderer kamen häufig zur Einsicht, gerade während sie sich öffentlich mit ihm auseinandersetzten; in einer dramatischen Umkehrung von Ton und Haltung verwandelten sich Gegner oft von einem Moment zum anderen in Schüler Bankeis. Zahlreiche Fälle dieser Art zeigten seinen Zuhörern deutlich, dass schon das bloße Hören seiner Worte, die direkt auf den ungeborenen Geist hindeuteten, zum Verständnis führen konnte, ohne dass irgendein besonderer Gedanke gefasst werden musste oder die Transzendierung des Selbst bewusstes Ziel war. Der Akt des Hörens selbst war schon das Ungeborene, das sein Geheimnis enthüllte. Bankei drängte seine Schüler, so oft wie möglich seinen Vorträgen beizuwohnen, um ihnen die Erfahrung vertrauter zu machen und sie davon abzuhalten, in die alte geistige Gewohnheit zurückzufallen, an ablenkenden Gedanken kleben zu bleiben. Seine »Methode«, so erklärte er, sei nur, nicht vergessen zu lassen, dass man im ursprünglichen, ungeborenen Geist seine Wohnstatt habe, einem Geist, der, anders als der Körper, ungeschaffen und daher unzerstörbar sei, selbst beim Tod des Körpers. Das Ungeborene bewohne diese Anhäufung von Elementen nur zeitweise und erlaube ihr auf diese Weise zu hören, zu sehen, zu riechen und die Welt physisch zu erfahren. Wenn diese Elemente sich trennen, tut der ungeborene Geist das nicht. Darum ist niemand ohne diesen Geist, und niemand kann ihn dir geben. Ob du das Land bebaust, betest, handelst, singst oder den Haushalt führst, du bist nie ohne ihn. Trotzdem schärfte er seinen erleuchteten Schülern ein, weiter die unauslotbare Tiefe des Ungeborenen zu durchdringen, denn sie habe kein Ende. Das war auch die Begründung für seine Weigerung, ein »großes satori« zu bestätigen, obwohl er Dairyo Sokyo zu seinem Nachfolger erklärte. Als Dairyo zwei Jahre vor ihm starb, sagte Bankei: »Ich habe meine beiden Arme verloren.« Ohne einen formellen Nachfolger war Bankeis Linie zum Aussterben verurteilt.

Entgegen seinem Wunsch stellten Bankeis Nachfolger im 18. Jahrhundert komplizierte klassisch-chinesische Sammlungen seiner Lehren zusammen und mischten genau jenen buddhistisch-technischen Jargon dazu, den er verabscheut und nie benutzt hatte. Wie viele andere Lehrer der Verrückten Wolken fiel Bankei nach seinem Tod den wohlmeinenden Legendenschmieden zum Opfer, die in seinem Namen eine Form des Zen fortsetzten, das dem völlig widersprach, was er seine »Schule des Klaren Auges« genannt hatte. Da die buddhistische Lehre jener Zeit behauptete, Frauen könnten die Erleuchtung nicht erlangen, kamen viele Frauen zu Bankeis Vorträgen, die sich wegen ihres schlechten Karma grämten. Zu ihnen sagte er: »Ich will euch etwas erzählen über die Frage des Buddha-Geistes der Frau. Ich verstehe, dass Frauen enttäuscht sind, wenn gesagt wird, sie könnten die Buddhaschaft nicht erlangen. Aber das stimmt einfach nicht! Wo ist da irgendein Unterschied zwischen Männern und Frauen? Männer sind der Buddha-Leib, und Frauen sind auch der Buddha-Leib. Ihr solltet keinerlei Zweifel in diesem Punkt hegen. Wenn ihr das Ungeborene vollständig erfasst, dann gibt es im Ungeborenen keinen Unterschied, ob ihr Männer oder Frauen seid. Der Buddha-Leib besteht aus allen zusammen. Ihr Frauen, hört mir gut zu. Während unter dem Aspekt der physischen Form Männer und Frauen offensichtlich verschieden sind, gibt es unter dem Aspekt des Buddha-Geistes überhaupt keinen Unterschied. Lasst euch nicht durch die Erscheinung täuschen! Das Ungeborene ist dasselbe; es macht keinen Unterschied zwischen Mann und Frau. Lasst euch das erklären: Hier ist eine große Menge von Leuten versammelt, aber wenn ihr den Klang einer Trommel oder eines Gongs draußen hört, erwartet ihr, dass die Frauen den Klang des Gongs für den einer Trommel halten oder umgekehrt? Glaubt ihr wirklich, dass irgendein Unterschied besteht zwischen dem Hören eines Mannes und dem Hören einer Frau? Das ist doch Unsinn. Und nun sagt mir, gilt das nur für Mann und Frau?

In dieser Halle sitzen Junge und Alte, Mönche und Laien, Männer und Frauen in einträchtigem Durcheinander. Wenn es aber um den Klang der Trommel oder des Gongs geht, können wir sagen, die Alten hörten ihn auf diese Weise, die Jungen auf jene? Können wir das Hören des Mönchs unterscheiden von dem des Laien, das des Mannes von dem der Frau? Dass es in keiner Weise einen Unterschied gibt, das ist ja gerade der eine selbe Buddha-Geist, den jeder innerlich besitzt. Dieses Geschwätz über den »männlichen« und den »weiblichen« sind nichts anderes als Worte für die Spuren eurer Gedanken. Bevor diese Spuren auftreten, im Bereich des Ungeborenen, gibt es weder Mann noch Frau. Und weil das so ist, weil es keinen Unterschied gibt zwischen dem Buddha-Geist der Männer und dem der Frauen, solltet ihr solchen Zweifeln kein Gehör schenken ...

Solche Worte waren Häresie in einer von konfuzianischem Hierarchie-Denken durchtränkten Gesellschaft, in der Frauen, ebenso wie Vasallen und Haustiere, nicht mehr waren als das stumme Eigentum ihrer Herren. Das Ungeborene war der große Gleichmacher. Selbst die Samurai konnten sich Bankeis beißenden Bemerkungen nicht entziehen. Wenn Zorn einen Bauern zu einem Tier machen konnte, dann war auch ein feiger oder unehrenhafter Krieger nicht besser als irgendein Halunke. Bankei faszinierte seine Zuhörerschaft mit Erzählungen von Dieben, die zu Mönchen, oder gewalttätigen Mönchen, die zu Dieben wurden, oder von blutdürstigen Samurai, die durch eine spontane Einsicht in das Ungeborene besänftigt wurden. Er beruhigte die Ängste der rastlosen Laien und Kleriker, indem er ihnen erzählte, dass ihre verblendeten Bemühungen, die Gedanken anzuhalten, dem Versuch glichen, »Blut mit Blut abzuwaschen«. Den Möchtegern-Asketen gegenüber, die abstritten, dass das Zuhören genüge, um Einsicht zu erlangen, verglich er sich selbst mit einem Reisenden, der bei einer Wüstendurchquerung eine lange, harte Kletterei zu einer Bergquelle unternimmt, um für sich und seine Reisegesellschaft Wasser zu holen. Als er dann zurückkommt und seinen durstigen Reisegefährten zu trinken gibt, welchen Grund sollte es dann für diese noch geben, die gleiche erschöpfende Klettertour ebenfalls auf sich zu nehmen?

Meine eigenen Kämpfe habe ich irrtümlich ausgefochten, weil ich zufällig keinen klarsichtigen Meister getroffen hatte. Am Ende aber entdeckte ich doch den Buddha-Geist für mich. Ich habe anderen von dem ihren erzählt, so dass sie darüber Bescheid wissen, ohne diese Feuerprobe selbst auf sich nehmen zu müssen.

Philosophen und Gelehrten gegenüber verwarf Bankei den Gedanken, dass Vernunft oder unterscheidender Intellekt zur Erleuchtung führen könne, denn die bloße Idee, nach der Buddhaschaft zu suchen, lenke einen von allem Anfang an vom Buddha-Geist ab. Es sei unmöglich, etwas zu werden, das man bereits sei. Auf ähnliche Weise kritisierte er diejenigen, die glaubten, man könne sich ins satori hineinmeditieren, und sagte ihnen, dass Meditation oder zazen nichts anderes sei als das Ungeborene selbst, das friedlich sitze. Nur sitzen, nur gehen – nichts Besonderes. Sein Ärger über den religiösen Hokuspokus kam zum Vorschein, als ein Anhänger der Shin-Schule behauptete, ihr Gründer Shinran habe mit einem Schreibpinsel auf ein Stück Papier gedeutet, das jemand am anderen Ufer eines Flusses hochgehalten habe, und durch Wunderkraft seien die sechs Zeichen des Namens Amida Buddhas dort erschienen. Lachend antwortete Bankei, schon die Erwähnung einer solchen Person bedeute »Hunde und Menschen auf die gleiche Stufe zu stellen.« Es sei besser, so riet er dem nembutsu-Anhänger, das Anfüllen des Geistes mit solchem Unsinn zu vermeiden, indem man den Geist auf die Funktion eines Spiegels beschränke, der nur reflektiere, was vor ihm erscheine, und sonst nichts.

Wie viele Zen-Lehrer stellte auch Bankei fest, dass es gebildeten Leuten besonders schwerfiel, das Ungeborene in seiner Einfachheit zu begreifen. Analphabeten waren manchmal viel schneller und gingen auf den Kern der Sache selbst ein, ohne viele Schlussfolgerungen und Fragen. Wer die Erfahrung in Büchern suche, könne sich nur selbst blind machen, sagte er. Hinterher in den Sutras und Schriften der großen Zen-Lehrer darüber zu lesen sei nur insofern interessant, als es bestätigte, was man bereits für sich selbst herausgefunden habe. [3]

In einer dramatischen Konfrontation mit einem Priester, der gekommen war, um ihn öffentlich bloßzustellen, und laut rief: »Wie kannst du mich retten, wenn ich deine Lehre nicht annehme?« hob Bankei nur seinen Fächer und bat ihn, ein paar Schritte vorzutreten. Als der Mann dies tat, bat er ihn, noch ein wenig näher zu kommen. Der Priester kam weiter nach vorn, und Bankei sagte: »Sieh nur, wie du sie annimmst!« Beschämt machte der Aufklärer, dass er fortkam.

Als Bankei gefragt wurde, wie er selbst in die Tradition der großen Zen-Lehrer passe, antwortete er: »Tokusan und Rinzai wussten Stock und Schrei zu benutzen, ich weiß die drei Zoll [meiner Zunge] zu nutzen.« Er verglich die Lehre seiner goldenen Zunge mit einer Kugel, die in Stücke gesprungen und unter seine Zuhörer verteilt worden war, für jeden ein passendes Stück, so groß, dass er oder sie es gut festhalten könne. In derselben Stimmung verurteilte er seine Zeitgenossen dafür, dass sie ihre Zenklöster zu Gefängnissen machten, in denen selbst die kleinste Übertretung mit körperlicher Züchtigung und öffentlicher Erniedrigung bestraft werde. Bankeis einfaches, am Einzelnen orientiertes Zen, sein Respekt vor dem Ungeborenen in jeder Lebensform hatte keinen Platz für das »Belauern und Einschüchtern«, das die Schüler krank oder gegen die Übung eingenommen machte oder sie in den Wahnsinn trieb.

Der Bauer, für den das »kraa kraa« der Krähe oder das »chuuchuu« des Sperlings das Lied des Ungeborenen war, stand auf derselben Stufe wie Bankei selbst, ebenso wie jener unwissende Mönch, der sich vor den Stuhl des Meisters hinstellte und ihn albern nannte. Bankei erwiderte:

Es ist diese Albernheit, durch die der Tathagata die fühlenden Wesen befreit. Weder zu kommen noch zu gehen, sondern zu bleiben, wie du von deiner Natur aus bist, ohne den Geist sich verdunkeln zu lassen – das ist es, was der Tathagata meinte. Und das war der Weg aller Patriarchen der Vergangenheit.

Wie er von menschlichen Herausforderern nicht beleidigt oder aus der Ruhe gebracht werden konnte, so schreckten Bankei auch keine wilden Tiere. Einmal, als ihm ein Wolf in den Weg trat, erkannte er sofort, dass dem Tier ein Knochen in der Kehle steckengeblieben war. Er ging auf es zu und entfernte den Knochen mit den Fingern. Der Wolf drückte schwanzwedelnd seine Dankbarkeit aus und verschwand im Wald. Aber von diesem Tag an hatte Bankei auf dieser Straße stets einen treuen Begleiter. Seinen Weggefährten hatte er seine eigene Lehre praktisch illustriert – »Zögere, und es ist verloren; schwanke, und es treibt weiter und weiter weg.«

Bankei weigerte sich, eine offizielle Todes-gatha zu schreiben, und glänzte nur im persönlichen Freundeskreis als Dichter, Maler und Kalligraph. Seine Worte sind uns in den Reden, die heimlich von seinen Schülern aufgezeichnet wurden, erhalten geblieben, und in seinen Gedichten für die Bauern, die ihn während der Jahre seiner Pilgerschaft ernährt hatten. Ein solches Gedicht zum Jahreswechsel schließt seine ganze Lehre ein, in seiner eigenen unverwechselbaren Stimme:

Was macht es aus, das Neue Jahr, das Alte?
Ich strecke meine Beine aus und schlafe ruhig allein.
Erzählt nur nicht, die Mönche fänden keine Lehrer –
Hie und da singt die Nachtigall – das höchste Zen.

1) *Hon-shin no uta*
Ungeboren und unvergänglich
ist der Geist der Quelle.
Erde, Feuer, Wasser und Wind
nur eine Absteige über Nacht.

Angekettet an dieses
vergängliche brennende Haus,
entzündest du selbst das Feuer,
nährst die Flammen,
die dich verzehren.

Kehre suchend um
zu jener Zeit,
als du zur Welt kamst:
Du hast alles vergessen!

Bewahre deinen Geist so,
wie er bei deiner Geburt war,
und sogleich wird dieses dein
Selbst
zum Lebenden Tathagata.

Ideen und Gedanken,
was gut ist, was schlecht –
alles nur Spuren
deines eigenen Ich.

Ein brennendes Feuer im Winter
verbreitet Wohlgefühl;
wenn der Sommer kommt –
nur lästige Hitze.

Und die liebliche
Sommerbrise –
noch vor dem Herbst
wird sie zur Plage.

Bist du zu Geld gekommen,
verachtest du die Armen.
Weißt du nicht mehr, wie es war,
als du nichts zu beißen hattest?

Das Geld, dein Leben lang
gesammelt,
aufgehäuft mit besessenem Geist,
siehst du mit Abscheu und Schrecken
von Hungergeistern umdrängt.

Dein Leben nicht achtend,
hast du es dem Goldhunger geopfert.
Da du dein Leben verrinnen siehst,
ist jetzt all dein Geld nutzlos.

Eitles Streben, krampfhaftes Halten –
ich hab nichts mehr damit im Sinn.
Darum kann ich jetzt behaupten:
Die ganze Welt ist wahrhaft mein!

Deine Sehnsucht nach der Geliebten
ist nur jetzt aktuell,
sie kommt aus der Zeit,
bevor du sie kanntest.

Sich jemand ins Gedächtnis rufen
heißt nicht vergessen können.
Niemanden zu rufen heißt
niemanden vergessen haben.

Blickst du in die Vergangenheit –
sie ist nur ein Abendtraum.
Hast du das erkannt,
ist alles, was du siehst, nur Lüge.

Wer sich verbittern lässt vom Leben
dieser Welt der treibenden Sorgen,
quält sich selbst, verstört seinen Geist
und brütet dumpf über leeren
Träumen.

Da dieser treibenden Welt
letztlich keine Wirklichkeit
zukommt;
statt deinen Geist an Dinge zu
hängen, lass los, lass los!

Wenn du an Dingen nicht hängst,
wird die treibende Welt vergehen.
Nichts bleibt übrig, leeres Nichts –
das heißt: ein lebender Buddha.

Den besessenen Geist
bringst du selbst hervor,
wenn er dich gnadenlos plagt –
schilt dich selbst und sonst
niemand!

Tust du das Böse:
Dein Geist ist der Dämon.
Keine Hölle ist zu finden
außer in dir selbst.
Die Hölle verabscheuen,
den Himmel ersehnen –
so schaffst du dir Leiden
in einer fröhlichen Welt.

Du denkst: Gut
heißt das Böse hassen.
Böse ist nur
der hassende Geist.

Du sagst: Gut
ist das Gute tun.
Böse ist nur
der redende Geist.

Gut und Böse zusammen
rolle zu einer Kugel.
Wickle sie in Papier und

fort damit und vergessen!
Geheimnisse und Wunder
hat es nie gegeben.
Nur wenn du nicht verstehst,
siehst du seltsame Dinge.

Das ist das Trugbild,
das dich narrt,
das die Trugwelt uns
als wahr unterschiebt.

Ruf, Geld, Bauch, Schlaf und Sex –
hast du die fünf Begierden erlernt,
werden sie für dich
des Lebens Wegweiser.
Regeln des richtigen Handelns
hat es nie gegeben.
Der Kampf zwischen Gut und Böse
ist nur eine Falle des Ich.

Hast du die Lehre
der Buddhas erfasst,
wirst du erkennen:
Du hast nichts gelernt!

Erleuchtung und Verblendung
gibt es von Anbeginn nicht.
Sie sind nur gefundene Ideen,
von deinen Eltern nie vererbt.

Wenn du denkst, der Geist,
der Erleuchtung erlangt, sei dein,
kämpfen nur Gedanken
in dir miteinander.

Ich kümm're mich nicht mehr
um Erleuchtung den ganzen Tag,
und daher kommt es:
Am Morgen wach' ich ausgeschlafen
auf!

Beten um Heil in kommenden
Welten,
beten für deine egoistischen Ziele,
heißt nur häufen und türmen
Anmaßung auf Ichsucht.

Müde bin ich jetzt
des Gebets nach Erlösung,
gehe ruhig meinen Weg
und lasse den Atem gehen.
Stirb – und dann lebe
Tag und Nacht inmitten der Welt.
Hast du das vollendet,
hältst du den Globus in der Hand.

Die Buddhas tun mir leid:
mit all ihrem Schmuck,
wie müssen sie geblendet sein
von diesem Glanz!

Zu früh für dich,
Buddha im Schrein zu sein,
lieber ein Wächterdämon
draußen vor dem Tor!

Suchst du im Reinen Land
nur deinen Lohn,
schämst du dich nicht
vor dem Buddha dann?

Niemand hat Feinde,
nicht bei der Geburt.
Du schaffst sie dir selbst
im Streit um Gut und Böse.

Ursache und Wirkung sind klar
erkennbar.
Verblendet wirst du und weißt doch
nicht:
Du allein hast dir das angetan –
Das nennt man Ichbezogenheit.

Großgeworden in der Welt der
Bedingtheit,
großgeworden in der Welt der
Vergänglichkeit;
mit solcher Verblendung
bist du nur der Verlierer!

Der nicht-bedingte Geist
ist ursprünglich ungeboren.
Das Bedingte hat kein Sein,
darum gibt es keine Verblendung.

Mögen die Jahre vergehen,
der Geist wird nicht älter:
der Geist, der sich
selbst immer gleich bleibt.

Beispiellos, wunderbar!
Du hast gesucht und gefunden
den, der nie alt wird:
Ich allein!

Das Reine Land,
wo man friedlich zu Rate geht,
ist hier und jetzt, nicht entfernt
Millionen von Meilen.

Wer dir eine Teeschale zuwirft –
fang sie!
Fang sie flink mit weichem Tuch,
dem Stoff deines wachen Geistes!

2) Vgl. Lao-tzu, Tao Te Ching (38): »Geht das Tao verloren, folgt die Tugend. Geht die Tugend verloren, folgt die Menschlichkeit. Geht die Menschlichkeit verloren, folgt Gerechtigkeit. Geht Gerechtigkeit verloren, folgen Zeremonien. Zeremonien sind die Außenseite von Treu und Glauben und der Beginn der Verwirrung.«

3) Einmal fragte ich den Meister [Bankei]: »Ist es eine Hilfe für das Beschreiten des Weges, wenn man die buddhistischen Sutras und die Berichte der alten Meister liest?« Er antwortete: »Das kommt ganz darauf an. Wenn du den Grundsätzen vertraust, die in den Sutras und Schriften enthalten sind, spielst du nur Blindekuh, wenn du sie liest. Auf der anderen Seite – wenn es für dich Zeit ist und du imstande bist, die Grundsätze loszulassen, dann wirst du, wenn du sie liest, den Beweis deiner eigenen Verwirklichung darin finden.«

hakuin
der alte ketzer unter dem sala-baum

Das Kind Iwajiro Nagasawa, aus dem später unter dem Namen Hakuin Ekaku der große Reformer der japanischen Rinzai-Schule werden sollte, wurde im Dezember 1685 in der kleinen Stadt Hara in der Präfektur Shizuoka geboren. Es war acht Jahre vor dem Tod Bankeis, eine Zeit, in der Zen von populäreren Formen des Buddhismus wie Nichiren oder Shin in den Hintergrund gedrängt wurde. Der Buddhismus selbst hatte seine leitende Stelle unter den japanischen Religionen an den Neo-Konfuzianismus von Gelehrten wie Hayashi Razan, Kaibara Ekiken und Tani Jichu abtreten müssen. Vehement kritisierten diese die buddhistischen Lehren über den Zölibat und den Rückzug von der Welt und sahen in ihnen gesellschaftsfeindliche, die kosmische Ordnung störende Bestrebungen.

Von Glanz und Glorie der ersten vier Tokugawa-Shogune Ieyasu, Hidetada, Iemitsu und Ietsuna war nicht viel übriggeblieben. Die Zeit, in der diese Gesetzgeber, umgeben von traditionsbewussten und gut geschulten Ministern und Beratern, mit Klugheit und Geschick ihre Macht ausübten, war vorbei und wurde von einer kurzen Periode der unbekümmerten flüchtigen Vergnügungen abgelöst. Um die Hauptstadt des bakufu, Edo, herum siedelten sich Theater und Restaurants, Ringkampfbuden und Freudenhäuser an, und Wohnungen für zahllose Schauspieler, Tänzer, Geschichtenerzähler, Spaßmacher, Kurtisanen, Bademädchen und leichtlebige Samurai wurden notwendig. Der neue Shogun Tsunayoshi, der diese kurze Zeit der bourgeoisen Frivolität und Extravaganz eingeläutet hatte, die als Genroku-Ära (1688–1711) bekannt wurde, war ein abergläubischer und verschwenderischer Pedant. Er widersetzte sich seinen konfuzianischen Beratern und missachtete deren gesunde und nüchterne Politik. Er engagierte sich für die Erneuerung der Künste und Wissenschaften und begann in der Hauptstadt ein umfassendes Neubauprogramm. Die gewaltigen Kosten dieser sozialen und kulturellen Reformen trugen mit zum völligen Ruin der Staatsfinanzen bei. Ungeschickt versuchte der Shogun die Situation dadurch zu retten, dass er den Umlauf von geprägten Münzen förderte statt die traditionelle »Reiswährung«. Gleichzeitig kürzte er die Gehälter für die Gefolgschaft der daimyo ebenso wie die Apanage für den kaiserlichen Hof, und all dies führte bald zu einer für die Bevölkerung kaum noch tragbaren Lebensmittelverteuerung.

Umgeben von kurzsichtigen Beratern und ohne Rücksicht auf die öffentliche Meinung brachte Tsunayoshi seine persönlichen Ansichten und Skrupel auch in der Gesetzgebung zum Ausdruck und erklärte das Töten von Tieren zum Kapitalverbrechen. Das machte eine enorme Aufblähung der Bürokratie notwendig. Polizei und Inspektoren mussten über jedes neugeborene Ferkel Buch führen und genaue Listen über deren Geschlecht und besondere Kennzeichen anlegen. Samurai, die dieses Dekret missachteten, wurden auf persönlichen Befehl des Shogun ausnahmslos mit dem Tode bestraft. Die Bewohner von Edo waren nicht sonderlich traurig, als er, den sie Inu-kobo (Hunde-Shogun) nannten, 1709 von seiner Gattin ermordet wurde.

Die von ihm begründete kulturelle Blüte war inzwischen mit all ihren korrupten Begleiterscheinungen zum Stillstand gekommen. Nach sechs Jahren Regierungszeit durch zwei schwache Nachfolger übernahm ein neuer starker Mann, Tokugawa Yoshimune (1716–1745), die Macht und stärkte wieder die traditionellen Samurai-Werte der Bedürfnislosigkeit, Ehre und Loyalität. Yoshimune kultivierte die früheren Grundsätze und Werte unter den Tokugawa und erweckte sie zu neuem Leben – besonders das bushido, den »Weg der Krieger«. Diese durchdrangen auch jeden Aspekt von Meister Hakuins Leben und Lehre. Bushido symbolisierte die Ressentiments der Samurai gegen die neureichen chonin und verwies auf den idealistischen Kriegergeist des späten 16. Jahrhunderts, der die »gute alte Zeit« repräsentierte, als Macht, Loyalität und Tapferkeit der kämpfenden Krieger noch nicht einer Apathie gewichen waren und Helden noch nicht vom Meistbietenden gekauft werden konnten. Die beste Darstellung des bushido-Geistes findet sich in dem Buch Hagakure, das um 1720 erschien und die Lehren zweier älterer Angehöriger der Samurai-Klasse, Yamamoto Tsunetomo und Tashiro Tsunamoto, enthält. Diese Männer versuchten den eigentlichen Geist der tra-ditionellen Samurai wiederzugeben, indem sie die Wichtigkeit der »Kunst des Sterbens« betonten. Absolute Ergebenheit und Loyalität fand ihren Ausdruck in oibara, d. h. durch seppuku [harakiri] dem Lehnsherrn in den Tod folgen. Für die Krieger Yoshimunes war das ein romantisches Äquivalent zum gemeinsamen Tod auf den Schlachtfeldern der Vergangenheit.

Bushido wurde auch durch eine fehlgeleitete Interpretation des Zen-Buddhismus genährt, welche die Tapferkeit und Disziplin des Kriegers in der Schlacht mit der zielbewussten [»einspitzigen«] Konzentration des Zen-Mönchs gleichsetzte. Beide »Übungen« konzentrierten sich auf das Ausmerzen »weltlicher« Gedanken und das Erlangen perfekter Gelassenheit durch das Erkennen der Leere aller Erscheinungen. Yamamoto Tsunetomo selbst legte im Alter die Mönchsgelübde ab und predigte die seltsame Auffassung, dass Menschen »wie wunderbar konstruierte Marionetten sind, die ohne Fäden herumstolzieren, hüpfen und Worte hervorbringen können auf einer Bühne leerer Träume.«

Genau zu diesem Kriegerkodex passend, begann Yoshimune energisch gegen den vergnügungssüchtigen Geist der Genroku-Ära vorzugehen, der den Geist der Samurai untergraben und in der Folge auch die Regierung des bakufu geschwächt hatte. Mit der spartanischen Lebensführung der Samurai als Vorbild kürzte er alle Staatsausgaben, zuerst und vor allem die seines eigenen Amtes als Shogun, und machte es zu einem zentralen Punkt seiner Amtsführung, schlichte Baumwollkleidung zu tragen und einfache Nahrung zu sich zu nehmen. Seine Politik richtete sich ganz gezielt darauf, die chonin zu treffen, besonders in der Hauptstadt Edo, wo die Lieferanten der Luxusgüter konzentriert waren. Yoshimune erließ Gesetze, die es Kaufleuten verboten, Samurai wegen deren Schulden zu verklagen, und es gab ein Verbot, sich vor den Häusern von Samurai zusammenzurotten, um Schulden einzutreiben. Aber selbst diese strengen Maßnahmen konnten nicht die Verarmung der Krieger-Elite und die langsame Auflösung der alten Klassenstruktur verhindern. Als Yoshimune starb, hatten sich die sozialen Trennlinien so verwischt, dass Kaufleute sich in den Rang der Samurai einkaufen konnten. Selbst der Geist des bushido wurde von den chonin vereinnahmt; sie verbanden die traditionellen Werte der Kriegerklasse mit dem bürgerlichen Begriff der Überheblichkeit.

Aber paradoxerweise öffnete Yoshimune auch wieder das Tor zum westlichen Wissen. Seit den Edikten von 1638, mit denen sich Japan vom Rest der Welt abschottete, war die einzige Verbindung mit dem Westen die kleine holländische Niederlassung bei Nagasaki gewesen, und die Japaner erfuhren von der Außenwelt nur durch Händler und Seeleute. Yoshimune hob das Importverbot für ausländische Bücher mit Ausnahme christlich-religiöser Literatur auf, und westliche Wissenschaften wie Medizin und Astronomie nahmen sofort Einfluss auf das japanische Leben. Obwohl der Shogun offenbar ein Mann von großer Begabung und originellem Geist war, ist es schwer zu verstehen, warum er seine eigenen Bemühungen um das Wiederaufleben der traditionellen Werte der Samurai mit Gesetzen torpedierte, die indirekt der Kaufmannsklasse zugute kamen. Möglicherweise war er als orthodoxer Konfuzianer nicht gewillt, selbst auf die Kenntnis fremder kultureller Quellen zu verzichten. Durch den Schutz, den er den Konfuzianern angedeihen ließ, schwächte er den Einfluss des Buddhismus noch weiter, indem er den Unterhalt der Klöster und der Priesterschaft den lokalen daimyo selbst überließ.

In der Zeit zwischen Yoshimunes Tod 1745 und Hakuins Tod 1768 wurde das Land häufig von Seuchen und Hungersnöten heimgesucht, ein Ergebnis der unerträglichen steuerlichen Belastungen, die hauptsächlich von der bäuerlichen Bevölkerung getragen werden mussten. Das Leben der Landbevölkerung war durch ständige Schwankungen der Reispreise und eine immer größer werdende Kluft im Lebensstandard gekennzeichnet. Viele Bauern waren gezwungen, gegen astronomische Zinsen Geld von chonin auszuleihen. Dann aber mussten sie zu Abtreibung und Kindesmord greifen, um ihre Familien klein genug zu halten, damit sie von dem existieren konnten, was ihnen nach Abzug von Steuern und Schulden noch blieb. Diese unerträgliche Situation trieb viele Bauern zu verzweifelten Maßnahmen, und bald brachen im ganzen Land organisierte Volksaufstände aus. Diese Unruhen wurden von den Truppen der Regierung brutal erstickt, wobei Tausende Haushaltsvorstände getötet und ihre Familien dem Hungertod überlassen wurden.

Alle Anstrengungen des bakufu, den Reispreis zu regulieren, die Kreditzinsen zu fixieren und ausstehende Schuldenzahlungen von Samurai zu streichen, blieben erfolglos. Zu allem Überfluss schwächte eine Folge von unfähigen Shogunen die Kontrolle der Regierung noch weiter. Die ehemals lebenslange Feudalbeziehung zwischen Lehnsherr und Lehnsmann, die sich mehr auf Loyalität als auf Geld gestützt hatte, war schon weitgehend zerstört. Die neureiche Kaufmannsklasse und die Geldverleiher kontrollierten jetzt die Wirtschaft Japans. Langsam, aber sicher änderten sie die soziale Struktur so grundlegend, dass innerhalb von hundert Jahren das Tokugawa-Shogunat verschwand und der Kommerzialisierung der Macht und der Restauration des Kaiserhauses der Meiji Platz machte. Diese Zeitenwende bildete den Hintergrund für Hakuins Leben.

Iwajiro Nagasawa war der jüngste Sohn einer Familie mit fünf Kindern. Sein Vater und sein Großvater arbeiteten, obwohl hochrangige Samurai von Geburt, als Postmeister in der Kleinstadt Hara, die, unmittelbar am Berg Fuji gelegen, als Zwischenstation für müde Reisende zwischen der kaiserlichen Hauptstadt Kyoto und der bakufu-Hauptstadt Edo diente. Seine Mutter kam aus einer Familie von gläubigen Anhängern der Nichiren-Schule, einer Form des Buddhismus, die Iwajiro später in seinem Leben zu reformieren versuchen sollte.

Unter dem Einfluss seiner frommen Mutter begann er bereits früh eine außerordentliche Begabung für das religiöse Leben zu zeigen. Schon in früher Jugend konnte er aus dem Gedächtnis lange Passagen aus den Sutras zitieren, und er meditierte über die Vergänglichkeit aller Dinge, während er die vorbeiziehenden Wolken beobachtete. Iwajiro, was so viel heisst wie »Knabe aus Fels«, entwickelte rasch einen starken Körper und einen eisernen Willen. Biographen beschrieben ihn als jungen Mann mit entschlossenem Gesicht und großen, runden, leuchtenden Augen. Hakuin selbst erinnerte sich später, dass er ein furchtloser, impulsiver Bursche gewesen war und sich daran gefreut hatte, Insekten und kleine Vögel zu fangen und zu töten.

Eines Tages nahm ihn seine Mutter mit zu einem Vortrag der Nichiren-Schule, in dem die Qual der acht brennenden Höllen detailliert beschrieben wurde. Iwajiro war einem körperlichen Zusammenbruch nahe, rannte aus dem Tempel, und er zitterte am ganzen Körper vor Angst und Schrecken wegen seiner Sünden. Von diesem Tag an genügte der bloße Anblick von Feuer, um in ihm lange, pausenlose Grübeleien über die Hölle hervorzurufen und darüber, wie man dieses Schicksal vermeiden könne. Um ihn zu beruhigen, lehrte ihn seine Mutter, bestimmte Passagen aus verschiedenen buddhistischen Sutras zu rezitieren und den Namen des Shinto-Gottes Temman Tenjin anzurufen. Beeindruckt von der Rezitation begann Iwajiro bald ihre Wirksamkeit empirisch zu testen. Einige Tage lang rezitierte er ein Sutra, das den eifrigen Anhänger vor den schädlichen Folgen von Feuer und Wasser schützen sollte, und versuchte dann, mit bloßer Hand ein Eisenstück von der heißen Herdplatte zu nehmen. Er machte die schmerzhafte Erfahrung, dass sein Fortschritt auf dem Pfade der Reinigung noch zu wünschen übrigließ, und kam zu der Überzeugung, ihm bleibe jetzt nur noch, Mönch zu werden. Er bat seine Eltern um die Erlaubnis, in ein Zen-Kloster einzutreten, und nach vielen Bitten von seiner Seite und Ablehnung von der ihren bekam er seinen Willen und wurde mit fünfzehn formell zum Mönch ordiniert. Der Abt Tanrei Soden des Shoin-ji in seiner Heimatstadt Hara gab ihm den Namen Ekaku, »Kranich der Weisheit«. Bald nach der Ordinationszeremonie erkrankte Tanrei, und Ekaku wurde fortgeschickt, um sein Zen-Training unter dem Abt Sokudo des Daisho-ji in der nahen Stadt Numazu fortzusetzen.

Enttäuscht von der formellen Methode des Sutrastudiums im Tempel, verlor Ekaku bald das Interesse an seiner neuen Umgebung und machte sich auf den Weg, einen »wahren Lehrer des Zen« zu finden, der ihn zu satori führen würde. Inzwischen neunzehn und körperlich sehr kräftig, besuchte er verschiedene Tempel, fand aber keinen, der ihn zufriedenstellte. Während seiner Wanderungen fiel ihm eine Biographie des chinesischen Meisters Yen-t'ou (Ganto) aus der T'ang-Periode in die Hände, der dadurch berühmt wurde, dass er bei seiner Ermordung durch Räuber einen so lauten Schrei ausstieß, dass er meilenweit im Umkreis zu hören war. Bestürzt darüber, dass ein so hervorragender Zen-Adept immer noch in solcher Weise von Todesangst beeinflusst sein konnte, nachdem er sein Leben der Entwicklung eines reinen und befreiten Geistes gewidmet hatte, verfiel Ekaku in Zweifel über den Wert seiner eigenen Suche. In diesem Zustand kam er zu einem kleinen Tempel in der Provinz Mino, wo der arme Dichter und Mönch Bao eine

Handvoll Schüler versammelt hatte, die er die Kunst der chinesischen Zen-Kettenverse lehrte. Eine Zeitlang obsiegte die natürliche künstlerische Begabung Ekakus, und er beschloss bei Bao zu bleiben. Aber schon nach kurzem kehrte seine alte Höllenangst zurück und trieb ihn wieder zurück zum Zen.

Eines Tages schloss er die Augen, rief die Hilfe aller Buddhas und Lehrer der Vergangenheit an, um seine Hand zu leiten, und zog blindlings ein Buch aus Baos Bibliothek. Zu seinem Entzücken sah er, dass er Ch'an-kuan tse-chin[1] [Das Durchdringen der Barrieren des Zen] ausgewählt hatte, eine Sammlung von Vorträgen und Geschichten, in der die rigorosen Praktiken der alten Ch'an-Meister beschrieben wurden. Er öffnete es auf gut Glück und las über den berühmten Rinzai-Meister Shih-shuang Ch'uyuan (Sekiso Soen, 986–1039), dass dieser, Tag und Nacht ohne Unterlass meditierend, schon beim leisesten Anzeichen von Schläfrigkeit seine Oberschenkel mit einem Handbohrer bearbeitet habe. Von diesem Beispiel wurde sein Eifer so angestachelt, dass er, als er vom Tod seiner Mutter hörte, beschloss, sich völlig der Verwirklichung seiner Buddha-Natur zu widmen, ungeachtet aller Konsequenzen. Er ließ sich sogar für die obligate Teilnahme am Begräbnis seiner Mutter entschuldigen, verließ Baos Tempel und setzte seine spirituelle Suche fort. Im Joko-ji in der Provinz Wakasa rührte ihn ein Vortrag über die Freuden der Erleuchtung so sehr, dass er mit Tränen in den Augen beschloss, alle seine Kunstwerke zu verbrennen – Gedichte, Kalligraphien und Bilder – in einem letzten Versuch, sein Leben ausschließlich der Vergegenwärtigung des Ungeborenen zu weihen.

Während seiner Reisen hatte Ekaku begonnen, mit Joshus »Mu« zu sitzen, dem berühmten ersten koan in der klassischen chinesischen koan-Sammlung aus dem 13. Jh. Wu-men-kuan (jap. Mumonkan):

Ein Mönch fragte Chao-chou (Joshu): »Hat ein Hund Buddha-Natur oder nicht?« Der antwortete: »Wu!« (jap. »Mu«).

Mu heißt wörtlich »ohne« oder »Nichts«, aber Joshus Antwort ist keine Verneinung der Frage des Mönchs, sie offenbart stattdessen die

Qualität der Buddha-Natur in der Spontaneität des Austauschs. Zusammen mit dem Achten auf den Atem ist mu das Vehikel der Meditation, das den Schüler zum kensho leitet, zum Einblick in seine eigene Buddha-Natur.

Um dieses Ziel zu erreichen, arbeitete Ekaku mit der ganzen ihm eigenen Entschlossenheit. Wenn er sich in der Gesellschaft anderer umherwandernder Mönche befand und die eine Rast einlegten, um die schöne Landschaft zu bewundern, blieb er in zazen sitzen und murmelte: »Wozu soll es gut sein, in sinnlichen Freuden zu schwelgen, wenn die Letzte Frage noch ungeklärt ist?« Einmal blieb er wie festgenagelt auf seinem Kissen sitzen, als der Tempel durch den Ausbruch des Fuji 1707 von einem Erdbeben erschüttert wurde und die anderen Mönche in Panik aus der zendo flohen. Ein Jahr später, im Eigen-ji in der Provinz Echigo, meditierte der nun 24-jährige beharrlich Tag und Nacht und schlief nur für Minuten. Da wurde er plötzlich von einer enormen Spannung überwältigt, die sich als Großer Zweifel manifestierte. Darauf folgte sein erster spiritueller Durchbruch, den er später in einem Brief an eine alte Zen-Nonne so beschrieb:

Plötzlich stand vor mir der große Zweifel. Ich war wie erfroren in einem viele tausend Meilen weiten Eisfeld. Eine Lauterkeit erfüllte meine Brust. Ich konnte weder voranschreiten noch zurückweichen, war wie von Sinnen, da war nur das Mu. Obgleich ich beim Lehrvortrag saß und die Erklärung des Meisters hörte, war es, als ob ich aus der Entfernung von draußen eine Erörterung in der Zen-Halle vernähme. Oder ich fühlte mich wie durch die Luft fliegend.

Dieser Zustand dauerte mehrere Tage. Eines Nachts hörte ich den Ton der Tempelglocke und war wie verwandelt. Es war gleich dem Zerschlagen einer Eisdecke oder dem Einstürzen eines Kristallturmes. Als ich plötzlich erwachte und zu mir kam, war ich selbst sogleich Meister Yent'ou [Ganto], dem während der drei Zeiten (der Vergangenheit, Gegenwart und Zukunft) nicht das geringste Leid zustieß [obwohl er von Räubern getötet wurde]. Alle früheren Zweifel waren völlig verschwunden, wie Eis dahinschmilzt. Mit lauter Stimme rief ich: »wie wunderbar!

Wie wunderbar! Es bedarf keines Entrinnens aus dem Kreislauf von Geburt und Tod, es bedarf keines Strebens nach Erleuchtung. Die überlieferten 1700 verwickelten koan-Aufgaben sind gar nichts wert.« Mein Stolz ragte empor wie ein Berg, mein Hochgefühl wallte auf wie die Flut. Im Geheimen dachte ich: »Seit zwei- oder dreihundert Jahren hat keiner einen so prachtvollen Durchbruch vollbracht wie ich.«

Die drei zentralen Punkte der mystischen Erfahrung sind in diesem bemerkenswerten Bericht von Ekakus erstem satori klar zu unterscheiden: 1) *daigi,* der Große Zweifel, die erhöhte Anspannung, verbunden mit dem angestrengten Bemühen, ununterbrochen in dem Zustand der einspitzigen Konzentration auf den koan zu verweilen; 2) *daishi,* der Große Tod, eine plötzliche Bewusstseinserweiterung, die den ganzen Kosmos einschließt in der Erfahrung des »Abfallens von Körper und Geist« [Dogen]; und 3) *daikangi,* die Große Freude, die Rückkehr in die Welt der Dinge mit einem fundamentalen Verständnis der Ungeschiedenheit, begleitet von Gefühlen überwältigender Liebe und Freude.

Ekaku hatte endlich sein Ziel erreicht. Begierig, sein »riesiges« satori bestätigt zu bekommen, beschloss er, dass es für ihn nun notwendig sei, eine formelle Bestätigung von den Meistern des Zen zu erhalten. Zu seiner großen Enttäuschung verweigerten ihm die Lehrer ihr Siegel der Bestätigung und erklärten, seine Erfahrung sei nicht mehr als ein »kleines« kensho. Etwas gedämpft, aber immer noch überzeugt von seiner Erleuchtung, tauchte Ekaku in der kleinen Einsiedelei von Dokyo Etan auf, dem »Alten Mann von Shoju«, einem mehr als sechzigjährigen Zenmeister, der für die Tiefe seiner Zen-Erfahrung ebenso bekannt war wie für seine Exzentrizität.

Als Samurai geboren, hatte Dokyo bereits früh das Verlangen gehabt, Mönch zu werden. Nach einem Jahr harten Trainings unter dem berühmten Shido Bu'nan Zenji in dessen Bergklause erfuhr er ein tiefes satori und erhielt das Siegel der Bestätigung von seinem Lehrer. Noch vor seinem dreißigsten Lebensjahr entschloss er sich, dem Beispiel des exzentrischen Mönchs Bokushu[2] aus der T'ang-Zeit zu folgen und sich gänzlich von der Welt abzusondern. Er saß auf verfallenen Friedhöfen, wo die Wölfe hinter seinem Rücken heulten, und zog sich schließlich in die Einsiedelei Shojuan zurück, wo er zum »Alten Mann von Shoju« wurde.

In seinem ersten Gespräch mit dem alten Eremiten rühmte sich Ekaku der »Tiefe und Klarheit« seiner Zen-Einsicht mit einem eleganten Vers, den er auf ein Blatt Papier niedergeschrieben hatte. Dokyo zerknüllte das Papier mit der linken Hand, streckte die rechte aus und fragte: »Wenn du die Gelehrsamkeit beiseitelässt, was hast du gesehen?« »Wenn ich etwas gesehen hätte, das ich präsentieren könnte, würde ich es ausspeien«, antwortete Ekaku und machte ein würgendes Geräusch, wie wenn er sich auf Dokyos Hand erbräche. Der alte Mann kam näher. »Wie verstehst du Joshus mu?«, prüfte er den jungen Mönch. »In Joshus mu ist kein Platz für Hand und Fuß«, erwiderte Ekaku und spottete damit unterschwellig über die ausgestreckte Hand. Spontan ergriff Dokyo Ekakus Nase, drehte sie kräftig und lachte: »Ich habe einen Platz gefunden, wo ich Hand und Fuß unterbringen kann!« Verdutzt gab Ekaku seine Niederlage zu und bat den Eremiten ihm zu sagen, was denn an seiner Einsicht noch fehle.

Dokyo gab ihm einen neuen koan. Wann immer Ekakus Arroganz erneut auszubrechen drohte, wies der Ältere seine Darlegung zurück und nannte ihn ein »armseliges Teufelskind in einer finsteren Höhle«, um ihn auf diese Weise aus seiner »Sucht nach Leere« herauszulocken.

Ekaku lebte mit Dokyo in dessen Einsiedelei und stürzte sich gnadenlos in lange, ununterbrochene Meditationen, nur um immer wieder von ihm zurückgewiesen und verspottet zu werden. Schmerzvolle Wochen vergingen, und nichts geschah. Der junge Mönch wollte aber eher sterben, als den Ort ohne Dokyos Bestätigung verlassen. Seine körperliche Kraft versiegte, und in einem letzten verzweifelten Kampf, der selbst seine kraftvolle Ausdauer zu übersteigen drohte, stellte er auch noch Essen und Schlafen ein. Eines Tages, während seines Bettelgangs in das nahegelegene Dorf, begegnete Ekaku einem Mann, der offenbar für bettelnde Mönche nichts übrig hatte. Der jagte ihn nicht nur weg und nannte ihn ein öffentliches Ärgernis, sondern schlug ihn noch mehrmals mit einem Besen auf den Kopf, so dass Ekaku das Bewusstsein verlor. In dem Augenblick, als er das Bewusstsein wiedererlangte, durchdrang er seinen koan plötzlich bis in die Tiefe. Laut lachend und in die Hände klatschend, tanzte er vor Freude die staubige Dorfstraße entlang und zog dabei die Aufmerksamkeit der Menschen auf sich. Überzeugt, dass der arme Mönch durch die Schläge den Verstand verloren habe, bildeten sie einen weiten Kreis um ihn und schrien: »Ein Verrückter, ein Verrückter! Geht ihm aus dem Weg!«

Als Ekaku zu Dokyo zurückkehrte, erkannte der sofort den Wandel seines Schülers. Nach einigen Testfragen gab er ihm seine Bestätigung und einen herzhaften Schlag auf den Rücken. Dann ermahnte er ihn, seine überstrengen Praktiken aufzugeben und seine Gesundheit wiederherzustellen, und empfahl ihm, den berühmten taoistischen Heiler Hakuyu in dessen Berghöhle am Stadtrand von Kyoto aufzusuchen.

Teils Weiser, teils Verrückter, war Hakuyu Objekt der unglaublichsten Gerüchte und Geschichten über einen »200 Jahre alten Berggott« mit übernatürlichen Kräften. Ekaku, ebenfalls der ländlichen Folklore nicht gerade abgeneigt, machte sich sofort auf, den Wundertäter zu finden. In seinem bekanntesten Buch Yasen kanna (Abendgespräch auf einem Boot) gab Hakuin später eine detaillierte Beschreibung seiner Begegnung mit dem Eremiten, der ihn schließlich von seiner »Zen-Krankheit« heilte.

Hakuyu diagnostizierte, dass der beklagenswerte Zustand dieses Mönches das Ergebnis allzu mühsamer Meditationspraxis sei, und führte ihn in die Methode des naikan[3] ein, eine Technik der Visualisierung, die zum Zweck der Heilung entwickelt worden war. Zuerst musste Ekaku seine Atem-Energie auf den hara konzentrieren, einen Punkt fünf Zentimeter unter seinem Nabel. Schon bald bemerkte er ein Wärmegefühl, das seinen ganzen Körper einhüllte und ihn für die beißende Januarkälte unempfindlich machte. Er befolgte peinlich genau Hakuyus heilsame Diät und seine Anweisungen zu physischen und geistigen Übungen, darunter die berühmt gewordene »Buttermeditation«: Er musste einen Klumpen duftender, goldgelber Butter auf seinem Scheitel visualisieren, die langsam schmolz und durch seinen ganzen Körper nach unten sickerte. Der köstliche Duft, zusammen mit dem Gefühl leisen Prickelns und der Wärme, sollte nach Hakuyus Lehre Anhaftungen und Sperren beseitigen, die Organe beruhigen und zu einem Grad an Gesundheit zurückführen, der »den am Gipfel der Jugend weit hinter sich lasse«.

Ekaku praktizierte drei Jahre lang täglich naikan, und in dieser Zeit verschwanden seine körperlichen und geistigen Beschwerden gänzlich. Naikan veränderte auch seine Zen-Praxis, Ekaku verlor seinen Extremismus und gewann an Ausgeglichenheit. Er arbeitete allein an verschiedenen koan, besonders an den schwierigen »Fünf Ständen des Tozan Ryokai« [Tung-shan liang-chieh, 807–869; der erste Patriarch der nach ihm benannten Ts'ao-tung (jap. Soto)-Schule] und erfuhr innerhalb weniger Monate mehrere kensho, wobei er manchmal in lautes, freudiges Gelächter ausbrach und sich in seiner Begeisterung am Boden wälzte. Wieder hielten Vorübergehende ihn für verrückt, und bald verbreiteten sich Gerüchte über den »verrückten Wandermönch«. Ekaku genoss es, mit dem Odium der Verrücktheit im Lande umherzuwandern; das hinderte ihn aber nicht daran, seine Wanderungen manchmal für mehrere Monate zu unterbrechen, um seine Praxis zu vertiefen und sein Verständnis mit dem verschiedener Zen-Meister zu messen, deren Tempel er unterwegs besuchte. Schließlich baute er sich im Winter 1715 eine kleine Einsiedelei, nahe dem Dorf Yamanoue, wo Kanzan Zenji, der Begründer des berühmten Myoshin-ji in Kyoto, einige Jahre in der Einsamkeit verbracht hatte.

Zwei Jahre später war Ekakus Einsiedleridylle jäh beendet, als ein Bediensteter aus seiner Heimatstadt Hara auftauchte und ihm berichtete, dass sein Vater schwer erkrankt sei. Um dessen letzten Wunsch zu erfüllen, ihn noch einmal zu sehen, kehrte er nach Hara zurück, nur um festzustellen, dass sein Vater bereits gestorben war. Der Besuch des Tempels seiner Ordination war ebenfalls eine große Enttäuschung für ihn. Er fand das Shoin-ji ohne Abt und in einem völlig verwahrlosten Zustand vor. Was früher ein hübscher kleiner Tempel gewesen war, zeigte sich jetzt als Ruine ohne Dach und Fußboden. Wo früher die

Haupthalle gewesen war, musste Ekaku jetzt einen Regenhut und hohe Holzsandalen tragen, um nicht vom Regen und den riesigen Pfützen ganz durchweicht zu werden. Das Tempeleigentum war im Besitz von Gläubigern, und die Kultgegenstände waren an Kaufleute verpfändet worden. Unerschrocken beschloss er, sofort einzuziehen und Meister von Shoin-ji zu werden. Voller Optimismus vollzog er in der leeren Ruine allein die »Zeremonie des Einzugs ins Kloster« und ernannte sich selbst auf der Stelle zum Abt. Hier sollte er den Rest seines Lebens verbringen. Bei dieser Zeremonie gab Ekaku sich selbst einen neuen dharma-Namen, Hakuin, [chin. pai-yin – »weiß-verborgen«, vgl. pai-i – »weiß gekleidet« als klassische Bezeichnung für einen buddhistischen Laien]. Im Buddhismus symbolisiert die weiße Farbe die eigentliche Natur, den Ort zwischen Leben und Tod, wo alles Leiden aufhört. Es wird erzählt, dass beim Tod von Shakyamuni Buddha zwei blühende Sala-Bäume so tief trauerten, dass sie verdorrten und weiß wurden. In Anspielung auf diesen »weißen« Ort der ursprünglichen Unschuld und Reinheit unterzeichnete der neue Abt von Shoin-ji alle Briefe und Dokumente mit »Hakuin, der alte Ketzer, der unter dem Sala-Baum sitzt«.

Bald nach seiner Ankunft im Shoin-ji widerfuhr ihm die große Ehre, als shuso, aufsichtführender Mönch, bei einem kessei im Myoshin-ji in Kyoto eingeladen zu werden. Die meisten japanischen Mönche hätten diese erstklassige Gelegenheit genützt, sich im Myoshin-ji, dem berühmtesten Rinzai-Kloster des Landes, zu etablieren – ein beinahe sicherer Weg, ein roshi, ein »alter Lehrer«, zu werden. Nicht so Hakuin; er nahm die zeitlich befristete Stelle nur zögernd an und kehrte sofort nach dem Ende der dreimonatigen Übungsperiode ins Shoin-ji zurück, obwohl er ein Angebot erhalten hatte, zu bleiben und Ausbildungsleiter zu werden.

Bald darauf bekam Hakuin Gesellschaft – einen unzufriedenen jungen Novizen aus dem Myoshin-ji. Andere folgten, und in kurzer Zeit hatte sich zum Ärger des Establishments eine bunte Gesellschaft von Schülern und Schülerinnen um ihn versammelt, Mönche, Nonnen und Laien beiderlei Geschlechts. Ein spirituell hochbegabtes sechzehnjähriges Mädchen mit Namen Satsu war eine der Ersten, die zu Hakuins »Dornbuschdickicht-Gemeinschaft« stießen. Er hatte seine Gemeinschaft so genannt als ironische Erwiderung auf die Anschuldigung, er würde »die Leute in Verblendung verstricken«. Hakuin war ein hingebungsvoller Lehrer, fast zwanzig Jahre lang war er für seine kleine Gemeinschaft täglich ansprechbar; im Shoin-ji lebten nur acht Mönche und zeitweilig ein paar Laien. Während seiner Amtszeit hatte er weiterhin große Erfahrungen der Einsicht. Wie eines seiner großen Vorbilder, der Ch'an-Meister Ta-hui Tsung-kao (Daie Soko) in der Sung-Dynastie, beanspruchte er, im Laufe der Zeit achtzehn große satori und unzählige kleinere kensho erfahren zu haben.

Um 1740 war Hakuin im mittleren Alter, und sein Ruf hatte sich über Hara hinaus verbreitet; die Gemeinschaft wuchs, und neue Gebäude für die Übung und Unterkünfte für die Übenden wurden errichtet. Immer noch war es ihm wichtig, auch Laienschüler zu haben, aber nun durften nur noch Mönche im Kloster wohnen. Seine lebhaften Angriffe gegen die Reine-Land-Schule und das mokusho-»Zen der Schweigenden Erleuchtung« verschiedener Soto- und Rinzai-Lehrer zogen eifrige junge Mönche an. Diese unerfahrenen Novizen waren von Hakuins beharrlicher Forderung, sie müssten auf dem Weg zur Erleuchtung »heroische Entschlusskraft« beweisen, tief bewegt. Sein Beispiel vor Augen, waren sie gewillt, auch harte Prüfungen über sich ergehen zu lassen und aus sich heraus zu einer neue Generation von japanischen Rinzai-Mönchen zu werden.

Der Erfolg von Hakuins Tätigkeit sprach sich herum, und er wurde in zahlreiche andere Zen-Tempel und sogar in Schlösser des Adels eingeladen, um dort dharma-Belehrungen abzuhalten. Das ließ sein angeborenes Selbstbewusstsein noch weiter anwachsen. In zeitgenössischen Berichten wird er beschrieben als »außerordentliche Gestalt«, die »die Leute wie ein Tiger anstarrt« und »sich bewegt wie ein Stier«. Während dieser Zeit entdeckte er die künstlerische Ader seiner Jugend neu und begann wieder zu malen und zu schreiben, und er hinterließ einige wichtige literarische Werke, die seine Schüler nach seinem Tod herausgeben sollten. Das Orategama (Der getriebene Teekessel) ist eine Sammlung von Briefen an verschiedene Zen-Übende; das Yabukoji (Der immergrüne Busch) ein Brief an den Herrn des Schlosses von Okayama über die Übung des Zen; und das Hebi-ichigo (Die Schlangen-Erdbeere) der Brief an einen daimyo über die Regeln eines tugendhaften Gesetzgebers; es enthält auch Vorsichtsmaßnahmen gegen tyrannische Beamte. Hakuin genoss es, seine Lieblings-Zen-Meister zu malen, exzentrische Wanderer wie Ikkyu und Daito; und seine Selbstporträts und Zeichnungen von Tieren und Volksgottheiten zeugen von unbändigem Witz und zeigen die heitere Seite des »wilden Stiers«. Oft fügte er seinen verschiedenen Selbstporträts Verse bei, die seine Freude an aggressiven Sprachspielen zeigen.

Im Bereich der zehntausend Buddhas
wird er von zehntausend Buddhas gehasst.
Unter den Heerscharen des Bösen
wird er von diesen verachtet.
Er zerschmettert die mokusho-Ketzer von heute
und mordet die blinden Ketzermönche dieser Zeit.
Dieser schmutzige, blinde, alte, glatzköpfige Ketzer
häuft auf Schmutz immer noch mehr Schmutz.

Mit sechzig erreichte seine Kreativität ihren Höhepunkt in seiner Erfindung des koan vom Klatschen der einen Hand. Dies allein hat ihm einen Platz unter den großen Meistern des Zen gesichert. In einem Brief an einen daimyo beschreibt er die Wirkung dieses koan: »Ich habe mich entschlossen, jeden dadurch zu belehren, dass ich ihm sage: 'Lausche auf das Klatschen der einen Hand.' Ich habe erkannt, dass dieser koan unendlich viel wirksamer ist für die Belehrung der Menschen als jede andere Methode, die ich bisher verwendet habe. Sie scheint die Kugel des Zweifels in ihrem Geist viel leichter hervorzubringen, und die Schnelligkeit des Fortschritts ist so verschieden wie die Wolken von der Erde. So bin ich dazu gekommen, ausschließlich die Methode der 'Einen Hand' zu verwenden.«

Die Gerüchte vom Erfolg dieses neuen koan verbreiteten sich rasch, und vom Ruhm des Meisters angelockt, sammelten sich Hunderte von Mönchen in Hakuins Tempel. Die dreimonatigen Retreats im Shoin-ji erinnerten an die berühmten Massen-Vorträge Bankeis. Das Verlangen nach der Präsenz des Lehrers wuchs, und Hakuin war monatelang unterwegs, um seinen Lehrverpflichtungen nachzukommen. Mehr und mehr begann er die Wichtigkeit der »Weitergabe des dharma« an einen fähigen Nachfolger zu betonen, der seine Lehre erhalten und viele Schüler anziehen sollte.

1749 fand er einen solchen in Torei Enji [1721–1792], einem 28-jährigen Mönch mit außerordentlicher Befähigung zum Lehrer. Er machte ihn 1759 zu seinem ersten Dharma-Nachfolger und setzte ihn als Abt des frisch renovierten Ryutaku-ji in der Nähe der kleinen Stadt Mishima ein. Zweihundert Jahre später sollte dieser Tempel unter seinem berühmten Abt Nakagawa Soen Roshi zum Ausbildungsort für zeitgenössische westliche Zen-Lehrer wie Robert Aitken und Philip Kapleau werden. Obwohl sich Hakuins Einfluss weit über Japan hinaus ausbreitete, traf er den Schüler, der seine Traditionslinie direkt weitergeben sollte, erst drei Jahre vor seinem Tod. Gasan Jito [1727–1797], ein brillanter junger Mönch, der schon die Übertragung von dem Rinzai-Zen-Meister Gessen Zen'e erhalten hatte, beschloss, Hakuins Lehre zu prüfen. Wie Hakuin selbst in seiner Jugend war Gasan vollkommen davon überzeugt, dass der »alte Mönch« ihn nichts lehren könne, was er nicht bereits besaß. Dreimal kam er in Hakuins Zimmer, um seine Verwirk- lichung zu zeigen, und dreimal wurde er von dem alten Meister davongejagt. Später sagte Gasan darüber: »Dieser große Lehrer der Nation hat mich dreimal mit seinen harten Händen und Füßen geschlagen und mich in Verlegenheit gebracht.« Nachdem er die formelle Übertragung von Hakuin erhalten hatte, ging Gasan nach dessen Tod ins Rinsho-in, einen Tempel in Kyoto, wo er mehr als 500 Schüler hatte. Er hinterließ wiederum zwei kreative Nachfolger, Inzan Ien und Takuju Kosen, die gemeinsam das rohe koan-System, das sie von Hakuin und Gasan übernommen hatten, in seine heute noch gültige Form brachten. Damit schufen sie ein geniales Werkzeug, die Einsicht im Zen nach der ersten Erfahrung noch weiter zu vertiefen.

Hakuin, der seine bemerkenswerte Gesundheit bis weit in die siebzig hatte erhalten können, verbrachte seine drei letzten Jahre häufig krank und unfähig zu lehren. Aber sein eiserner Wille hielt ihn aufrecht und half ihm auch bei seiner Kalligraphie und Malerei, deren einfache, flache und freie Pinselstriche zum Höhepunkt der Zen-Kunst werden sollten. Im Bewusstsein, dass seine Zeit ablief, versuchte er so viel Zeit wie möglich mit seinen Schülern zu verbringen und weiterhin den leidenschaftlichen Lehrstil beizubehalten, der für seine ganze Laufbahn charakteristisch gewesen war. Drei Tage vor seinem Tod setzte er einen seiner elf dharma-Erben als verantwortlich für alle klösterlichen Angelegenheiten; am 10. Dezember 1768 starb er im Alter von 83 Jahren friedlich im Schlaf. Er hinterließ keine traditionelle Todes-gatha, doch war das Zen der Rinzai-Schule gekräftigt, reformiert und bereit, sich den Herausforderungen der kommenden Generationen zu stellen.

Hakuins Lehre kann in zwei große Teile aufgespalten werden, die bis zum heutigen Tag den Kern des japanischen Rinzai-Zen bilden:

1) Zen-Schüler müssen den Großen Zweifel durch ununterbrochene Meditationspraxis zu einer Letzten Frage (koan) entwickeln. Nach einer gewissen Zeit wird dieser Große Zweifel aufgerissen durch die Erfahrung des Großen Todes, in dem die eigentliche Natur aller Dinge erfahren wird. Das darauffolgende Gefühl der Großen Freude öffnet eine Quelle der Liebe und des Mitgefühls und liefert den nötigen Antrieb, die Zen-Übung immer weiter zu vertiefen.

2) Sobald der Zen-Schüler einen flüchtigen Blick auf die ungeteilte, grundlegende Wirklichkeit erhascht hat, wird es sein Ziel, diese Erfahrung in der differenzierten Welt der zehntausend Dinge anzuwenden; Moral und Übung verschmelzen so, dass die direkte Anwendung der Erfahrung die Aktivität der Liebe und des Mitgefühls allen Wesen gegenüber ist. »Ich« und »die anderen« werden als im Tiefsten ein und dasselbe verstanden, obwohl sie sich auf der phänomenalen Ebene klar unterscheiden. Ohne Moralität kann es keine wahre Praxis geben. So wird der Mythos vom »erleuchteten« Zen-Meister zerstört, dessen Handlungen die Ebenen von Gut und Böse transzendieren. Da der Körper das Vehikel der Erleuchtung ist, ist es wichtig, ihn sorgsam zu behandeln.

Hakuin war sich schmerzhaft bewusst, dass ein mitleidloser Umgang mit dem Körper, eines mystischen Durchbruchs wegen, auch mit einem frühen Tod enden und so zu gar nichts führen kann.

Es ist wichtig, diese zwei Säulen von Hakuins Lehre im Detail zu untersuchen und festzustellen, wie sie sich zum täglichen Leben verhalten.

Hakuin erkannte, dass das Muster von Großem Zweifel, Großem Tod und Großer Freude der grundlegende Prozess jeder gültigen religiösen Erfahrung ist. Um diesen Prozess in Gang zu bringen, erschien es ihm notwendig, zuerst den Großen Zweifel heraufzubeschwören. Seiner Meinung nach war es die Aufgabe eines echten Lehrers, das mit Hilfe eines Anfänger-koan, vorzugsweise mit Joshus »Mu« oder dem »Klatschen der einen Hand« zu tun. Diese koan dienen als geistiges Werkzeug, konstruiert zu dem Zweck, den gewohnten endlosen Kreislauf des Denkens in Begriffen von Ursache und Wirkung, mit seinen Konzepten und geistigen Bildern, zu durchbrechen. Indem er Teile von Hakuyus naikan-Praxis anwandte, riet Hakuin seinen Schülern, ihr auf den koan konzentriertes Bewusstsein auf den hara unterhalb ihres Nabels zu lenken. »Wenn die volle Kraft dieser Konzentration einige Stunden aufrechterhalten werden kann«, sagte er, »wird der Schüler merklich voranschreiten und der Große Zweifel wird auftauchen.« Wichtig war dabei, alle Emotionen, Konzepte und Gedanken aufzugeben und die einspitzige Konzentration auf den einen koan-Gedanken aufrechtzuerhalten. Für Hakuin war es nicht unbedingt notwendig, an einem ruhigen Platz in Meditation zu sitzen, aber unabdingbar, den koan in allen Situationen mit sich zu tragen – aktiv oder ruhend, laut oder still. Dieser Zustand der konzeptlosen Bewusstheit, die oft mit einem »Eisfeld« oder einer »trockenen Wüste, in der nichts wächst«, verglichen wird, ist genau das, worauf er sich bezog, wenn er vom Großen Zweifel sprach. Und er verwendete alle nur denkbaren Mittel, um seine Schüler in diesen vielversprechenden Zustand zu bringen. Manchmal begeisterte er sie mit phantastischen Geschichten über Zen-Schüler früherer Zeiten, die völlig regungslos inmitten eines Sumpfes gesessen hatten, umgeben von Millionen blutdürstiger Moskitos; oder er wiederholte die Geschichte seines Lehrers Dokyo über das nächtelange Sitzen auf einem verfallenen Friedhof, ungeachtet eines Rudels hungrig kreisender Wölfe. Obwohl für die Befreiung des verborgenen joriki, der Konzentrationskraft der Schüler, bestimmt, waren seine Geschichten doch nie frei von Übertreibung, geboren aus seiner eigenen Faszination für den »entschlossenen Krieger«. Aufgestachelt durch diese Geschichten und oftmals zu Tränen gerührt, nahmen einige seiner Schüler seine Ratschläge zu wörtlich. Die Grabstätten dieser jungen Zen-Mönche auf dem Friedhof von Shoin-ji geben Zeugnis von dieser großen Schwäche in Hakuins Persönlichkeit.

Der Übergang vom Großen Zweifel zum Großen Tod entzieht sich der Beschreibung und ist nach Hakuin die Sache einer »plötzlichen Verwandlung ohne Beteiligung des Willens«. Häufig genügt eine ganz nebensächliche Wahrnehmung wie der Klang einer Glocke, der Duft eines Räucherstäbchens oder eine körperliche Schmerzempfindung, um diese Erfahrung der Einsicht in die eigene Natur auszulösen. In diesem Zusammenhang beschreibt er »die absolute Sicherheit der Erkenntnis der Wahrheit«, die in diesem Augenblick entsteht. Späteres Nachdenken oder rationale Erklärungen dieser Erfahrung können nur in die Irre führen oder zum schalen Gefühl des »Darüberredens«. Aber aus der Gegenwärtigkeit des Bestätigtseins durch die Tempelglocke oder den Duft des Räucherstäbchens erwächst eine Welle der Großen Freude, das Wissen, dass alles von Anbeginn völlig richtig ist oder, um es in Hakuins Worten auszudrücken: »Es gibt keine Erleuchtung, die man suchen müsste.«

Für Hakuin war koan-Praxis der zentrale Punkt der ganzen Zen-Übung. Er sah in ihr die einzige Methode, mit der ein Schüler zur wahren Einsicht gebracht werden konnte, und er wurde nicht müde, über die Praxis der »schweigenden Erleuchtung« herzuziehen, die von anderen Zen-Meistern verwendet wurde, besonders aber von der Soto-Schule. Zen ohne strenge koan-Praxis sei eine Perversion der »Wahren Lehre der Alten«, ärger noch, eine Verschwendung des menschlichen Lebens, einer »Wiedergeburt, die so schwierig zu erlangen ist«.[4)] Er zog alle rhetorischen Register, wenn er seine Schüler davor warnte, über solche Praktiken auch nur nachzudenken: »Da gibt es diese blinden, glatzköpfigen Idioten, die sich an einen ruhigen, ungestörten Ort zurückgezogen haben, wo sie von nichts gestört werden können. Dann meinen sie, dass der Geisteszustand, der in einer solchen Atmosphäre entsteht, die Einsicht in ihre eigene Natur umfasst. Sie glauben, dass es ausreicht, die Reinheit zu polieren und zu perfektionieren, haben aber selbst im Traum noch nie die Erleuchtung erfahren. Menschen dieser Art verbringen den ganzen Tag in der Übung des Nicht-Tuns und waren dann doch die ganze Zeit geschäftig; sie vertun den ganzen Tag mit Nicht-Hervorbringen und haben dann doch die ganze Zeit etwas hervorgebracht. Warum ist das so? Weil ihre Einsicht in den Weg nicht klar ist, und sie so die Wahrheit der dharma-Natur nicht erreichen können.«

Ähnlich harte Worte fand er für die Anhänger der Reinen-Land-Schule des Buddhismus, die an eine paradiesische Welt glauben, die von der jetzigen getrennt ist, sowie an einen mythischen Mittler Amida Buddha, ohne dessen Hilfe keine Erlösung möglich ist. »Außerhalb eures Geistes gibt es kein Reines Land, und außerhalb eures eigenen Körpers gibt es keinen Buddha«, predigte Hakuin und setzte hinzu, dass alle »wahren Patriarchen« der Zen-Tradition »niemals, nicht einmal versehentlich, von einer Wiedergeburt im Reinen Land gesprochen hätten.« Er lehrte, dass einzig und allein die Erfahrung der Einsicht in die eigene Natur, hervorgerufen durch die richtige koan-Praxis, jemanden befähige zu erkennen, dass »dieser Körper selbst der Buddha ist von Anbeginn.« Er beklagte, dass Zen-Meister versuchten, Reine-Land-Elemente in die Praxis des zazen zu integrieren, und warnte: »Ungefähr zweihundert Jahre ist es her, dass schlechte und gleichgültige Zen-Anhänger die Zahl der Klöster verkleinert und den wahren Weg des Zen korrumpiert haben, indem sie die primitive, verdorbene und häretische Meinung der Reinen-Land-Schule verbreiteten ... Wenn Zen mit Reinem Land zusammen gelehrt wird, kann es nicht mehr lange bestehen und wird mit Sicherheit untergehen.«

Den anwesenden Anhängern des Reinen Landes schlug er vor, ihre Übung dahingehend zu ändern, dass die Anrufung des Buddha-Namens oder die Rezitation der ersten Zeile des Lotos-Sutra der Konzentration auf einen koan ähnlich würde, ohne jede Erwartung einer »Erlösung von außen«. In Erinnerung an die Hingabe seiner Mutter in der Nichiren-Schule erarbeitete Hakuin einen detaillierten Meditationskurs für Nichiren-Anhänger, der natürlich nichts anderes war als eine Variation des Themas koan-Praxis: »Die Praxis des Lotos-Sutra besteht von heute an darin, entschlossen, ohne Rücksicht auf Freude und Schmerz, Trauer und Freude, ob im Schlaf oder wachend, stehend oder liegend, ohne Unterbrechung allein den Titel des Sutra zu intonieren: Namu Myoho renge kyo. Ob du diesen Titel als Stütze oder als Quelle der Kraft verwendest, du musst ihn rezitieren mit der brennenden Sehnsucht, unfehlbar das wahre Gesicht des Lotos zu sehen. Mache jedes Einatmen und jedes Ausatmen zum Titel des Sutra ... Dann wirst du zur großen Sache der wahren Meditation erwachen ... Du wirst unmittelbar vor dir, dort, wo du stehst, das wahre Gesicht des Lotos erblicken, und in diesem Augenblick werden Körper und Geist abfallen.« [5]

Bei der Bekehrung von Reinem-Land- und Nichiren-Buddhisten zum Zen war Hakuin erfolglos, aber das hinderte ihn nicht daran, seine Ansicht überall kräftig zu vertreten. Bis zu seinem Tod hat er seine Ansicht in diesem Punkt nicht geändert.

Obwohl er selbst bei seinem Lehrer Dokyo Etan nur wenige koan löste und sich auch nie bemühte, seine koan-Praxis abzuschließen, schuf Hakuin ein ganzes koan-Curriculum, das endlich alle früheren Methoden der Zen-Belehrung ersetzen sollte. Was als »Hakuins Zen« bekannt wurde, ist das Endprodukt dieser Arbeit, die dann durch Gasan Jito, Inzan Ien und Takuju Kosen den letzten Schliff erhielt. Dieses koan-System verlangt, dass der Schüler nach einem kensho mit dem koan »Mu« oder dem »Klatschen der Einen Hand« eine vorgegebene Reihe von koan abarbeiten muss, wie sie in den alten chinesischen Sammlungen Pi-yen-lu [Hekiganroku], Wu-men-kuan [Mumonkan] und Lin-chi-lu [Rinzai-roku] zusammengestellt sind. Sie variieren in der Reihenfolge und in der Art der Darstellung, und der Schüler lässt sich bei dem langen und intensiven Prozess der Klärung der wesentlichen Fragen auf bis zu 500 davon ein. Mit einem fünfstufigen Klassifikationssystem systematisierten und kategorisierten Hakuin und seine dharma-Erben die wichtigsten koan. [6]

Hosshin koan bezwecken die Vertiefung der anfänglichen Einsicht in den undifferenzierten Bereich von sunyata (Leerheit, oder auch Soheit). Einer der berühmtesten davon ist der Vers des Ch'an-Meisters Shan Hui (Fu Daishi) aus dem 6. Jh.:

Mit leeren Händen halte ich den Pflug,
und zu Fuß gehend reite ich den Büffel.

Kikan koan führen den Zen-Schüler zu einem besseren Verständnis der differenzierten, phänomenalen Welt, wie sie mit dem »Auge der Erleuchtung« gesehen wird.

Sie sind besonders wichtig zur Vermeidung der »Zen-Krankheit«, dem Steckenbleiben im Bereich der Leerheit und dem Verlust der Fähigkeit, mit der augenscheinlich differenzierten Ebene der Wirklichkeit umzugehen. Fall 37 aus dem Wu-men-kuan fällt in diese Kategorie:

Ein Mönch fragte Joshu: »Was ist die Bedeutung
von Bodhidharmas Kommen aus dem Westen?«
Joshu erwiderte: »Der Eichbaum im Garten.«

Ein anderes Beispiel sind die »drei Sperren« des Ch'an-Meisters Toushuai Ts'ung-yüeh (Tosotsu Juetsu) aus der Sung-Zeit, die er als Probe des Zen-Verständnisses seiner Schüler entwickelte:

Auf abgelegenen, grasbedeckten Plätzen macht man zazen
auf der Suche nach seiner Selbst-Natur. Wo ist in diesem Augenblick
deine Selbst-Natur? Wenn du deine Selbst-Natur erlangt hast,
kannst du dich selbst von Geburt und Tod befreien. Wie würdest
du dich befreien, wenn du gerade im Sterben lägest? Wenn du dich
selbst von Geburt und Tod befreit hast, kennst du deinen Weg.
Wohin gehst du nach deinem Tod?

Natürlich entsprechen diese drei Sperren den ewigen Fragen der Menschheit: »Wer bin ich? Woher komme ich? Wohin gehe ich?« Üblicherweise werden diese drei Fragen als unbeantwortbar betrachtet, aber für einen Zen-Schüler, der eine echte Erfahrung der Einsicht hatte, sind sie im Hier und Jetzt [und nur da] lösbar.

Gonsen koan helfen dem Schüler, die schwierigen Termini der alten Meister zu klären. Diese Dialoge eröffnen eine verborgene Welt der Schönheit und Weisheit, die, einmal erkannt, so klar ist wie der Gesang der Lerche.

Ein Mönch fragte den Priester Feng-hsüeh Yen-chao (Fuketsu):
»Reden und Schweigen beziehen sich auf Subjekt und Objekt.
Wie kann ich beide transzendieren?«
Feng-hsüeh sagte: »Ich muss immer an Honan im März denken.
Dort rufen die Rebhühner unter den duftenden Blüten.«

Ein anderes bekanntes Beispiel für einen gonsen koan sind die »drei Wendewörter« aus der frühen Sung-Zeit von Pa-ling (Hayo Kokan):

Ein Mönch fragte Pa-ling: »Was ist die Deva-Sekte?«
Pa-ling sagte: »Schnee in einer Silberschale.«
»Was ist das Tao?«
»Der offenbar Erleuchtete fällt in einen Brunnen.«
»Was ist das schärfste Schwert?«
»Jeder Tautropfen an der Spitze eines Korallenastes
spiegelt das Licht des Mondes wider.«

Nanto koan sind schwierig zu durchdringen, da sie auf einen subtilen Ort jenseits von Richtig und Falsch hinweisen, wo der Zen-Schüler inmitten seiner täglichen Obliegenheiten Sammlung und Geistesfrieden entwickeln kann. Hakuin riet seinen Schülern, »diese nanto koan schnell ein für alle Mal hinter sich zu bringen«, da die Ruhe des Geistes, die ihnen folgt, für ihn das sichere Zeichen eines selbstsicheren Zen-Menschen war. Er hielt den Fall 38 des Wu-men-kuan für ein ausgezeichnetes Beispiel eines besonders schwierigen nanto koan:

Der Priester Wu-tsu Fa-yen (Goso Hoen) sagte:
»Es ist wie ein Wasserbüffel, der an einem Fenster vorbeigeht.
Sein Kopf, seine Hörner, seine vier Beine gehen alle vorbei.
Warum geht sein Schwanz nicht vorbei?«

Die letzte Gruppe, die von ihm hoch bewerteten go-i koan, enthielt nach Hakuin »spirituelle Juwelen«, denn sie hatten verschiedene Erleuchtungserfahrungen bei den großen Meistern selbst angestoßen. Sie stehen in Zusammenhang mit den »Fünf Rängen des Meisters Tozan Ryokai«, des Ch'an-Meisters der T'ang-Periode, der Verse über die »fünf Verhältnisse des Scheins und der Wirklichkeit« geschrieben hatte. Hakuin schrieb dazu einen langen Kommentar und lobte das Werk als »das Schiff, das den Zen-Schüler über ein giftiges Meer trägt«.

Trotzdem hielt er es für notwendig, nach der Vollendung der go-i koan noch eine weitere Stufe als formelles Ende seines Programms einzufügen. Da er den moralischen Lebenswandel im Alltag als Eckstein seiner Lehre verstand, ließ Hakuin seine Schüler noch die zehn buddhistischen Vorschriften durcharbeiten. Er drängte sie, sich von ihrer Ethik anleiten zu lassen, wie Zen im Leben anzuwenden sei, denn diese Regeln seien tatsächlich das letztgültige Ziel der Zen-Übung. Er bestand darauf, dass die Praxis tatsächlich nie an ein Ende gelange, sondern fortschreite und sich vertiefe während des ganzen Lebens. Die zehn buddhistischen Vorschriften (nicht töten, nicht stehlen, mit der Sexualität nicht missbräuchlich umgehen, nicht lügen, keine Drogen weitergeben oder nehmen, nicht die Schwächen anderer weitererzählen, sich selbst nicht auf Kosten anderer erhöhen, die Schätze des dharma nicht zurückhalten, nicht in Zorn verweilen und Buddha, dharma und sangha nicht beschmutzen) sind eher allgemeine Richtlinien als ewiggültige Gebote. Sie folgen dem Ideal des Bodhisattva und weisen den ethisch motivierten Buddhisten die Richtung auf das letzte Ziel der Rettung aller Wesen.

Obwohl berühmt für seine rauhen Umgangsformen und seine grobe Sprache, war Hakuin doch sein Leben lang von einem ausgeprägten Sinn für Ethik motiviert. Er fühlte sich den einfachen Leuten verpflichtet und intervenierte häufig in ihrem Sinne bei ihrer Samurai-Herrschaft mit der Bitte um Mitgefühl und soziale Gerechtigkeit. Offen verlangte er von Feudalherren, ihr spirituelles Format zu zeigen, indem sie als »erleuchtete Gesetzgeber« in Wort und Tat den Beweis erbrachten, dass ihnen die Wohlfahrt ihrer Untertanen am Herzen lag. Bei seinen verschiedenen Vortragsreisen machte er oft in kleinen Dörfern Halt und hielt allgemein zugängliche Vorträge, wobei er immer die nötigen einfachen Worte fand, um seine Lehre zu verbreiten. Hakuin hatte die bemerkenswerte Gabe, seinen Stil und seine Sprache dem Publikum anzupassen. Er sprach immer aus dem Stegreif und nutzte die Macht und Spontaneität des Augenblicks, um seine Auffassung wirkungsvoll darzustellen.

Aber Hakuin konnte nie sein Samurai-Erbteil loswerden; die Faszination des Bildes vom »starken Krieger« führte ihn dazu, die Samurai-Klasse zu bevorzugen. Er pries sogar die »Stärke und Weisheit« des grausamen Shogun Ieyasu, des Stammvaters des Tokugawa-Clans. Hakuin nutzte die Vernarrtheit der Samurai in den Tod als Werkzeug der Lehre und legte den daimyo und höhergestellten Lehnsleuten nahe, das Wort shi, »Tod«, auf die gleiche Weise zu benutzen, wie er seinen Mönchen den koan »Mu« aufgab. Sobald der Krieger dem Bereich von Leben und Tod in der Erfahrung des satori entkommen war, konnte er wieder als tapferer und moralischer Kämpfer hervortreten, loyal seinem Herrn und mitfühlend den normalen Sterblichen gegenüber. Solche Überlegungen brachten Hakuin dazu, den Kodex des bushido zu verherrlichen:

Anfang und Ende eines Kriegers ist die körperliche Stärke.
In der Beobachtung seiner Pflichten und in seiner Beziehung
zu anderen ist größte Pünktlichkeit und Korrektheit vonnöten.
Sein Haar und seine Kleidung müssen in strengster Ordnung sein,
und das Schwert muss an seiner Seite sein. Mit dieser genauen
und sauberen Haltung geht seine wahre Meditation weiter in
überwältigendem Glanz. Auf seinem kräftigen Ross sitzend,
kann der Krieger voranreiten und einer unzählbaren Horde von
Feinden die Stirn bieten, ganz als ob er einen völlig menschen-
leeren Ort betreten würde. Sein tapferer und unerschrockener

Gesichtsausdruck spiegelt die Praxis der einzigartigen, wahren und ununterbrochenen Sitzmeditation wider. Auf diese Weise meditierend, kann der Krieger in einem Monat mehr erreichen als ein Mönch in einem Jahr; in drei Tagen kann er Segnungen für sich erhalten, die einen Mönch drei Monate kosten würden.

Bei einer anderen Gelegenheit konnte er hitzig einen hohen Herrn ermahnen und ihn auffordern, seine Reichtümer aufzugeben und fortan »den Garten zu reinigen, das Wasser in den Becken zu wechseln und mit lachendem Gesicht die Hufe des Pferdes eines Lehnsmannes zu säubern.« Er konnte auch öffentlich seiner Verachtung für die machthungrigen »idiotischen« Generäle Ausdruck verleihen, die sich um das Wohlergehen der gewöhnlichen Leute nicht kümmerten. Den »tyrannischen Beamten«, die die Bürgerschaft ausplünderten und bluten ließen, schrieb er ins Stammbuch: »Wenn die normalen Leute zugrunde gehen, ist das mit Sicherheit das Ende der Nation.« Nur der wohlwollende Fürst, »dessen Herz von Mitgefühl tief bewegt ist«, hatte ein natürliches Recht zu regieren.

In einer Gesellschaft, in der der Status einer Frau oftmals niedriger war als der eines Pferdes oder einer Kuh, setzte sich Hakuin den daimyo gegenüber dafür ein, diese Situation zu ändern, und merkte an, dass »Frauen schließlich menschliche Wesen sind, die höchsten Respekt und höchste Würde« verdienten. In seinem persönlichen Umgang mit Frauen war er seiner Zeit weit voraus. Unter seinen Laienschülern waren einige Frauen, mit denen er lebhafte, von ihm sehr geschätzte Zen-Dialoge führte, die gekennzeichnet waren durch einen Standard vollkommener Gleichberechtigung. Eine berühmte Anekdote erzählt von einer alten Frau, die Hakuin in einem Vortrag sagen hörte: »Der Geist ist das Reine Land, und dein Körper selbst ist Amida Buddha.« Nachdem ihr das einige Tage im Kopf herumgegangen war, hatte sie eines Morgens beim Spülen eines Topfes eine kensho-Erfahrung. Auf der Stelle lief sie hinüber zum Shoin-ji, erschien bei Hakuin und rief laut: »Amida Buddha hat in meinen Körper eingeschlagen. Berge und Flüsse leuchten wunderbar. Wie herrlich!« »Was soll das?«, rief Hakuin. »Nichts leuchtet in deinem Arschloch!« Ihn zur Seite stoßend, hüpfte die alte Frau vor Freude und rief aus: »Hakuin selbst ist noch nicht erleuchtet!« Als er das hörte, gab ihr Hakuin einen anerkennenden Schlag auf den Rücken und brüllte vor Lachen.

Die sechzehnjährige Satsu, die Hakuin häufig in dokusan [Einzelgespräch] sah, liebte es, den alten Meister aufzuziehen. Einmal erklärte er ihr eine schwierige Passage eines Sutra und fragte: »Hast du verstanden?« Sie antwortete: »Könntet Ihr das bitte nochmals erklären?« Gerade als er den Mund aufmachte, stand sie auf und ging hinaus, wobei sie einen lachenden Hakuin zurückließ. »Ich bin von diesem Mädchen zum Narren gehalten worden!«, rief er ihr nach.

Besonders deutlich wird Hakuins Humor in den vielen Bildern, die er hinterließ. Immer die heitere Seite der Leute ansprechend, schwelgte er in Karikaturen und kommentierte diese oft mit witzigen Versen. Er machte sich auch gern über sich selbst lustig und verglich sein heruntergekommenes Shoin-ji oft mit den reichen Tempeln in Kyoto wie dem Daitoku-ji und dem Myoshinji. Wie sein großes Vorbild aus der Muromachi-Zeit, Meister Ikkyu, schimpfte er über die »Priester des Establishment«, die die Grundlage des wahren Weges der unsui, der »treibenden Wolken«, verloren hatten.

Oft leben Zen-Meister und ebenso ihre Schüler im Überfluss eines luxuriösen Lebens, und der Stil ihrer Lehren ist im Wohlstand ihres Tempels begründet. Sie glauben, dass Beredsamkeit und eine schlaue Zunge schon Weisheit sind, setzen gutes Essen und schöne Kleidung gleich mit dem Weg des Buddha, machen Arroganz und Schönheit zu moralischen Qualitäten und nehmen den Glauben der anderen als Beweis, dass sie selbst das dharma erlangt hätten …
Sie schmücken sich selbst verschwenderisch mit seidenen Roben und predigen unbekümmert drauflos … In ihrer Gewandtheit beim Empfangen von Geldspenden, die für die Bevölkerung eine unerträgliche Belastung darstellen, scheinen sie tatsächlich wunderbare Kräfte zu entwickeln … Aber wenn die Zeit zu sterben kommt und die einsame Lampe flackert, während sie zwischen Leben und Tod daliegen, dann schreien und stöhnen sie. In den Wahnsinn getrieben,

ohne einen Ort, wohin sie Hände und Füße legen könnten, sterben sie einen so qualvollen Tod, dass ihre Schüler und Anhänger es nicht ertragen, sie anzusehen.

Hakuin liebte heitere Volkserzählungen und verwendete sie häufig, um den gewöhnlichen Leuten die Wichtigkeit einer grundlegenden Ethik nahezubringen. Seine abergläubische Überzeugung von der übernatürlichen Wirksamkeit mancher buddhistischer Sutras stand in starkem Kontrast zu seinem strengen Betonen der koan-Praxis und zu seinen Tiraden gegen den Dualismus der Reinen-Land-Anhänger. Aber das Zwischenspiel mit dem Taoisten Hakuyu und der Erfolg von dessen naikan-Therapie hatten ihn überzeugt, dass es gewisse »unerklärliche Kräfte« gab, die – solange sie nicht mit seiner Zen-Praxis in Widerspruch standen – ernstgenommen werden sollten.

Hakuin war ein begnadeter Künstler; seine Bilder und Kalligraphien ebenso wie seine umfangreichen Schriften zeigen eine in alle Richtungen gleich talentierte Persönlichkeit. Er folgte der Tradition der japanischen Tuschmalerei, die suiboku-ga genannt wird, entwickelte aber seinen eigenen dynamischen Zen-Stil, der die Grenzen der Tradition weit hinter sich ließ. In seiner unnachahmlichen und exzentrischen Art zeichnete er menschliche und erdhafte Sujets mit stark gewässerter Tusche und ersetzte formale ästhetische Werte durch eine Wertschätzung des Rohen und Hässlichen. Zur Belustigung der unteren Klasse, die seinen deftigen Humor zu schätzen wusste, drückte Hakuin seine Ansichten in derben Bildern aus. Indem er Tiere als Träger menschlicher Charakteristika zeichnete, machte er sich über die konventionell gewordene Moralität der Tokugawa-Zeit lustig.

Alle heutigen japanischen Meister des Rinzai-Zen führen ihre Traditionslinie auf Hakuin Ekaku Zenji zurück. Es war sein Verdienst, den rohen Entwurf des berühmten Ch'an-Meisters Ta-hui Tsung-kao (Daie Soko, 1089–1163) weiterzuentwickeln, der die Wichtigkeit kontinuierlicher Praxis nach der anfänglichen Erfahrung des Erwachens betont hatte. Hakuin schuf ein koan-System, das Generationen von Zen-Übenden geholfen hat, ihre eigene Natur zu erkennen. Er war es auch, der die Notwendigkeit von dharma-Nachfolgern so stark betonte, die »die wahre Zen-Praxis« künftigen Generationen weiterreichten. Nach Hakuin muss ein Zen-Meister der Weitergabe des Zen alles andere unterordnen, aber er darf nie glauben, dass er seine eigene Übung »vollendet« hätte, denn die moralische Vervollkommnung, zusammen mit immer tieferen Erfahrungen der Einsicht, kommt nie an ein Ende.

Die letzten Zeilen seines zazen wasan (Preislied des zazen), eines religiösen Gedichts, das bis heute täglich in jedem japanischen Rinzai-Kloster rezitiert wird, drückt die Essenz des »Hakuin-Zen« aus:

Grenzenlos und frei ist der Himmel des samadhi,
hell strahlt der volle Mond der Erleuchtung!
Wahrlich, gibt es irgendetwas, das jetzt fehlt?
Nirvana ist hier und jetzt, vor deinen Augen;
dieser Ort selbst ist das Lotos-Land,
dieser Körper selbst der Buddha.

---

1) Das Ch'an-kuan tse-chin wurde 1600 von Chu-hung herausgegeben. Auf Veranlassung von Hakuins Nachfolger Torei Enji wurde es 1762 erstmals in Japan unter dem Titel Zenkan Sakushin gedruckt. D.T. Suzuki hat den Titel frei wiedergegeben mit: Whips to Drive You Through the Zen Barrier (gemeint sind koan).

2) Mu-chou Ch'en-tsun-su, ca. 780–877, ein Nachfolger des Huang-po und Lehrer des Yün-men.

3) Nicht zu verwechseln mit dem Mitte des 20. Jh. von Ishin Yoshimoto aus der Jodo-Shinshu-Schule entwickelten und auch im Westen bekannten Naikan.

4) »Auf dem weiten Weltmeer schwimmt ein hölzernes Joch. Dass jemand als Mensch wiedergeboren wird, ist ebenso wahrscheinlich, wie dass eine umherschwimmende Schildkröte aus dem Meer auftaucht und ihren Kopf genau in dieses Joch steckt.« Diese Metapher benutzte der Buddha, um auf die Kostbarkeit menschlicher Geburt hinzuweisen.

5) Shinjin datsuraku, »Körper und Geist sind abgefallen«, war die Erleuchtungsformel von Dogen Zenji (1200–1253), dem Begründer der japanischen Soto-Schule.

6) Wir schulden Isshu Miura und Ruth Fuller Sasaki Dank für ihre Erklärung von Hakuins System in Zen Dust (New York: Harcourt, Brace & World, 1966). (Anm. d. Verf.)

nyogen senzaki

der heimatlose pilz

Nyogen Senzaki wurde 1876 geboren, ein Jahr vor dem Ende der Samurai-Ära in Japan. Dieser plötzliche Bruch mit der Vergangenheit spiegelte sich auch im Leben dieses heimatlosen, wandernden Mönches wider, der im Alleingang ein modernes, demokratisiertes Zen in den Westen brachte. Sein Weg war schwierig und voller Hindernisse, entsprechend den dramatischen Ereignissen in der Meiji-Ära [meiji: »Erleuchtete Regierung«, posthumer Name für Kaiser Mutsuhito (1852–1912)], während der sich seine radikalen Grundsätze entwickelten. Es ist wichtig, die Gesellschaft näher zu betrachten, die ihn geformt hat.

Die Meiji-Verwaltung verbot allen Samurai, Schwerter zu tragen, das Symbol ihres höheren Status. Darüber hinaus verloren sie ihre Pensionen. Diese wurden per Gesetz in Staatsobligationen umgewandelt und büßten dabei ungefähr die Hälfte ihres Wertes ein. In einem verzweifelten letzten Versuch, die Uhr zurückzudrehen, organisierte Saigo Takamori, ein Samurai mit allen Tugenden seines Standes – Mut, Großzügigkeit und Verachtung von Geld und Gepränge – einen Aufstand, um die acht Jahre alte Regierung des Kaisers Meiji zu stürzen. Dieser »Bürgerkrieg von Seinan« endete 1877 mit der vernichtenden Niederlage der Streitkräfte Takamoris, und der stolze Führer der Samurai sah sich gezwungen, seppuku zu vollziehen. Übrig blieb ein siegreiches neues Regime, das eine 260 Jahre alte Ordnung ersetzen sollte, die ihren Zweck nicht mehr erfüllte.

Die Anfänge der Meiji-Restauration können bis zum Sommer 1853 zurückverfolgt werden, als die vier amerikanischen »Schwarzen Schiffe« von Commodore Perry vor der japanischen Stadt Uraga auftauchten. Perry drohte mit einem Angriff und zwang so das Tokugawa-Regime, zwei japanische Häfen für amerikanische Handelsschiffe zu öffnen. Damit waren über zweihundert Jahre selbstauferlegter Isolation beendet. Bald folgten auch die anderen Mächte wie England, Russland, Frankreich und Preußen, und innerhalb von fünf Jahren wurden weitere Verträge zur Öffnung Japans für den internationalen Handel wirksam. Diese Ereignisse sowie der inkompetente Umgang der Tokugawa-Regierung damit überzeugten die Japaner, dass die schwache bakufu-Regierung ihre Zeit überlebt hatte. 1860 ermordete eine Gruppe nationalistischer Samurai den mächtigen Regenten Ii Naosuke, der für den erst vierzehnjährigen Shogun Iemochi Tokugawa die Regierungsgeschäfte führte. Dies bildete den Auftakt zu einer Reihe von ernsten Herausforderungen für die Tokugawa-Regierung, welche im Lauf der darauffolgenden Jahre immer massiver werden sollten.

Zwischen 1860 und 1867 versuchte das bakufu verzweifelt, seine alte Stärke wiederzuerlangen, indem es die alleinige Kontrolle über allen Handel zu behalten suchte. Im Mai 1860 wurde ein Gesetz verabschiedet, das bestimmten Großhändlern in Edo eine Monopolstellung für den Export von Getreide, Rohseide und Wachs gab. Die Fracht durfte ausschließlich von Yokohama aus verschifft werden, dem Hafen von Edo, damit die Kontrolle des bakufu über die grundlegenden Exportgüter gesichert war. Aber die Regierung hatte nicht mehr die Macht, das Gesetz in den Gebieten der immer mächtigeren daimyo und Feudalherren durchzusetzen, und schließlich wurde 1864 das Monopol abgeschafft und die Entwicklung des Handels dem freien Markt überlassen.

Zu dieser Zeit ermordeten rangniedrige chauvinistische Samurai einige englische und amerikanische Handelsbeauftragte und provozierten so westliche Vergeltungsschläge. 1863 beschlossen die Fürsten der zwei südlichen Provinzen Choshu und Satsuma, auf eigene Faust einen Privatkrieg gegen die verhassten gaijin zu beginnen. Küstenbatterien griffen in der Straße von Shimonoseki amerikanische, französische und holländische Schiffe an, und solche aus Choshu attackierten eine englische Flottenabteilung in der Nähe von Kagoshima, wobei deren Schiffe z.T. schwer beschädigt wurden. England, Frankreich und die USA schlugen zurück, bombardierten Shimonoseki und Kagoshima [1] und zwangen Choshu und Satsuma zu einem Waffenstillstand und zu Entschädigungszahlungen, die aber vom bakufu geleistet wurden. Die irrationalen fremdenfeindlichen Gefühle der herrschenden Elite in Japan wurden durch diese kriegerischen Vorfälle etwas abgekühlt, und zähneknirschend machten sie ihren Frieden mit dem ausländischen Einfluss auf das Land.

Ihre Niederlage hatte aber die Führer der Provinzen Satsuma, Choshu, Nagato und Hizen auch noch eine andere Lektion gelehrt: Wenn das bakufu zu schwach war, aufrührerische Provinzen zu strafen, die selbständig Krieg gegen die Westmächte führten, dann war es vermutlich auch zu schwach, einer konzertierten Aktion zu widerstehen, die ein neues Regime unter der Flagge des jungen Kaisers Mutsuhito installieren sollte. Am 3. Januar 1868 fand eine Staatsversammlung statt, die dem letzten Shogun Yoshinobu Tokugawa, der schon im November zurückgetreten war, seine Titel und Ländereien aberkannte und den Kaiser formell als politischen Führer wiedereinsetzte. Fast drei Jahrhunderte der Tokugawa-Herrschaft endeten auf diese Weise, und die neue Zeit der Meiji-Restauration begann.

25 Jahre später hatte das neue Regime die japanische Gesellschaft vollständig umgekrempelt und das Kaiserreich zu einer Großmacht nach europäischem Muster werden lassen. Die Architekten der Meiji-Regierung waren eine kleine Elite von relativ jungen Männern, teils Samurai der niedrigeren Ränge, teils Hofadel. Im sogenannten Charta-Eid erklärte die neue Regierung im Namen des jungen Kaisers die neuen Prinzipien zu Richtlinien für die ganze Nation. Die alten Tokugawa-Gesetze, welche die Tätigkeiten von Männern und Frauen bis ins letzte Detail vorgeschrieben hatten, wurden abgeschafft, und die gesellschaftlichen Klassen wurden zur Einheit angehalten, um einen modernen Nationalstaat bilden zu können. Das schloss auch die Öffnung Japans für die westliche Technologie und Kultur ein. Die neue Regierung setzte gegen den heftigen Widerstand der Samurai die allgemeine Wehrpflicht durch; ein am Westen orientiertes Erziehungs- und Postsystem; ließ ein Telegraphen- und Eisenbahnnetz bauen; erließ schließlich 1889 eine Verfassung und berief eine Nationalversammlung ein. Die Regierungsbeamten der Meiji studierten die Gesellschaften Europas und Amerikas und entnahmen ihnen, was ihrer Meinung nach am besten zu Japan passte. Sie begründeten das japanische Rechtssystem auf dem Code Napoleon, das Erziehungswesen auf dem amerikanischen Pragmatismus und die Verfassung auf ihrem autoritären deutschen Gegenstück. Vor allem aber wurde das alte Feudalsystem abgeschafft, und die Teilung des Landes in Präfekturen machte die mächtigen daimyo zu lokalen

Gouverneuren, die verantwortlich waren für die Aufrechterhaltung von Recht und Ordnung im Namen des Kaisers.

Die Stadt Edo wurde in Tokio umbenannt und zur kaiserlichen Hauptstadt erklärt. Der neue Geist der »Modernität« beschleunigte die Automation der Landwirtschaft und die Entwicklung der Industrie. Um so schnell wie möglich den Traum von der Umwandlung Japans in einen erstrangigen modernen Nationalstaat zu erfüllen, unterstützte die Regierung einen »Gruppenkapitalismus« und legte die wirtschaftliche Macht in die Hände der zaibatsu, einer exklusiven Clique privater Unternehmer, die, eng mit dem Militär und dem kaiserlichen Hof verbunden, ein wahres Monopol über Handel, Industrie und Finanzmarkt innehatte. Der neue japanische Kapitalismus entwickelte sich als staatlich gelenktes Unternehmertum, was durch eine kleine Gruppe von mächtigen Finanziers unterstützt wurde. Die Bevölkerung, und hier besonders wieder die ländlichen Gemeinschaften, wurde schwer besteuert.

Dem altehrwürdigen japanischen Ideal von sasei-itchi folgend, der Einheit von Religion und Regierung, schuf das Meiji-Regime den Staats-Shintoismus, eine Mixtur aus Kaiserverehrung, Gehorsam gegenüber der Obrigkeit und der Verehrung der kami, verschiedener Naturgottheiten des Shinto, welche die Überlegenheit der japanischen Gesellschaft untermauern sollten. Anstatt religiöse Angelegenheiten den Tempelautoritäten zu überlassen, kontrollierte die Regierung selbst die Aktivitäten des Staats-Shintoismus und lenkte ihn sorgsam in die Richtung eines eher rassistischen Nationalbewusstseins. In diesem Zusammenhang war die Vergöttlichung des Kaisers als »lebender kami« ein kluger Schachzug der mächtigen Bürokraten und nationalistischen Militärs, die eine solche Erhöhung des Thrones benutzten, um nationalistische Leidenschaften im Volk zu entfachen. Der Kaiser, der keinerlei praktische Regierungskompetenzen besaß, war kaum mehr als eine bequeme Galionsfigur für eine kleine despotische Oligarchie. Mit dem Versuch, den Staats-Shintoismus zu verbreiten, versuchte die Regierung auch den Buddhismus zu schwächen, indem sie ihn durch eine Propagandakampagne mit dem verhassten Tokugawa-Regime in

Zusammenhang brachte. Das Ergebnis war, dass viele buddhistische Tempel zerstört oder beschädigt wurden, dass eine große Zahl von buddhistischen Mönchen und Nonnen gezwungen wurde, ein weltliches Leben aufzunehmen, und dass die buddhistischen Priester ermutigt wurden zu heiraten. Der buddhistische Klerus wurde gezwungen, Shinto-Zeremonien durchzuführen, und sah sich veranlasst, selbst die chauvinistische Gesinnung des Meiji-Regimes anzunehmen. So attackierten sowohl Shintoismus als auch Buddhismus die neuerdings wieder erlaubte christliche Religion mit der Begründung, eine Lehre, die Liebe und Vergebung propagiere, sei »von Natur aus antinational und unjapanisch«.

Anfang der 90er Jahre sah sich die Meiji-Regierung stark genug, mit den Westmächten um die Ausbeutung des chinesischen Reiches zu konkurrieren. Indem sie Streitigkeiten über den chinesischen Einfluss in Korea als Vorwand benutzte, erklärte sie im Sommer 1894 China den Krieg, und bald darauf kontrollierte es Korea und die südliche Mandschurei. Im Februar 1895 nahm die japanische Armee die Liao-tung-Halbinsel mit Port Arthur ein und zwang China zu einem Friedensschluss unter harten Bedingungen. China verlor Taiwan an Japan, aber nach einer Intervention vonseiten Deutschlands, Frankreichs und Russlands, das seine Interessen im Fernen Osten gefährdet sah, musste die Liao-tung-Halbinsel wieder an China zurückgegeben werden, das dafür dessen Südspitze mit Port Arthur an Russland verpachtete. Aber schon fünf Jahre später half Japan den Westmächten bei der Niederschlagung des Boxeraufstandes und wurde von der britischen Regierung mit einem Allianz-Vertrag belohnt. Jetzt, den Rücken von England gestärkt, fühlte sich Japan stark genug, der russischen Expansion in Korea entgegenzutreten. Innerhalb eines Jahres fügten die Japaner der russischen Armee und Flotte bei Port Arthur und Tsushima schwere Verluste zu. Das mit innenpolitischen Problemen belastete Russische Reich war gezwungen, 1905 einen Friedensvertrag zu unterzeichnen, in dem es Japan die besetzten Gebiete in der Südmandschurei mit der Liao-tung-Halbinsel und die südliche Hälfte von Sachalin abtrat.

Japans militärischer Erfolg erhob das Land in den Rang einer Großmacht. Dies führte zu einer chauvinistischen Hysterie, die den pazifistischen und von der Abstammung halb russischen, halb japanischen Mönch Nyogen Senzaki dazu zwang, seine Heimat zu verlassen und in den USA ein neues Leben zu beginnen. In seinem Geist nahm er den unauslöschlichen Eindruck der verderblichen Auswirkungen des Nationalismus und des Opportunismus mit, den das buddhistische Establishment gegenüber der staatlichen Gewalt gezeigt hatte.

Die Umstände von Nyogens Geburt und früher Kindheit sind nicht genau bekannt und haben mit der Zeit legendenhaften Charakter angenommen. Geboren wurde er von einer Japanerin im Oktober 1876 auf der sibirischen Halbinsel Kamtschatka, und er wurde entweder von ihr nach der Geburt weggegeben oder zurückgelassen, als sie bei der Geburt starb. Sein Vater blieb unbekannt, es wird aber angenommen, dass er entweder Russe oder Chinese war. Ein reisender buddhistischer Priester der japanischen Kegon-Schule entschloss sich, das Baby zu adoptieren und nach Japan mitzunehmen.

Nyogen erhielt eine erstklassige Ausbildung. Bereits im Alter von fünf Jahren studierte er die chinesischen Klassiker, und noch vor seinem achtzehnten Lebensjahr hatte er das vielbändige chinesische Tripitaka, die »Buddhistische Bibel«, zur Gänze gelesen. Er fühlte sich zur Medizin hingezogen und freute sich schon auf das Medizinstudium, als sein Adoptivvater plötzlich starb. Der Tod seines einzigen »Angehörigen« hinterließ in der Psyche des Achtzehnjährigen tiefe Spuren. Er entschloss sich auf der Stelle, dem weltlichen Leben zu entsagen und sich wie sein Adoptivvater der religiösen und ethischen Lehrtätigkeit zu widmen. Nyogen wurde von einem Shingon-Priester ordiniert, aber er war bald vom ritualisierten Formalismus des esoterischen Buddhismus enttäuscht und wechselte vom Shingon zum Zen. Ein Soto-Lehrer nahm sich des jungen Novizen an, aber auch hier blieb Nyogen nicht; er zog wieder weiter, bis er eines Tages am Tor des Engaku-ji in Kamakura auftauchte. Unter dem Eindruck seines früheren Briefwechsels mit dem dortigen jungen Abt

Shaku Soen entschloss sich der zwanzigjährige Nyogen beim Rinzai-Zen zu bleiben, in der Hoffnung, einen Blick auf seine ursprüngliche Natur zu erhaschen.

Der Abt Shaku Soen war das Zen-Wunderkind dieser Jahre. Nachdem er im unglaublich frühen Alter von 25 Jahren die dharma-Übertragung von Kosen Roshi erhalten hatte, dem bedeutendsten Zen-Meister seiner Zeit, wurde er für ein Jahr nach Tokio auf die Keio-Universität geschickt, um Buddhismus zu studieren. Angeregt durch diese neue intellektuelle Beschäftigung, entschloss er sich, einige Zeit in Südostasien zu verbringen, um sich mit dem Theravada-Buddhismus auseinanderzusetzen. Zwei Jahre nach seiner Rückkehr nach Japan wurde Shaku Soen nach dem Tod seines Lehrers Kosen Roshi mit 33, unerhört jung, als Hauptabt des Engaku-ji eingesetzt. 1893 nahm er als Repräsentant des japanischen Zen-Buddhismus am Weltparlament der Religionen in Chicago teil, wo er die Bekanntschaft amerikanischer Buddhisten machte, die ihn zehn Jahre später erneut einladen sollten.

Soen erkannte sofort die Begabung dieses »seltsamen Mönchs« und trieb Nyogen scharf an, häufig unter Verwendung der traditionell harten Methoden des Rinzai von »Stock und Schrei«, um seinen Schüler zur Selbstverwirklichung zu treiben. Nyogen erkrankte an Tuberkulose und verbrachte ein Jahr der Isolation in einer kleinen Holzhütte auf dem Gelände des Klosters. Als er seinen Tod nahen fühlte, fragte Nyogen Soen um seinen letzten Ratschlag. »Wenn du stirbst, dann stirb einfach«, war die Antwort des strengen Abtes. Aber seltsamerweise begann sich Nyogens Gesundheitszustand zu bessern, und bald darauf konnte er wieder am harten Tagesplan des Klosters teilnehmen. Während dieser Zeit schloss er Bekanntschaft mit einem jungen Laienschüler und Schützling von Shaku Soen, D. T. Suzuki. Der Abt konnte nicht ahnen, dass er unter seinem Dach die beiden künftigen Pioniere des Zen-Buddhismus im Amerika des 20. Jahrhunderts beherbergte.

Nyogen schritt in seiner Praxis weiter fort, und obwohl er nie über seine eigene kensho-Erfahrung gesprochen hat, löste er seine ersten koan während der fünf Jahre, die er im Engaku-ji verbrachte. Aber auch hier war er inmitten all des klösterlichen Zeremoniells und Rituals unzufrieden, fühlte sich durch das traditionelle Leben des buddhistischen Priesters oder Mönchs entfremdet. Als er in Büchern nach einem intellektuellen Stimulans suchte, stieß Nyogen auf die Schriften des deutschen Reformpädagogen und Gründers der Kindergartenbewegung, Friedrich Fröbel (1782–1852). Die Ideen Fröbels beeindruckten den jungen Mönch so stark, dass er sich entschloss, das Kloster zu verlassen und einen Kindergarten zu gründen, den er den »Mentorgarten« nannte. Im Glauben an die natürliche Kraft der Kinder hatte er die Vision, er könne sie anleiten und beobachten und ihnen helfen, von der Natur zu lernen ohne religiöse Belehrung oder Zeremonien. Später dehnte er dieses Konzept des Mentorgartens aus auf seine kleinen Zen-Zentren in San Francisco und Los Angeles.

Ich prägte den Ausdruck »Mentorgarten«, da ich mir vorstellte, die ganze Welt sei ein herrlicher Garten, in dem alle Freunde in Frieden zusammenkommen und einander Mentoren sein könnten. Dabei wählte ich bewusst die deutsche Form »Garten« statt der englischen Form »garden«, da ich Fröbels Theorien über den Kindergarten sehr schätzte und mir vorstellte, dass wir alle Kinder Buddhas seien ... Genau wie in einem Kindergarten hatten wir keinen Lehrer, sondern unterstützten einander und taten unser Bestes, um uns auf natürliche Weise zu entfalten. Und ähnlich einer Kindergärtnerin spielte ich manchmal den Gärtner und übernahm die verschiedensten Arbeiten, vergaß dabei aber nie, dass ich selbst auch eine Blume in diesem Garten war, und mischte mich unter alte und neue Freunde ... Im Mentorgarten war ich immer glücklich, warum sollte ich es also nicht auch in Zukunft sein?
Dies ist der Geist der sangha im Urbuddhismus, nein, nicht nur im Urbuddhismus, sondern auch im modernen Buddhismus, vorausgesetzt, er ist echt.

Nach fünf Jahren im Engaku-ji fragte Nyogen 1901 Shaku Soen um Erlaubnis, das Kloster zu verlassen, um sich der Gründung eines Kindergartens widmen zu können. Soen entschloss sich, den »verrückten Mönch« gehen zu lassen, und gab ihm einen Brief mit auf den Weg:

Bruder Nyogen versucht es, das Leben eines bhikkhu zu leben nach der Lehre Buddhas, nicht sektiererisch, ohne eine Beziehung zu einem Tempel oder einer Hauptniederlassung; deshalb ist er ohne persönlichen Besitz, will in der Priesterschaft keinen Rang einnehmen und verbirgt sich vor jedem geräuschvollen Ansehen und Ruhm. Aber er hält die vier Gelübde – und sie sind größer als der weltliche Ehrgeiz, die Schätze des dharma erhabener als jeder Rang und die liebende Güte wertvoller als Tempelschätze. Er geht aus meinem Kloster fort, und jetzt durchwandert er die Welt, da trifft er sich mit jungen Menschen, ist verbunden mit ihren Familien und macht die Religion, die Erziehung, die Ethik und die Kultur zu Stufen, um die höchste Stufe zu erklimmen. Er ist in seinem Wesen noch weit entfernt von dem »Bodhisattva, der es niemals verschmähte«, aber ich betrachte ihn als einen Soldaten im Kreuzzuge, der das friedvolle Buddha-Land für die ganze Menschheit und alle fühlenden Wesen wiederherstellen will. Jeder Schritt auf dem Wege der Nachfolge ist ein Erfolg für ihn in diesem endlosen Werke. Jetzt und hier wünsche ich ihm Glück.

Und genau das war es, was Nyogen sich vorgenommen hatte. Entschlossen, den Kindern die Liebe und Fürsorge zu vermitteln, die er von seinem Pflegevater empfangen hatte, begann er mit einer Kindergartengruppe von 20 bis 30 Kindern. Jeden Morgen vor dem Öffnen saß er zazen; dann verbrachte er den Rest des Tages mit den Kindern und lenkte ihre Aufmerksamkeit auf den Sonnenaufgang oder -untergang, auf verschieden gefärbte Blätter oder auf den Gesang der Vögel.

Aber 1905 ließ ihm die immer schriller werdende Stimme des japanischen Nationalismus keine andere Möglichkeit, als das Land zu verlassen. Geboren in Russland, möglicherweise selbst mit einem Anteil russischen Bluts, ergriff Nyogen mit Erleichterung die Gelegenheit, Shaku Soen nach San Francisco zu begleiten, wohin der berühmte Abt eingeladen worden war, um Freunde zu besuchen und Vorträge über Buddhismus und Zen zu halten. Die USA schienen dem nun fast dreißigjährigen Nyogen Senzaki ein vielversprechendes Land zu sein. Seine Abneigung gegen den wuchernden Nationalismus und die institutionalisierte Religion, die er »Kirchen-Zen« nannte, nährten in ihm die Idee, nicht mehr nach Japan zurückzukehren. Shaku Soen muss seine Gedanken gespürt haben. Er nahm ihn mit auf einem Weg durch den Golden Gate Park, stellte Nyogens Koffer auf den Boden [2] und sagte zu ihm: »Blicke dieser großen Stadt ins Antlitz und sieh zu, ob sie dich erobert oder ob du sie eroberst. Fühle dich nicht länger verpflichtet, mir zur Seite zu stehen.« Mit einem Abschiedswort auf den Lippen verschwand Soen im Abenddunst und ließ seinen Schüler zurück, den er nie wiedersehen sollte. Der Meister gab Nyogen nie eine formale Übertragung, und es ist nicht sicher, ob er ihm eine Lehrerlaubnis erteilte. Es scheint, dass er Nyogen eine Reifezeit von mindestens zwanzig Jahren vorschrieb; erst dann sollte dieser als Zen-Lehrer im Westen wirken können. Nyogen hatte sein Ziel erreicht; er würde für den Rest seines Lebens in den Vereinigten Staaten bleiben und nur noch einmal kurz in sein Heimatland zurückkehren, um 1955 seinen Freund Nakagawa Soen Roshi zu besuchen.

Nyogen ließ sich durch die neuen Lebensumstände nicht entmutigen, er nahm alle Arten von Beschäftigungen an, um seinen Lebensunterhalt zu sichern. Er war Hausdiener, Koch, Liftboy, Verkäufer und Hotelmanager und konnte 1916 sogar ein eigenes Lokal erwerben, gab es aber nach kurzer Zeit wieder auf, weil er sich »in der Rolle des Chefs« unwohl fühlte. Als Nyogen 1919 die Botschaft erhielt, dass Shaku Soen im Alter von 60 Jahren gestorben war, zündete er Räucherwerk an und gelobte, den Todestag seines Lehrers alljährlich als Gedenktag zu begehen. Seit seiner Ankunft in den Vereinigten Staaten hatte er Englisch gelernt und war ein häufiger Besucher der öffentlichen Bibliothek in San Francisco, wo er stundenlang saß und die Bücher von Autoren wie Ralph Waldo Emerson und William James verschlang. Besonders angetan war er von der deutschen Kultur, und er bezog sich häufig auf die großen deutschen

Philosophen wie z. B. Immanuel Kant, den er als »wahren Riesen« bezeichnete, der, wie alle Menschen, »hie und da einen kräftigen Tritt in den Hintern« brauche.

Im Alter von 46, siebzehn Jahre nach seiner Ankunft in den Vereinigten Staaten, nahm er 1922 seine Ersparnisse zusammen und mietete eine Halle, wo er einen Vortrag hielt über »Die ersten Schritte in der Meditation«. Das machte er einige Male, und nach fünf Jahren hatte er eine »Freischwebende Zendo«[3] begründet, das in den buddhistischen Kreisen San Franciscos bald einen guten Ruf genoss. Nyogen hatte ein 600 Jahre altes Bild des Manjusri Bodhisattva, der »alle Verblendungen durchschneidet«, aus Japan mitgebracht, und er machte seine zendo auf, wo und wann immer er sich die Miete für einen Raum leisten konnte. In dieser Atmosphäre der Unbeständigkeit blühte er auf und betonte immer wieder die Bedeutung der »wahren Hauslosigkeit« für den unkonventionellen Zen-Übenden im Alltag. Schon sein Name Nyogen, der »wie ein Traum« bedeutet, war ein treffendes Synonym für das Zen eines hauslosen Wanderers. Mit Hilfe seiner neuen Schüler und Freunde konnte er eine Wohnung in der Bush Street mieten, jener Straße, in der sich später auch das erste Zen-Zentrum in San Francisco befinden sollte.[4] Obwohl er einmal den japanischen Meister Gyodo Fujikawa Roshi zu einem kurzen Aufenthalt in San Francisco einlud, erkannte Nyogen bald, dass die kulturelle Kluft zwischen dem formalen japanischen »Kirchen-Zen« und seinem eigenen anti-hierarchischen und informellen »Mentorgarten-Zen« zu groß geworden war, um jemals wieder überbrückt werden zu können.

In den frühen 30er Jahren wechselte Nyogen nach Los Angeles und lebte auch dort das einfache Leben eines Wanderers »ohne überschüssiges Essen oder Geld, ruhig schlafend, ohne Sorgen und ohne Besitztümer«. Bald konnte er eine Wohnung mieten (im lautesten, schmutzigsten und billigsten Viertel der Stadt) und machte sich langsam mit der japanischen Gemeinde bekannt. Er hielt weiter Vorlesungen, gab Meditationskurse und lebte von den Dollarnoten, die seine Schüler bei ihm zurückließen. 1932 schloss er Bekanntschaft mit Frau Kin Tanahashi, einer kleinen Geschäftsfrau, die ihm Kost und Logis anbot im Austausch für die Sorge um ihren geistig zurückgebliebenen Sohn Jimmy. Nyogen, der »Mentorgärtner«, freundete sich mit dem Zwölfjährigen an, der seine Freundschaft dadurch vergalt, dass er die erste Zeile der vier Bodhisattva-Gelübde auswendig lernte: »Shu jo mu hen sei gan do« (»Die Zahl der Wesen ist unermesslich; ich gelobe, sie alle zu retten«). Das waren einige der wenigen Worte, die Jimmy Tanahashi in seinem Leben zu sprechen lernen sollte.

Frau Tanahashi lenkte Nyogens Aufmerksamkeit auf die Gedichte eines jungen japanischen Zen-Mönchs namens Nakagawa Soen, die in einem japanischen Literaturmagazin erschienen waren. Die beiden Männer begannen einen Briefwechsel und beschlossen, einander eines Tages zu treffen. Im nächsten Kapitel dieses Buches folgt eine Beschreibung des Treffens von Nyogen Senzaki und Nakagawa Soen Roshi.

Nyogen verbrachte die 30er Jahre größtenteils mit dem Aufbau seiner Mentorgarten-Meditationshalle. Er verwendete einfache Stühle statt traditioneller japanischer zafu und passte das Niveau seiner Belehrungen den Fähigkeiten seiner Schüler an. Jeden Institutionalismus vermeidend, vermittelte der Mentorgarten den Besuchern die Möglichkeit, die Grundlagen von zazen, Mahayana-Buddhismus und japanischer Kunst und Kultur kennenzulernen. Allwöchentlich hielt er Vorlesungen und lud die Schüler ein, ihn privat zu informellen Gesprächen aufzusuchen. Nyogens sangha wuchs stetig, und mit der großzügigen Hilfe von Frau Tanahashi kaufte er passendes Mobiliar und richtete eine kleine Bibliothek ein.

1942 kam es zu einem Bruch in Nyogen Senzakis Bemühungen. Der Beginn des Zweiten Weltkriegs und die darauffolgende antijapanische Hysterie führten zu Präsident Roosevelts »Verwaltungsanweisung Nr. 9066«, in der die Internierung sowohl der japanischen Staatsbürger als auch der eingebürgerten Japaner bestimmt wurde. Senzaki und seine japanische Gemeinschaft wurden ins Heart Mountain Relocation Camp in Wyoming gebracht. Nun erwies sich ihr Zen-Training im »Mentorgarten« als hilfreich. Sie machten das Beste aus ihrer Situation, saßen zazen zusammen, rezitierten Sutras und verbrachten viele Stunden damit,

Nyogen bei der Auslegung des Buddha-dharma zuzuhören. Ruth Strout McCandlesss, eine vertraute Freundin in Los Angeles, kümmerte sich um Nyogens Bibliothek, blieb mit dem mittlerweile beinahe Siebzigjährigen in Verbindung und sandte ihm auf seine Bitte hin Bücher zu. Die drei Jahre der Internierung gaben Nyogen Zeit und Gelegenheit, weiterhin an Vorträgen zu arbeiten. Jeden Monat schickte er einen davon nach Los Angeles, wo er einen Freund damit beauftragt hatte, die wöchentlichen Treffen zu organisieren.

Als er 1945 zurückkehrte, zog er in ein kleines Apartment im Dachgeschoss des Miyako-Hotels. Der Eigentümer, ein ehemaliger Mitinternierter, war von Nyogen so beeindruckt, dass er ihm die Wohnung kostenlos überließ, damit dieser seiner dharma-Tätigkeit weiter nachgehen könnte. Die folgenden dreizehn Jahre bis zu seinem Tod im Alter von 82 Jahren waren die produktivsten in seinem Leben. Viele amerikanische Studenten drängten sich in seinem Raum, um zazen zu machen und zweimal wöchentlich einen Vortrag zu hören. Unter ihnen war Robert Aitken, der im Dezember 1947 auftauchte und bald einer der hingebungsvollsten Schüler wurde. Drei Jahre später verabschiedete sich Aitken für seinen ersten Aufenthalt als Zen-Schüler in Japan, um später als einer der ersten Amerikaner wieder zurückzukehren, der die dharma-Übertragung und den Titel roshi empfangen hatte.

In diesen letzten Jahren seines Lebens berührte und bereicherte Nyogen das Leben vieler Menschen, die später das dharma in den USA verbreiteten. 1949 traf er endlich seinen langjährigen Briefpartner Nakagawa Soen, der gerade Abt des Ryutaku-ji in Mishima werden sollte. Nyogen war von Soen tief beeindruckt und sah in ihm einen möglichen Nachfolger im Westen. »Eines Tages wird der Mentorgarten verschwinden«, sagte er zu Robert Aitken, »aber Soen-san wird einen großen Tempel in den Vereinigten Staaten errichten, und das dharma wird blühen.« Sein Traum sollte sich nicht erfüllen, denn Soens Pflichten als Abt eines japanischen Klosters erlaubten ihm zwar häufige Besuche in den USA, aber keinen dauerhaften Aufenthalt.

1955, im Alter von 79 Jahren, nahm Nyogen eine Einladung Soens nach Japan an. Obwohl er die meiste Zeit im Ryutaku-ji verbrachte, reiste er auch nach Kamakura, um das Grab seines geliebten Lehrers Shaku Soen zu besuchen, von dem er sich genau 50 Jahre vorher in San Francisco verabschiedet hatte. Es war ein bewegender Augenblick für den alten Mönch, der getreu seinem Gelöbnis jedes Jahr den Todestag seines Lehrers feierlich begangen hatte. Während seines Aufenthalts in Japan wurde er häufig von Gefühlen überwältigt, die ihn nach einem halben Jahrhundert in Amerika immer noch mit seinem Heimatland verbanden. Für die Mönche im Ryutaku-ji war der silberhaarige alte Mann mit dem mächtigen Brustkorb eine seltsame Erscheinung, aber sie alle waren gerührt von seinem Abschiedsvortrag.

Nachdem er in die USA zurückgekehrt war, verbrachte Nyogen seine drei letzten Jahre in der Wohnung, die Frau Tanahashi für ihn im östlichen Los Angeles gemietet hatte. Er fuhr bis zum Ende fort, Schüler zu empfangen, und verlor dabei nie seine optimistische, sachbezogene Art. Anstatt ein traditionelles japanisches Todesgedicht zu schreiben, erwies sich Nyogen als wahres Kind des 20. Jahrhunderts – er sprach seine letzten Worte auf Band:

> *Freunde im dharma, begnügt euch mit eurem eigenen Kopf.*
> *Stülpt euch nicht fremde Köpfe über eure eigenen. Und dann,*
> *wacht genau über eure Schritte, Minute für Minute. Haltet*
> *euren Kopf kühl und eure Füße warm. Dies sind meine letzten*
> *Worte an euch … Das Begräbnis muss auf die einfachste Art*
> *und Weise vollzogen werden. Ein paar Freunde, die in der Nähe*
> *wohnen, mögen ihm still beiwohnen. Diejenigen, die wissen,*
> *wie man ein Sutra rezitiert, mögen leise das kürzeste sprechen.*
> *Das ist genug. Fragt keinen Priester oder sonst jemand, der*
> *eine lange Feier und Ansprache hält und die anderen zum*
> *Gähnen bringt … Erinnert euch meiner als eines Mönches*
> *und nichts sonst. Ich gehöre zu keiner Sekte oder Kirche.*
> *Keine von denen soll mir einen höheren geistlichen Rang*
> *oder sonst etwas dieser Art verleihen. Ich möchte frei sein*
> *von solchem Plunder und glücklich sterben.*

Der Mönch Nyogen Senzaki starb am 7. Mai 1958. Das Begräbnis fand so statt, wie er es sich gewünscht hatte. Nur die »paar Freunde, die in der Nähe wohnen« füllten die Halle des Krematoriums und die Seitenräume bis zum letzten Zentimeter. Seine Asche wurde aufgeteilt und in Hawaii, Japan, Kalifornien und New York beigesetzt.

Es ist nicht leicht, Nyogen Senzakis Lehre einzuordnen. Er lehrte vor allem durch sein eigenes Beispiel und war sich selbst völlig bewusst, dass er in einem selbstgewählten fremden Land der erste Zen-Lehrer war. Er verwendete die drei Elemente aller Rinzai-Lehrer – Vorträge, zazen und Einzelgespräche –, um »das Zen von Shaku Soen« weiterzugeben.

Sowohl extrem praktisch als auch äußerst bescheiden, vermochte es Nyogen, die schwierigsten und theoretischsten buddhistischen Konzepte dem Vorstellungsvermögen seines Publikums anzupassen. Er hatte immer irgendeine Zen-Geschichte oder ein konkretes Beispiel bei der Hand, um sich verständlich zu machen. Umfassend belesen und wohlvertraut auch mit dem kulturellen Hintergrund seiner westlichen Hörer, konnte er die Aufmerksamkeit seiner Schüler immer wieder auf gemeinsame Bezugspunkte lenken. Die Themen seiner Vorträge waren weit gespannt, behandelten aber meist grundlegende Zen-buddhistische Begriffe wie zazen, satori, karma, sangha, dharma u. ä. Nyogen betonte häufig, dass Zen weder eine auf Glauben basierende Religion sei noch eine Art spekulativer Philosophie. »Es ist nicht genug«, sagte er, »den Leuten zu erzählen, dass es möglich ist, zum Buddha zu werden. Was Zen tatsächlich tut, ist Buddhas zu produzieren ... Zen ist etwas, das erfahren werden muss und nicht erklärt. Wissenschaftliche Erkenntnis wird erlangt und entwickelt durch logische Schlüsse; aber Zen basiert einzig auf Intuition und hat eine so umständliche Methode nicht nötig. Zen ist die Verwirklichung des selbstlosen Lebens.«

Es gab für ihn nichts Wunderbares rund um Zen und Erleuchtung, niemand sollte erwarten als Person mit übernatürlichen Gaben daraus aufzutauchen. Er zog her über die »indischen Fakire«, wie er sie nannte, die in den Westen gekommen waren und alle Arten von Wundern vollbrachten.

Einige Amerikaner zahlen kräftig, um verschiedene Methoden der Meditation von sogenannten indischen Lehrern zu lernen. Manche von ihnen geben ihrem eigenen Körper irgendeinen imaginären Namen und glauben, dass jeder Teil ihres Körpers sich mit jeder Meditation entwickelt, bis Kundalini, die höchste Stufe, erreicht ist. Das ist wie das Legen einer guten Patience. Du kannst das allein spielen, solange du willst.
Deine Körperorgane, der Magen etc. werden trotz ihrer neuen Namen normal weiterarbeiten. Auch dein Ehegatte wird von der Arbeit ganz normal heimkommen. Wenn du nicht das Essen für euch vorbereitest, Meditation hin oder her, wird dir ein »Kick« der einen oder anderen Art nicht erspart bleiben.

Nach Nyogen Senzaki gab es keine Möglichkeit, karma, das Gesetz von Ursache und Wirkung, zu umgehen. Selbst das Lösen von tausend koan würde »nicht eine Blondine in eine Brünette verwandeln«. Die wahre Lehre des Zen sah er darin, dass jeder Bestandteil der phänomenalen Welt den Glanz des Noumenalen, der sunyata, manifestiere; jeder auf seine eigene naturgegebene Art und Weise. Wer übernatürliche Kräfte zu erlangen wünsche, solle besser mit der Übung des Zen aufhören, denn sie sei dann nur eine Verschwendung von Zeit und Mühe. »Seht mich an«, pflegte er zu sagen, »ich studiere und praktiziere Zen seit über vierzig Jahren, und doch kann ich nicht mit dem kleinsten Wunder aufwarten!«

Nyogen war der Meinung, dass religiöse Institutionen und Sekten daran interessiert seien, diesen »Mythos der Besonderheit« zu verewigen, um Macht auszuüben und das Verhalten der einfachen Leute zu kontrollieren. In Japan, besonders in den Jahren unmittelbar vor dem russisch-japanischen Krieg, hatte er mitansehen müssen, wie Staatsshintoismus und Buddhismus missbraucht worden waren, die religiösen Leidenschaften der Menschen für das Geschäft mit Tod und Zerstörung zu entfachen. Er hatte sich entschlossen, nie einer Sekte »anzugehören« oder sich abhängig zu machen von irgendeiner religiösen Institution. Keine Religion konnte jemals für sich beanspruchen, die Wahrheit zu besitzen; alle waren wie Blumen in einem Garten und manifestierten einen besonderen Aspekt der menschlichen Erfahrung. Im Kommentar zu einem koan, dessen zentrales Bild der Ozean war, sagte er: »Wenn irgendjemand sich närrischerweise vom Rest der Welt abgrenzt und glaubt, dass er allein die rechte Ansicht von ›Wasser‹ hat, wer würde ihn nicht bedauern wegen seiner Ignoranz? Es gibt viele Schulen, Klöster und Sekten, und jede betrachtet ihre eigene Lehre eher als einen See statt als Bucht, und sie vergessen dabei den Zugang zum Ozean des dharma, der universellen Wahrheit.«

Sektiererische Aktivitäten waren diesem unkonventionellen Mönch ein Gräuel, besonders wenn sie zu »heiligen Lehren« erhoben wurden, überliefert zur »Erlösung der Menschheit«. »Zen-Lehrer leben in dieser Welt, um Lasten von den Schultern ihrer Schüler zu nehmen«, beharrte er, »und nicht um interessante Berichte und romantische Anekdoten zu hinterlassen!« Nach seinen Vorträgen drängte er seine Zuhörer immer, »alles zu vergessen, was ich gesagt habe«, und ihren eigenen inneren »Führer« zu finden. Es gehe darum, einfach und mitfühlend und immer auf das Wohl der anderen bedacht zu sein.

Als mein Meister noch lebte, bat ich ihn, mich mit jedem offiziellen Rang und Titel unserer Kirche zu verschonen und mir zu gestatten, frei zu sein und in die Welt hinauszuziehen. Ich will nicht »Hochwürden« oder »Bischof« genannt werden und auch sonst keinen Titel unserer Kirche tragen. Ein Mitglied der großen amerikanischen Nation zu sein und jeden Lebensabschnitt so zu leben, wie es mir gefällt, finde ich ehrenvoll genug. Ich will ein amerikanischer Hotei sein, ein fröhlich herumwandernder Japs.

Nyogens Kleidung war immer schäbig und zerknittert; für rituelle Anlässe trug er einfach eine Robe über seinem Straßenanzug. Sobald ihm jemand Geld zusteckte, verwendete er es entweder zur Begleichung der Miete eines seiner verschiedenen »Floating Zendos« oder er legte es auf die Seite, um Frau Tanahashi »ihre Freundlichkeit zu vergelten«. Im Geiste eines echten Mahayana-Buddhisten, eines Bodhisattva, der das Wohlergehen der anderen im Sinn hat, wurde er nie müde, seine Schüler zu erinnern, dass sein »Mentorgarten«-Zen nichts anderes lehre, als »sich selbst zu besänftigen und seinen Atem zu beruhigen, bis du zu den anderen wirst und die anderen zu dir«. Im Gegensatz zum Gedanken des Gradualismus im Soto-Zen ging Senzaki von der Möglichkeit der Selbst-Verwirklichung im Hier und Jetzt aus, ohne jedes Denken an ein Ziel oder einen Endzustand. »Es gibt keine Abstufung im Zen [mu-i]. Jeder von uns legt das Gelöbnis ab, alle fühlenden Wesen zu erleuchten, und weil diese zahllos sind, ist unser Gelöbnis endlos. Von Ewigkeit zu Ewigkeit arbeiten Buddhisten daran, andere zu erleuchten, alle für einen und einer für alle.«

Als Übungsmethode betonte Nyogen die Wichtigkeit der Meditation unter der Anleitung eines guten Lehrers. Er ließ die Leute nur Sitzrunden zu einer Viertelstunde auf einem Stuhl sitzen, aber er lehrte seine Schüler »den Atem zu beruhigen und an ihrem koan zu arbeiten.« Wieder einmal passte er die Methode den Bedürfnissen und Fähigkeiten seiner Schüler an und unternahm es sogar manchmal, traditionelle koan zu verändern oder neue zu kreieren, die seiner Meinung nach der amerikanischen sangha angemessener waren. Er schätzte die Tradition der christlichen Mystik sehr hoch, besonders ihrer deutschen Vertreter wie Johannes Tauler oder Richard v. St. Victor. Auf einen berühmten Ausspruch Meister Eckharts hinweisend, schuf er den koan »Das Auge, mit dem ich Gott sehe, ist genau das Auge, mit dem Gott mich sieht. Zeig mir dieses Auge!« Andere seiner koan lauteten: »Nachdem du dein Haus betreten hast, lass dein Haus dich betreten!« oder: »Du und ich, wir haben einander schon vor vielen Millionen Jahren getroffen. Jetzt sage mir, wo wir uns getroffen haben!«

Das wahre Objekt des zazen war nach Senzaki nicht, irgendein »Objekt« zu haben. In dieser Praxis des Nondualismus galt es, sich nur der gerade anstehenden Aufgabe zu widmen, ob das jetzt das Zählen der Atemzüge war oder die Arbeit an einem koan. Satori war nicht eine bloße Verneinung, sondern ein Loslassen aller Anhaftungen, selbst der Anhaftung an die »Verneinung« oder an die Erfahrung der sunyata. »Zeichne kein Bild des ewigen Buddha auf die Tafel deines dualistischen Geistes«, warnte er, »schau auf die Welt, und du wirst ein Meer von Buddhas rund um dich entdecken.« Er sprach seine Zuhörer und Schüler immer als »Mitschüler« oder »Bodhisattvas« an und wies so mit großem Nachdruck darauf hin, dass jeder bereits ein Bodhisattva war, bereit, diese Tatsache zu erkennen und loszuziehen, um anderen zu helfen. In seinem kompromisslosen Nondualismus weigerte er sich einfach, zwischen »Zen-Tätigkeiten« und »gewöhnlichen Alltagshandlungen« einen Trennstrich zu ziehen.

> *Ich gehe keiner so komischen Tätigkeit nach wie dem Predigen von Zen. Was immer ich sage, es ist vorbei, bevor ihr es aufgenommen habt. Ihr habt nur mein Gähnen und Husten wahrgenommen ... Wenn ich euch eine Schale Tee anbiete und sage: »Das ist ein Symbol des Zen«, würde keiner von euch Zen-Schülern des Mentorgartens ein so lauwarmes Getränk genießen wollen.*

Nyogens Zen betont, ebenso wie Bankeis Lehre vom Ungeborenen im Hier und Jetzt, das Zutagetreten des Zen-Geistes im Alltag, ungehindert von Gedanken wie »Besonderheit« oder »religiöses Handeln«. Es ist der Geist des gegenwärtigen Augenblicks, der sich in den zahllosen Dingen des Universums manifestiert.

> *Was ist das für ein Geist, der den Mond erkennt? Zen hat eine einfache Antwort auf diese Frage. In dem Augenblick, in dem du diese Frage formulierst, kommst du schon um eine Sekunde zu spät. Wenn du die Frage denkst, ist es zu spät, eine Antwort zu finden. Wenn du andererseits nichts denkst und sagst, bist du zu früh dran. Was also kannst du tun?*

Er liebte seine Unabhängigkeit, das Leben eines »wahren Menschen ohne Rang«, und wurde nicht müde, die Wichtigkeit dessen zu lehren, was er »freier Geist« nannte. Es war unumgänglich, eine selbstbewusste Person zu werden, die lernt, »auf eigenen Füßen zu stehen«. Er ermutigte seine Zuhörer immer wieder zu Fragen und wies auf die Stärke hin, die in jeder Person liegt, unabhängig von Begabung, äußerer Erscheinung oder Geistesschärfe.

> *Buddhismus unterstützt die Unabhängigkeit des Denkens. Buddha begründete eine Religion, die das freie Denken ermutigt, anstatt den Geist dazu zu zwingen, sich innerhalb eines eng begrenzten Glaubensbekenntnisses zu tummeln. Das vom Buddha formulierte System erklärte die Kausalkette der Dinge und gab neue und überraschende Antwort auf das Rätsel von Leben und Tod. Das Leben ist nicht länger ein verblüffendes Geheimnis, sondern wird zu einem wunderbaren Geschenk, dem jeder Mensch für sich selbst nach seinem Willen Gestalt verleihen kann. Er kann sein Leben durch falsches Handeln verpfuschen oder es zu einem gelungenen Werk machen. Der Mensch ist Meister seiner selbst und seines Schicksals. Er hält den Schlüssel zum Mysterium des Lebens selbst in der Hand.* [5]

In Verbindung mit Güte ist dieses Selbstbewusstsein das Wahrzeichen einer reifen Zen-Persönlichkeit. Nyogen vergaß nie, die Wichtigkeit der »ganzen Person jenseits der Geschlechtszugehörigkeit« zu betonen, einer Person, die gelernt hat, ihre männlichen Qualitäten ebenso zu verwirklichen wie ihre weiblichen. Da Nyogen nie die Zärtlichkeit der Mutterliebe erfahren hatte, entwickelte er diese erfolgreich in sich selbst. Ebenso wie Ikkyu liebte er Kinder. Er verwarf die Idee, dass Disziplin, Bestrafung und harte Worte der richtige Weg zur Jugenderziehung seien; an deren Stelle schenkte er Liebe und lehrte mit jener respektvollen Nachsicht, die auf eine Förderung des anderen abzielt, und zwar durch Interaktion statt der üblichen Erwachsenen-Kind-Einbahnstraße. Nyogen hatte immer neue Geschichten auf Lager aus jener Zeit, in der er als junger Mönch einen Kindergarten leitete und sich selbst in den Begeisterungsschreien und wilden Spielen der Kinder völlig vergessen konnte. Diese Zeit sah er als die glücklichste in seinem Leben an.

Als ich in Japan ein junger Mönch war und einem Kindergarten vorstand, pflegte ich mit den Kindern zu spielen und mich bei »Kämpfen« mit ihnen absichtlich besiegen zu lassen. Ich hatte nicht den Wunsch, sie zu betrügen, ich genoss es einfach, besiegt zu werden, um die Kinder zu ermutigen.

Nyogen Senzaki hegte die größten Hoffnungen für die Entwicklung der Zen-Praxis in Amerika. Er hatte die Schriften der wichtigsten amerikanischen Philosophen und Erzieher gelesen und sich gründlich mit der amerikanischen Kultur bekanntgemacht. Deren Säkularismus fand er seinem eigenen Antiklerikalismus sehr verwandt, und er bewunderte amerikanische Freigeister wie Thomas Paine, Ralph Waldo Emerson und William James.[6] Letzterer war ein ganz spezieller Favorit des alten Mönchs; er nannte James' pragmatische Philosophie »das Evangelium der Kraft«. Seiner Meinung nach hatten Zen und der amerikanische Pragmatismus vieles gemeinsam, denn nur das alltägliche, praktische Leben konnte das Wunder offenbaren, das darin liegt, am Morgen Cornflakes zu essen und den Bus zum Arbeitsplatz zu erreichen. Amerikaner waren für ihn aufgrund der Ideale von Freiheit und Gleichheit geradezu »natürliche Zen-Übende«. Darüber hinaus sah Nyogen acht Aspekte des amerikanischen Lebens und Charakters, die das Land zu einem fruchtbaren Boden für Zen machen sollten:

1) Amerikanische Philosophie ist praktisch.
2) Das Leben in Amerika hängt nicht an Formalitäten.
3) Die Mehrheit der Amerikaner sind Optimisten.
4) Amerikaner lieben die Natur.
5) Durch ihre praktische Veranlagung sind sie für ein einfaches Leben geeignet.
6) Amerikaner sind der Meinung, dass wahres Glück in der Brüderlichkeit aller liegt.
7) Der amerikanische Ethikbegriff wurzelt in der Moralität des Einzelnen.
8) Amerikaner denken rational.

Diese Beschreibung des amerikanischen Nationalcharakters mag heute so nicht mehr zutreffen, aber Nyogens Betonung des amerikanischen Pragmatismus ist sicherlich auch gegenwärtig noch gültig. »Amerikanischer Pragmatismus« – darauf versteifte er sich – »ist nur ein anderer Name für eine Manifestation des zündenden Funkens von Zen in der wirklichen Welt des Alltags.«

Mit dem gleichen Nachdruck, mit dem er die amerikanische Kultur als »ideal« für die Entwicklung des Zen verteidigte, pflegte er das formalisierte japanische »Kirchen-Zen« »als hohl, tot und bedeutungslos« zu verurteilen. Er war Zeuge der »Shintoisierung« des Buddhismus[7] und des Anhaftens des buddhistischen Klerus an seinem sozialen Status statt an den Lehren des Buddha. Diese Phänomene waren für ihn Anlass zu harscher und unerbittlicher Kritik. Nyogen sagte: »Es ist eine Schande, dass Zen in Japan Verbindungen zu Kirchen und Kathedralen hat. Genau genommen stehen die in jeder Beziehung im Gegensatz zu Zen. Im Zen sollte es keine Bischöfe und Erzbischöfe[8] geben. Die tragen alle unhandliche alte Stöcke mit sich herum, die nie dazu gebraucht worden sind, einen Berg zu besteigen ... Diese Priester ... imitieren damit alte Zen-Symbole, aber sie haben kein Zen.«

In seiner Trauer um das »Ende des Zen« in Japan und zum Lob seines verstorbenen Lehrers Shaku Soen schrieb Nyogen an einem Neujahrstag ein chinesisches Gedicht:

Hunderttausend Bonzen sind mit Sake getränkt an
diesem Neujahrstag in Japan.
Nur Bruder Soen ist nüchtern, nichts kann ihn in
Versuchung führen.
Ich stelle eine Lampe auf mein Fensterbrett und sehne
mich nach ihm von diesem Meeresufer aus.
Er muss sehr glücklich sein, wenn die Pflaumenblüten
den nahenden Frühling künden!

Nyogens Zen war der stille Strom, der das Leben vieler Übender in den USA ebenso wie in Japan anrührte und ihnen half, die authentische Praxis in neuem Boden wurzeln zu lassen. Wie Robert Aitken aufgezeigt hat, gibt es von Senzakis »Mentorgarten-Zen« viele Ableger. Nach dem Tode Nyogens hat Nakagawa Soen Roshi viele Schüler des »Mentorgartens« selbst angenommen oder ihnen nahegelegt, ihr Training mit ähnlich pro-westlich eingestellten Lehrern fortzusetzen wie Hakuun Yasutani Roshi oder Yamada Koun Roshi. Die Diamond Sangha in Hawaii, das Zen Center von Los Angeles und die Zen Studies Society in New York können ihre Tradition auf die unermüdlichen Bemühungen von Nyogen Senzaki zurückführen. Er hat nie beansprucht, ein »Gründer«, »Patriarch« oder ein »Ehrwürdiger Lehrer« zu sein. Alles, was er wollte, war, jedem an Zen Interessierten eine Gelegenheit zur Praxis zu bieten. Wenn seine Gäste meditieren wollten, zeigte er ihnen, wie. Wenn sie die Schriften studieren wollten, war er ihnen behilflich. Wenn sie Zuflucht nehmen oder Gelöbnisse ablegen wollten, vollzog er mit ihnen eine jukai-Zeremonie. Wie ein Speicher voller alter, ehrwürdiger Schätze, der sich von selbst öffnet, war Nyogen einfach »immer da«. Fasziniert von der Einfachheit und funktionellen Schönheit der Pflanzen, liebte er es, sich selbst mit einem »heimatlosen Pilz« zu vergleichen. In einem Absatz hat er seine ganze Lehre zusammengefasst:

Das Ideal meines Lebens wäre, ein zweckloser Pilz zu werden, ohne schöne Blüten oder lästige Stängel und Blätter. Wenn ihr anfangt, mich zu sehr zu mögen, werde ich verschwinden. Ich bin nicht so wie manche anderen, die sich religiös beschäftigen, Berichte an vorgesetzte Dienststellen und Mitarbeiter verfassen und sich zugutehalten, wie hervorragend sie ihre Arbeit machen. Tatsächlich habe ich keine Kirche, zu der ich gehöre, und ich habe niemand, der mit mir arbeitet, denn die Arbeit des Zen ist Nicht-Arbeit.

---

1) Bei dieser Gelegenheit trat der spätere Sieger der Seeschlacht von Tsushima, Togo Heihatiro, als junger Freiwilliger erstmals in Erscheinung.

2) Vgl. die Szene im Plattform-Sutra, wo der 5. Patriarch Hung-jen seinen Nachfolger Hui-neng über den Fluss rudert.

3) Eine »Floating Zendo« existierte noch bis Anfang der 90er Jahre in San Francisco in der 44th Avenue; dort wurde die Zeitschrift »The Zen Freethinker« herausgegeben, die sich auf die Tradition von D.T. Suzuki, Alan Watts und Nyogen Senzaki berief.

4) 1962 war das »Zen Center« von Shunryu Suzuki Roshi in den Räumen von Sokoji.

5) Vgl. die Rede Krishnamurtis anlässlich der Auflösung des »Sternenordens« (03.08.1929): »Die Wirklichkeit, grenzenlos, nicht-bedingt, unerreichbar durch welchen Weg auch immer, kann nicht organisiert werden, noch sollte irgendeine Organisation gebildet werden, um Menschen auf einem bestimmten Weg zu leiten und zu führen. Wenn du das einmal verstanden hast, wirst du sehen, wie unmöglich es ist, eine religiöse Überzeugung zu organisieren. Eine religiöse Überzeugung ist eine ausschließlich persönliche Angelegenheit, und man kann und darf sie nicht organisieren. Tut man es doch, so stirbt sie, versteinert und wird zu einer Konfession, einer Sekte, einer Religion, die anderen aufgedrängt wird ... Ihr glaubt, nur bestimmte Menschen hielten die Schlüssel des Himmelreiches in Händen. Aber die gehören niemand. Keiner hat die Macht, diese Schlüssel zu halten. Dieser Schlüssel ist euer eigenes Selbst und in der Reinheit und Redlichkeit dieses Selbst allein liegt das Reich der Ewigkeit.« (aus: GraswurZEN 1(1994), 3)

6) William James (1842–1910), amerikanischer Philosoph und Psychologe, Begründer des Pragmatismus und Vertreter des metaphysischen Pluralismus. Bekannt wurde er durch sein Buch *Die Vielfalt religiöser Erfahrung*.

7) Vgl. Victoria, Brian: Zen, Nationalismus und Krieg, Teil I., Berlin: Theseus, 1999.

8) »Kirchen« und »Kathedralen«, »Priester«, »Bischöfe« und »Erzbischöfe« beziehen sich natürlich nicht auf das Christentum – Nyogen Senzaki hat diese Wörter aufgegriffen, weil er solche Rangordnungen ablehnte und darum nicht buddhistische Titel neu in die USA einführen wollte.

nakagawa soen

der meister des spiels

Nakagawa Soen Roshi war eine von vielen Rätseln und Geheimnissen umgebene Persönlichkeit. Die Einzelheiten seines Lebens variieren, wie in dem Film Rashomon, je nach Betrachter: Er wurde in Taiwan geboren – sein Geburtsort liegt in der Nähe von Hiroshima. Er war Abstinenzler – er war Alkoholiker. Er war manisch-depressiv – er hatte einen Unfall, bei dem er sich eine Gehirnverletzung zuzog. Er arbeitete mit westlichen Schülern an koan – er akzeptierte nie einen westlichen Schüler für koan-Praxis. Er war winzig, schien aber riesengroß. Er hatte eine donnernde Stimme, aber den leichten Schritt eines Balletttänzers. Er war in seinem Geschmack völlig westlich orientiert, doch er war ein so vollkommen asiatischer Zen-Meister, dass er direkt aus einer alten koan-Sammlung zu kommen schien. Perle Besserman hat Soen Roshi 1982, bei seinem letzten Besuch in den USA zwei Jahre vor seinem Tod, getroffen:

Wir tranken gemeinsam Tee; er rührte das bittere grüne Pulver, und ich schüttete das heiße Wasser darauf und reichte ihm die Platte mit Schokoladenkeksen. Er erzählte Geschichten, endlos ... über Wanderungen in China, und er erklärte, dass wir aus nichts Geringerem tranken als aus der unschätzbaren Teeschale von Meister Rinzai selbst! Meine Zen-Freunde hatten mich gewarnt – Soen steckte voller Possen. Mitten im Teetrinken wies er seine dharma-Nachfolger an, ihn zu massieren, ein roshi an seinem Kopf und Nacken und der andere an seinen Füßen. Während der ganzen Zeit hörte er nicht auf zu reden, bezauberte seine Zuhörer mit seinen Geschichten, wie Scheherezade genötigt zum Geschichtenerzählen. Auch gegen Ende seines Lebens war Soen Roshi sowohl der Erzähler als auch der Held einer phantastischen Geschichte, die er ein halbes Jahrhundert lang extemporiert hatte.

1905, zwei Jahre bevor Nakagawa Soen als Sohn eines Armeearztes in einer kleinen Stadt nahe Hiroshima geboren wurde, hatten die Japaner Russland geschlagen und ihr Reich bis nach Korea und zur Liaotung-Halbinsel ausgedehnt. Das »Meiji-Wunder« fiel zusammen mit der Geburt dieses Zen-Wunderkindes; der sinnbildliche Triumph des japanischen Nationalismus mit der Ausbreitung des dharma in den Westen.

Der chinesisch-japanische Krieg von 1895 hatte die Nation davon überzeugt, dass sie nun der Urquell der Kultur für ganz Ostasien sei, die modernisierende Kraft, die den rückständigen Völkern Chinas und Koreas die westliche Zivilisation bringen würde. Nakagawa Soen lebte diese interessante Mischung aus Ost und West; er fand seine Wurzeln in der alten chinesischen Kultur, als er in seiner frühen Jugend mit seiner Familie in Taiwan lebte, entwickelte aber auch eine westliche Prägung in seiner Liebe für die Kunst und Zivilisation Europas und den anarchischen Individualismus Amerikas.

Japanische Politik und japanisches Zen waren nie demokratisch. Beeinflusst von diversen Oligarchien, von der Kaiserverehrung und dem Kodex der Samurai, entwickelten sich beide unausweichlich in die Richtung des Faschismus der 30er Jahre, der schließlich zu Japans Niederlage im Zweiten Weltkrieg führte. Es hatte mehrere kurzlebige Versuche gegeben, eine parlamentarische Demokratie zu begründen, aber das allgemeine Wahlrecht für Männer von 1925 brachte zwei Großparteien an die Macht, deren Führer mächtige Monopole vertraten und für normale Menschen ebenso unerreichbar waren wie die Tokugawa-Shogune zwei Jahrhunderte vorher. Sozialisten und Christen, Künstler, Intellektuelle und Anarchisten hatten miteinander in der Suche nach einer alternativen Stimme konkurriert. Aber sie alle wurden zum Schweigen gebracht, als 1910 eine Gruppe radikaler Anarchisten wegen einer Verschwörung zur Ermordung des Kaisers verhaftet und hingerichtet wurde.

Der Erste Weltkrieg brachte Japan die erste berauschende Welle wirtschaftlichen Erfolgs. Zaibatsu, die machtvollen Monopole, welche die herrschenden Familien wie Mitsui und Mitsubishi verbanden, kontrollierten die Politik des Landes, seine Bürokratie und seine religiöse Hierarchie. Die Russische Revolution rief einen schwachen Widerhall in der japanischen linksradikalen Szene hervor; in den Großstädten gab es sogar ein paar Streiks, aber die japanische Gesellschaft konnte dem Sozialismus letztlich nichts abgewinnen. Die konfuzianische Struktur und die aus der Tokugawa-Zeit übernommene Hierarchie war zu stark in ihr verwurzelt. Die Bauern orientierten sich weiterhin an ihren Familienclans und waren politisch reaktionär; selbst Arbeiter in den Städten verehrten den Kaiser als göttliches Wesen; und die Fabrikarbeiter waren zufrieden, unter traditionellen paternalistischen Gesellschaftsregeln zu leben, wie sie in Japan noch heute üblich sind. Die verinnerlichte Tendenz, Autorität zu akzeptieren und sich ihr zu unterwerfen, erlaubte zwar von Zeit zu Zeit Hungerrevolten, aber diese waren als Anstoß zu einem grundlegenden sozialen Wandel nicht erfolgreicher als zu Ikkyus Zeiten.

Das Gefühl der Entfremdung war in den 20er und 30er Jahren das kulturelle Wahrzeichen Japans. Unter den unzufriedenen Künstlern und Intellektuellen wuchs Soen als Dichter auf. Schriftsteller suchten in der starrsten, konformistischsten Gesellschaft der modernen Welt nach Individualismus und subjektiver Identität. Romantisches Leben, Dichtung, Musik, Malerei und Philosophie blühten in der Halbwelt der Unangepassten. Ständig uneins über »östliche Spiritualität und westlichen Materialismus« tauchten japanische Intellektuelle der Nachkriegszeit ein in einen Ozean der populären Kultur, einer Kultur, die aus dem Westen importiert wurde: Bars, Cafés, amerikanische Filme, Tanz und Musik, ja, selbst das architektonische Stadtbild Tokios veränderte sich nach dem großen Erdbeben von 1923. Baseball, Golf und Tennis wurden zu Lieblingssportarten der Japaner, wie sie es 30 Jahre später nach dem Zweiten Weltkrieg erneut werden sollten. Umgeben von dieser Flut westlicher Kultur überredete der Gymnasiast Soen, begeistert von europäischer Klassik, einen Freund dazu, ihr Geld zusammenzulegen und eine Platte mit Beethovens Neunter Symphonie zu kaufen, die »mich noch drei Tage später erschauern ließ«.

Anlässlich der Weltwirtschaftskrise koppelte sich Japan dann wieder vom Westen ab und wandte sich einem gewaltsamen Nationalismus zu, der 1931 zur Okkupation der Mandschurei führte. Rechtslastiges, militaristisches Verhalten war die Tageslosung. Indem die Nationalisten den Kaiser als Symbol für ihren Standpunkt vereinnahmten, konnten sie selbst mächtige Großkapitalisten und deren politische Schachfiguren terrorisieren. Im Mai 1932 fiel der letzte Schein eines demokratischen Parteiensystems in sich zusammen, als eine Gruppe junger Marineoffiziere den Premierminister ermordete und die Kontrolle über das Land übernahm. 1940 befand sich der Faschismus »im Namen der nationalen Einheit« auf dem Vormarsch, und Militarismus, bushido, war seine Stimme. Wie schon in der Vergangenheit konnte der alte Samurai-Geist keine gaijin ertragen – außer den Deutschen, mit denen die Militaristen einen Pakt eingingen in der Hoffnung, ihr letztes Ziel zu erreichen, die Annexion Chinas, Südostasiens, Australiens und Neuseelands.

Soen, der Sohn eines Armeeoffiziers, meldete sich zum Militärdienst, wurde aber wegen eines irrtümlich diagnostizierten Lochs im Trommelfell für untauglich erklärt. Aber es gab bereits zwei Soen: den einen, den mit 30 Jahren unmittelbar nach dem Abschluss der Universität von Tokio ordinierten Mönch, der bereits ein gefeierter Haiku-Dichter und Spezialist für japanische Literatur und für Shakespeare war; und den anderen, Sohn seiner inzwischen verwitweten Mutter, einen traditionellen Samurai, der sein Leben für sein Vaterland geben wollte. Zur Bestürzung seiner Mutter setzte sich Soen der Mönch durch.

1945 war Japan militärisch besiegt, und seine Bevölkerung befand sich in einem Zustand großer Erschöpfung. Die Nachkriegsgesellschaft wurde dann aber in schnellem Tempo von der GI-Kultur, von Filmen, Schokolade, Strip-Shows und einem noch nie dagewesenen Angebot von Konsumgütern durchdrungen. Die USA waren nicht länger der Feind, sondern das »Lieblingsausland« der Japaner. General MacArthur wollte Japan zu einer »Schweiz des Fernen Ostens« machen, einer entmilitarisierten Zone mit demokratischer Verfassung, Dezentralisierung im Polizei- und Erziehungssystem. Kaiserverehrung und Samurai-Kodex sollten ein Ende haben. Das Ergebnis war ein neues »japanisches Wunder«, ein wirtschaftlich-industrieller Boom, der die Besiegten ihre Besatzungsmacht weit überholen ließ.

Unmittelbar nach dem Krieg gab es einen Run auf Übersetzungen westlicher Literatur. Japanische Intellektuelle wandten sich dem Existentialismus zu, der philosophischen Modeerscheinung der 40er und 50er Jahre, sowie einer neuen Art von ausschweifender Romantik, die an Nihilismus grenzte. Der Künstler, der Individualist, suchte immer noch seinen Platz in der japanischen Gesellschaft, aber einen solchen Platz gab es auch jetzt nicht. Japaner leben immer noch in Gruppen, heiraten in Gruppen, baden, arbeiten und machen Urlaub in Gruppen. Sie hängen immer noch unverbrüchlich am Ideal der Loyalität zum Clan, und viele glauben immer noch, dass sie eine überlegene Rasse seien, umgeben von Barbaren. Nur genießen sie inzwischen barbarische Waren, Filme, Musik, Essen und auch den Lebensstil der Barbaren. Zen-Klöster halten weiterhin ihre traditionellen Verbindungen mit den Reichen und Mächtigen aufrecht und ihre Barrieren gegen gaijin. Berühmte roshi bestehen öffentlich darauf, dass westliche Menschen nicht imstande seien, satori zu erfahren, und diejenigen, die ins Ausland gegangen sind, um das dharma zu verbreiten, werden weithin als Ausgestoßene betrachtet.

Soen Roshi gehörte nach dem Krieg zu der ersten Welle dieser neuen Wanderer zwischen den Welten. Sein Leben und seine Lehre sind ein Beispiel für das grundlegende japanische Dilemma zwischen Pflichtgefühl (giri) und dem Antrieb der eigenen Emotionen (ninjo). Seine eigene Lebensgeschichte ist ein modernes No-Drama von widersprüchlichen Loyalitäten, poetischer Vision und weltlichem Treubruch; ein Kampf, der ihn spalten musste.

Soen wurde am 19. März 1907 als ältester von drei Brüdern geboren. Als er zwölf war, starb sein Vater und hinterließ eine junge Witwe in angespannten finanziellen Verhältnissen. Ein zweites Unglück für die Familie war der frühe Tod von Tamotsu, dem mittleren Sohn. Soens Mutter handelte für eine Japanerin der Samurai-Klasse sehr unkonventionell; sie arbeitete als Hebamme und knauserte und sparte, um selbst für den Unterhalt und die Ausbildung ihrer Kinder aufkommen zu können.

Der Knabe Soen war ein begabter Dichter und Schauspieler, der sich leicht bei den Erwachsenen beliebt machen konnte. Schon als Kind zeigte er ein ungewöhnliches Verständnis für die Künste, und obwohl er als Samurai aufgezogen und trainiert wurde und in die Fußstapfen seines Vaters treten sollte, entwickelte er noch während seiner

Schulzeit das Verlangen nach einem spirituellen Leben. Sein lebenslanger Freund Yamada Koun Roshi kam am gleichen Tag wie er auf die Tokyo First High School. Die beiden wurden Zimmergenossen, und obwohl Yamada sich für einen guten Freund hielt, war er immer wieder von Soens »spirituellen« Bekenntnissen überrascht. Später erzählte er:

> *Wir beide gingen häufig am späten Abend in der Nachbarschaft von Hongo spazieren. Eines Nachts sagte er etwas ziemlich Erschreckendes. Er erzählte, dass er fast jeden Abend auf der Plattform der Balancierstangen auf dem Sportgelände zazen sitze. Er meinte, tatsächlich am vorhergehenden Abend eine Art spiritueller Erfahrung gehabt zu haben, bat mich aber, zu niemandem davon zu sprechen. Einige Zeit später interpretierte er dieses Erlebnis als »natürliche Verwirklichung des Selbst«. Zu dieser Zeit verstand ich zwar überhaupt nicht, wovon er sprach, aber ich hatte irgendwie das Gefühl, dass ich einen Blick in die tief versteckten Winkel seines Geistes geworfen hatte.*

Schon als Mittelschüler war Soen getrieben gewesen von einer spirituellen Suche nach einem Sinn für sein Leben, die er weitgehend für sich behielt. In einem Artikel, den er als junger Mönch veröffentlichte, beschrieb er sein erstes Jahr auf der Mittelschule als eine Zeit des »Suchens nach etwas, das es wert war, ihm mein Leben zu widmen«. Er wollte sich mit nichts Geringerem zufriedengeben als einem großartigen und würdigen Ziel, und er war entmutigt, »in der Alltagswelt« nichts zu finden, was seinem Anspruch gerecht wurde. Er verbarg seine Verzweiflung vor Yamada und vergrub sich allabendlich in der Bibliothek, wo er auf der Suche nach einem Sinn über den Werken von Philosophen wie Schopenhauer brütete. Einmal fiel ihm eine Passage ins Auge, die ihn schockierte:

> *Mein Geist hörte auf zu suchen. Er wurde klar und heiter. Schopenhauer schrieb: »In der wirklichen Welt ist es unmöglich, wahres Glück zu erlangen, endgültige und ewige Zufriedenheit. Denn das sind eingebildete Luftschlösser; bloße Phantasien. In Wahrheit können sie niemals verwirklicht werden.*

Tatsächlich dürfen sie gar nicht verwirklicht werden. Warum? Denn wenn solche Ideen verwirklicht würden, würde der wahre Sinn unserer Existenz verlorengehen. Wenn das geschähe, wäre dies das spirituelle Ende unseres Daseins, und das Leben würde zu albern erscheinen, um es zu leben.«

Schopenhauer führte ihn zum Zen, und bald darauf versuchte Soen seinen Freund Yamada für seine wunderbare Entdeckung zu interessieren. Er drückte ihm ein altes Buch des Zen-Meisters Hakuin in die Hand, das Orategama [Der getriebene Teekessel], und meinte: »Bitte versuch's und lies dieses Buch.« Yamada las Hakuin und war begeistert von Zen, aber nicht genug, um seinem Freund beim zazen auf einer wackeligen Plattform Gesellschaft zu leisten.

Die beiden Jungen gingen gemeinsam auf die Tokyo University; Soen studierte als Hauptfach Japanische Literatur und schrieb seine Dissertation über Basho, den Zen-Haiku-Dichter. Er schrieb auch eigene Gedichte und vertiefte sich in die buddhistischen Schriften, die Bibel, westliche und japanische Klassiker; ging ins Theater, hörte Schubert, Beethoven und Wagner und schloss sich einem Freundeskreis an, der später die künstlerische und intellektuelle Elite des modernen Japan werden sollte. An der Universität gründete er eine kleine Sitzgruppe, die heute noch aktiv ist. »Ich werde zu einem Gott«, vertraute er seinem jüngeren Bruder Sonow an, »nach der Promotion werde ich zehn Jahre lang in der Gesellschaft arbeiten; dann gehe ich noch zehn Jahre zu einem Retreat in die Berge und werde erleuchtet; und dann kehre ich wieder in die Gesellschaft zurück.«

Yamada und Soen schlossen 1930 gleichzeitig ihr Studium ab und verloren einander zeitweilig aus den Augen. Eines Tages wurde dem Geschäftsmann Yamada gesagt, es sei Besuch für ihn da. Er ging in den Empfangsraum und sah zu seiner Überraschung seinen alten Freund Soen in einer Mönchsrobe auf einem Stuhl sitzen. »Du hast dich wirklich verändert«, sagte er. Soen musterte den modischen Gesellschaftsanzug Yamadas und erwiderte: »Du bist auch nicht der Gleiche geblieben.« Soen hatte seine Sinnsuche bis zum bitteren Ende durchgezogen. Fast unmittelbar nach dem Abschluss der Universität hatte er an einem Treffen im Shorin-ji teilgenommen, einem Zen-Kloster unter der Leitung von Katsube Keigaku Roshi, und zur Bestürzung seiner Mutter um die Ordination gebeten. Diese fand an seinem Geburtstag statt, zweifellos um seine »Wiedergeburt« zu symbolisieren. Soen machte selbst aus seiner eigenen Ordination ein Schauspiel und bestand darauf, dass die Zeremonie im Kogaku-ji, dem Kloster seines LieblingsZen-Meisters Bassui, abgehalten wurde, dessen koan »Wer ist der Meister des Hörens?« er bekommen hatte. Er folgte dem legendären Vorbild des hochgeschätzten Bassui und bezog Quartier auf dem Dai-Bosatsu-Berg in der Nähe des Kogaku-ji. Zwischen seinem Heimatkloster und dem Dai Bosatsu pendelnd, lebte Soen halb als Mönch, halb als Dichter-Einsiedler, widmete sich dem zazen, schrieb Artikel und Gedichte, fastete oder nährte sich von wilden Pflanzen und badete in eiskalten Wildbächen. Hier wurde er auch eines Tages von Bauern gefunden, halbtot, weil er giftige Pilze gegessen hatte. Seine Retter pflegten ihn gesund, freundeten sich mit dem dichtenden jungen Mönch an, versorgten ihn von da an mit genießbarer Nahrung und betrachteten ihn als »ihren« Priester. Das war nun weitgehend die gleiche Situation wie bei Bassui, der für seine Gemeinde in den gleichen Bergen sechs Jahrhunderte vorher schon Regenzauberlieder geschrieben hatte.

Als Soen einmal Katsube Roshi bei einem zazenkai, einem Wochenend-Retreat für Studenten der Tokyo University, begleitete, entdeckte er, dass kein kyosaku vorhanden war, der hölzerne Stock zum »Ermutigen« von schläfrigen Teilnehmern. Er wollte sich einen ausleihen und ging hinüber zum Hakusan-dojo, einem nahegelegenen Zen-Zentrum. Dort hielt gerade Yamamoto Gempo Roshi vom Ryutaku-ji in Mishima ein teisho. Soen fühlte sich bewegt, ein wenig zu bleiben und zuzuhören, und nach kurzer Zeit fand er sich »treibend in einem umfassenden Meer von Wärme und durchdringendem Verständnis«. Bald war er ein Stammgast des Hakusan-dojo geworden und genoss das Meer der Wärme, bis er eines Tages hörte: »Wenn du zazen praktizierst, dann muss das die wahre Praxis sein.« Soen hatte den Eindruck, dass dieser Satz direkt an ihn gerichtet war. Als das teisho zu Ende war, ersuchte er um ein Einzelgespräch und wollte auf der Stelle Gempo Roshis Schüler werden. Seinem Sternzeichen Fisch entsprechend war Soen so lebhaft wie ein Karpfen in einem Tempelteich. An diesem Tag setzte er das erste Beispiel seines freischwebenden Zen-Stils, seiner impulsiven Sinnesänderungen und dramatischen Auftritte und Abgänge.

1938 wurde Yamada zu einer neuen Aufgabe in die Mandschurei versetzt, wo er zu seiner Überraschung wieder seinen alten Freund Soen antraf, inzwischen als Begleiter von Gempo Roshi. Die beiden waren unterwegs, um einen Zweig des Myoshin-ji in der japanischen Kolonie zu begründen. Yamada und Gempo Roshi waren Nationalisten und hatten wenig Bedenken gegenüber dem japanischen Expansionismus. Soen aber war unzufrieden mit dem traditionellen japanischen Zen und seinen starren national-politischen Verbindungen. Er erzählte Yamada, dass er davon träume, auf dem Dai Bosatsu einen Ort der Übung im Stil von Bassui als Kontrast zum Establishment zu gründen. Was er Yamada nicht erzählte, war, dass er bereits einen Briefwechsel mit Nyogen Senzaki in Amerika begonnen hatte und dass er sich von dessen rebellischen »ausländischen Ideen« schon hatte anstecken lassen.

»Wie in unserer Studentenzeit gingen wir abends miteinander spazieren«, erinnerte sich Yamada, »und einmal muss ich über irgendetwas ziemlich in Hitze geraten sein. Er sagte: ›Yamada, du argumentierst ja nur. Warum versuchst du nicht mal zu sitzen?‹« Diese Bemerkung erweckte Yamadas Interesse, aber es vergingen noch einige Jahre, bevor er mit der Zen-Übung anfing und schließlich selbst roshi wurde. »Vielleicht war Nakagawa Roshi doch zu sehr Dichter«, meinte er.

Der Zweite Weltkrieg hinderte Soen daran, Nyogen Senzaki persönlich zu treffen; erst am 8. April 1949, dem traditionellen Geburtstag Buddhas, sahen sie einander wirklich am Kai des Hafens von San Francisco. Soen hatte das Gefühl, dass Nyogens »antiklerikales« Zen und das Klima in seiner Umgebung völlig in Einklang mit seinem eigenen unkonventionellen Stil stand, und das ermöglichte ihm, den Dichter, den No-Schauspieler und das »radikale« Zen in sich selbst in einer einzigen unnachahmlichen Persönlichkeit zu vereinigen. Hier, in der freien Atmosphäre des amerikanischen Westens, konnte er in seinen teisho Goethes Faust ebenso zitieren wie Bassui und Hakuin. Er konnte Bassuis »Meister des Hörens« demonstrieren in der Form des No-Theaters, worüber die Mönche daheim im Ryutaku-ji gelacht hätten. Nyogen Senzaki hoffte, dass Soen in den Staaten bleiben und sein Nachfolger werden würde, aber wegen dessen klösterlicher Verpflichtungen in Japan mussten sie sich mit häufigen Besuchen zufriedengeben. Soen hielt seine Verbindungen mit amerikanischen, europäischen und israelischen Schülern aufrecht und pendelte zwischen Ost und West hin und her, 33 Jahre lang.

1950 beschloss Gempo Roshi, sich zurückzuziehen, und ernannte Soen zum Abt des Ryutaku-ji. Der neue Abt sträubte sich so gegen diese Stellung, dass er sich weigerte, bei der Zeremonie die traditionelle Goldbrokat-Robe zu tragen, und in einer einfachen schwarzen Mönchsrobe erschien. Zudem verschwand er auch noch unmittelbar danach aus dem Kloster, ließ Gempo Roshi ohne einen Abt für das feierliche Eröffnungs-sesshin zurück und zwang damit seinen alten Lehrer, seinen eigenen dharma-Nachfolger zu vertreten. Erst Soens Mutter konnte den exzentrischen jungen Abt aus seiner Einsiedelei auf dem Dai Bosatsu zurückholen. Wenn sie im Spiel war, gab es keine Loyalitätskonflikte.

Soens Amtsführung als Abt des Ryutaku-ji war absolut untypisch für den Abt eines traditionellen Zen-Klosters. Er trug die Robe eines einfachen Mönchs, aß mit den Novizen in der Mönchshalle, badete mit allen im Gemeinschaftsbad und saß sogar zazen mit ihnen, was in japanischen Klöstern höchst unüblich ist. Er betonte, dass er gerade nur die unbedingt nötigen 500 koan von Hakuins Curriculum der 1 700 abgeschlossen hatte, und besuchte deshalb andere bekannte Zen-Meister, um seinen »Schliff« fortzusetzen. Er fuhr weite Strecken, um im Hosshin-ji mit Harada Sogaku Roshi zu arbeiten, selbst ein bekannter Zen-Reformer, der Rinzai und Soto in einer neuen Traditionslinie vereinigt hatte, die von seinem Nachfolger Yasutani Hakuun Sanbo Kyodan genannt wurde. Sie hat das Zen-Establishment verwirrt und das Gesicht der Zen-Praxis bis heute – vor allem im Westen – verändert. Unter dem Einfluss von Harada in Japan und Senzaki in den USA entwickelte Soen bald eine ganz eigene Mischung von Zen-Praxis und Darstellungskunst, indem er »Namu dai bosa« (»Verehrung dem großen Bodhisattva«) als eine Art von mantram verwendete, das er – und zumindest seine amerikanischen Schüler – wieder und wieder mit immer lauterer Stimme rezitierte, bis es schließlich in einer schweigenden Meditation gipfelte. Er liebte es besonders, seine Schüler in die Natur hinaus mitzunehmen und dieses selbstgeschaffene koan dem Mond, dem Himmel, den Bäumen und dem Meer entgegenzuschreien.

Als »amerikanischer Zen-Meister« konnte Soen Roshi bei der Belehrung seiner Schüler auch noch den Schauspieler Soen herauskehren. Er schrieb haiku und verwendete sie als Mittel der Lehre; er zitierte Shakespeare ebenso wie Rinzai in seinen teisho; er besuchte große Museen in Europa und baute seine zunehmende Kenntnis der christlichen und jüdischen Schriften und Traditionen in seine Darlegung des Buddha-dharma ein. Als Abt eines japanischen Klosters war er, in den Worten von D. T. Suzuki, »ein ziemlich seltsamer Typ«. Aber Soen sah sich selbst als »Kind Hakuins«, und Hakuin war ja auch vom japanischen Zen-Establishment als recht seltsam angesehen worden.

Es scheint, als ob Soens tiefe Bindung an seine Mutter ihn in die Rolle des ewigen Jungen drängte, den C.G. Jung den puer nannte, das bezaubernde ewige Kind, das sich wie Peter Pan einfach weigert, erwachsen zu werden. Als seine Mutter 1962 nur ein Jahr nach Gempo Roshi starb, wurde Soen gleich doppelt Waise. Gempo Roshi war oft in die Bresche gesprungen für seinen widerspenstigen Nachfolger, und Soens Mutter war – unerhört in der langen Geschichte des Zen – im Kloster fest etabliert. Sie sah ihren Sohn täglich, begleitete ihn in die Berge, hörte mit ihm seine großartige Plattensammlung klassischer westlicher Musik an, unterhielt Gönner bei der Teezeremonie und beriet ihn in allen Belangen.

Schülerinnen erlebten Soen als den höflichsten der japanischen Zen-Meister, denn er sah sie in einem idealisierten, platonischen Licht, das aus der Bewunderung für seine Mutter erwuchs. Das machte ihn natürlich bei seinen betont männlichen »Meister-Kollegen« nicht sonderlich beliebt; so wie seine »unfruchtbare« Liebe zum Zeremoniell, zur Dichtung und Kunst auch nicht den Vorstellungen der rauhen ländlichen Novizen im Ryutaku-ji entsprach.

Soens einsame Retreats auf dem Dai Bosatsu wurden nach dem Tod seiner Mutter häufiger. 1965 glitt er während einer dieser langen Perioden der Isolation an einem Abhang aus und schlug mit dem Kopf auf. Es dauerte drei Tage, bis der Bewusstlose gefunden wurde. Er erwachte, aber nach Aussage seines Freundes Yamada »war er nie wieder der Alte«. Trotzdem blieb er weiterhin Abt des Ryutaku-ji, Ehrenabt des Dai-Bosatsu-Klosters in Beecher Lake, New York, und der Jerusalemer Zen-Gesellschaft am Ölberg in Israel. Er reiste weiter um die Welt, hielt Retreats und führte Einzelgespräche mit seinen zahlreichen ihn bewundernden westlichen Schülern und ernannte fünf Nachfolger. Aber Mitte der 70er Jahre war er entkräftet und zog sich für Monate in die Einsamkeit zurück. Es scheint, als wollte er dem Schmerz und der Enttäuschung darüber entgehen, dass sein Traum enttäuscht worden war, »das dharma in Ost und West zu verbreiten«, wie er einst hoffnungsvoll geschrieben hatte. Im März 1984, wenige Tage nach seinem 77. Geburtstag, schied Soen Roshi während eines Bades im Ryutaku-ji still aus dieser Welt.

Der Lehrstil Soens gründete ausschließlich darauf, die Soheit dieses Augenblicks immer wieder zu betonen. »Nur Dies, Dies!«, rief er aus und schlug auf sein Sitzkissen, um seinen Standpunkt zu verdeutlichen. Ob er über Rinzai diskutierte oder im Mondlicht auf dem Dach einer Sy-nagoge tanzte – sein einziges Ziel war, seine Schüler in die Realität der Unmittelbarkeit einzubinden. Robert Aitken Roshi, einer von Soens ersten westlichen Zen-Schülern, schrieb: »Soen Roshi war im intimen Kontakt mit seinem buddhistischen Ursprung, und als Künstler des Körpers war das sein Weg, ihn auszuagieren und andere zu ermutigen, dasselbe zu tun.«

Eifrig darauf bedacht ein »internationales Zen« zu schaffen, erweiterte Soen seinen buddhistischen Hintergrund, indem er in der St. Patrick's Cathedral in New York die Kommunion nahm und, in schwarzem

Kaftan und Hut, mit den Chassidim in Jerusalem tanzte. Im Bestreben, seine künstlerischen Gaben, seine spielerische Natur und seine Rolle als Zen-Meister in Einklang zu bringen, versammelte er Flötenspieler, katholische Priester und Obdachlose als Mitspieler in seinen kunstvollen Zen-Darbietungen. Er bestand darauf, dass alle spirituellen und physischen Welten, die Engel, Teufel und Bodhisattvas, alle gleich real seien, und in jeden dharma-Vortrag, in jedes Retreat und dokusan brachte er die freudige Spontaneität der Erleuchtung ein. »Diese Welt ist so wundervoll, so undenkbar und unbegreiflich. Was berühren wir hier und jetzt?«, rief er aus und prügelte freudig sein Sitzkissen.

»Nur hören, nur tanzen!« – das war der Schlachtruf seiner universalen Bruderschaft. Er geißelte die Quietisten wegen des Versuchs, »den Geist zu entleeren«, und befürwortete anstatt dessen, »im Geist der Gegenwart« zu leben, ohne jeden Schein voreingenommener Spiritualität. Um den »Zen-Gestank« seiner Schüler zu vertreiben, ging er so weit, einen großen Kürbis auf sein zafu im dokusan-Raum zu legen und hinter einem Vorhang versteckt in Gelächter auszubrechen, wenn sie hereinkamen und sich davor niederwarfen. Um das Schauspiel des endlosen Wandels zu illustrieren, hielt er teisho mit einer roten Dämonenmaske vor dem Gesicht oder spielte in einem improvisierten No-Stück alle Rollen selbst und zog sich dazu die Robe über den Kopf. Als Nyogen Senzaki 1958 starb, kam Soen nach Kalifornien, leitete ein sesshin zu seinem Andenken, hielt eine kurze Ansprache und leitete einen zeremoniellen Tanz unter dem vollen Mond, wobei er zu Ehren seines Freundes das Herz-Sutra rezitierte und den Takt dazu klatschte. Dann verstreute er einen Teil von Senzakis Asche, packte eine Urne mit einem weiteren Teil in eine Reisetasche und schrieb auf der Heimfahrt das senryu:

Freundesgesichter
verabschieden sich zögernd
im goldenen Wind.

Keine Form von Feier war für ihn unpassend. Tanzen als Meditation »sollte voll sein von der Freude des dharma; wir sollten so voller Dankbarkeit sein, dass wir nicht stillsitzen können, dass wir ganz spontan zu tanzen beginnen ... Beides ist universal, Tanzen und Sitzen.«

Gemäß Bodhidharmas berühmtem Grundsatz »Nichts Heiliges« hielt er eine Teezeremonie auch mit Kaffee oder Limonade ab, verspeiste Kirschblüten vor dem Kapitol in Washington oder diskutierte »Scheissen« [shitting] als gleichwertige Form des Zen wie »Sitzen« [sitting].

Gewöhnliches ist außergewöhnlich ... Schauspiele haben alle nur einen Zweck ... Es geht darum, die große Sache zu verstehen ... das zu verstehen, das zu verwirklichen, das im alltäglichen gewöhnlichen Leben zu leben, in jedem gewöhnlichen Leben. Es ist nicht nötig, zum kabuki zu gehen – natürlich ist das wunderschön, ich bewundere es sehr. Aber das Schauspiel findet nicht statt im Rinzai oder Obaku oder Bokushu oder bei No-Schauspielern oder den wundervollen Schauspielern und Schauspielerinnen in New York. Kochen, Essen, Schlafen – jede Handlung deines alltäglichen Lebens ist nichts anderes als die Große Sache.

Soens Bestehen darauf, dass die »wirkliche« und die »spirituelle« Welt ein und dasselbe sind, erstreckte sich auch auf seine Definition von Geburt und Tod. Der einzige Unterschied zwischen diesen beiden Zuständen, sagte er, liege in den Namen, die wir ihnen gewohnheitsmäßig gäben. Davon abgesehen seien auch Geburt und Tod dasselbe.

Sterben heißt nur sich der Mehrheit anschließen. Einige von uns gehen in eine dunkle, trostlose Welt; manche in eine schöne, transparente Welt; andere wieder in eine lärmende Welt der Wanderschaft. Aber wir alle schließen uns der Mehrheit an. Gratuliere! Aus diesem Grund feiern wir Todes-Tag, genauso wie Geburts-Tag.

Für ihn existierten keine Unterscheidungen; selbst die »elenden karma-Beziehungen im Weltkrieg ... elende, grausame karma-Beziehungen«, konnten durch das bloße Erkennen der wechselseitigen Abhängigkeit der Dinge unmittelbar verwandelt werden in »wunderbare dharma-Beziehungen«. Nichts als diese Schale, dieses Trinken, dieses Vogelzwitschern ... nichts sonst als dies hier und jetzt! Er warnte seine Schüler vor voreingenommener Heiligkeit und »neurotischer Achtsamkeit« und verwendete seine exzentrischen Versionen der Teezeremonie dazu, die strahlende Einfachheit aufzuzeigen, die darin liegt »nur Wasser zu kochen und Tee zu machen, und den einfach zu trinken. Nichts sonst.«

Mitten in einem teisho konnte er spontan ein Verbeugungs-Happening veranstalten und die Schüler ermutigen, indem er sich vor ihnen verbeugte und ihnen versicherte, dass »jeder von euch ein Bodhisattva ist«. Dann wies er sie an, sich voreinander zu verbeugen, Gattin und Gatte, Freund und Unbekannter; jeden forderte er auf, sich »vor dem lebenden Bodhisattva zu verbeugen, der jeder von euch ist«. Worte waren für ihn nie hinreichend, um die Große Sache mitzuteilen. Nur Erfahrung konnte sie übermitteln, nur Handeln und Sein. Die Zehn Gebote und die buddhistischen Vorschriften selbst waren nichts weiter als Worte. »Seht sie nie, nie, niemals als Fesseln! Sie machen uns frei ... sie sind wichtig. Aber seid nie gefesselt durch Gebote. Alles ist du selbst. Alles ist ich selbst. Jeder von uns ist der Meister seines ganzen Universums.«

Der Kontakt mit seinen Schülern im Jerusalem Zendo vermittelte Soen immer neue Einsichten und Symbole der Lehre. Selbst die am stärksten dualistisch ausgeprägten religiösen Archetypen konnte er für seinen Zweck nutzbar machen.

Meine Freunde sagen mir, dass die Stadtmauer von Jerusalem acht Tore hat. Eines davon ist das nie-offene Tor, das Goldene Tor. Der Messias wird erscheinen und auf einem Esel den Berg hinunterreiten. Alle Geister, die unter den Grabsteinen schlafen, werden erwachen und ihm durch das nie-offene Tor in den Tempel folgen ...

Das nie-offene Tor ist offen! Kannst du das glauben? Von Anbeginn ist das Tor offen. Es kann sich nicht noch weiter öffnen.

Nichts war heilig. Nicht einmal zazen.

Meditation selbst ist nicht zazen. Zen ist Meditation, aber es ist ebenso Denken, Essen, Trinken, Sitzen, Stehen, Scheißen, Pissen – alles dies ist nichts anderes als Zen ... Zazen ist sitzendes Zen, aber es ist nicht das Zen. Lasst euch darüber nicht täuschen.

Die Erleuchtungserfahrung selbst verschwindet und muss immer und immer wieder erweckt werden. »Es gibt kein Ende, keine Abstufung [wu-wei]. Selbst Buddha ... übt, übt, übt ... jeden Tag.« Aber die Schüler sollten keinen Fetisch aus ihrer Übung machen: »Wenn ihr über etwas meditiert, dann meditiert ihr eben darüber. Wenn ihr kocht, kocht ihr eben. Wenn ihr trinkt, dann trinkt ihr. Nichts anderes ... Inmitten all unseres Tuns findet dieses Nicht-Tun [wu-wei] statt.«

Jede Gelegenheit steckte für ihn voller Möglichkeiten, das dharma darzulegen, besonders, jene Gelegenheiten im Alltag, die spirituelle Menschen gewöhnlich zum Ekel reizen. Einmal begann er ein teisho mit einer Geschichte über eine Küchenschabe:

Die Schabe ist mein Lieblingstier. So eine Schabe lebt aus ganzem Herzen, mit aller Kraft. Ein wunder-, wunderbares Zen! Mehr Zen als bei euch ... Besser als Menschen. Menschen sind so ziemlich die Herren der Welt jetzt – nun, nur Menschen können wahre Erleuchtung erlangen, aber Krankheit und Grausamkeit ... aber das einmal beiseite ... Jedenfalls, in meinem Zimmer, wo es kein Essen oder sonst was gibt, kam eine große Küchenschabe zum ersten Mal zu mir – vielleicht die Königin der Küchenschaben. Und sie blieb bei mir sitzen ... Ich sprach mit ihr über wunderbare Dinge. Am nächsten Abend kam sie wieder, und dann jede Nacht. Und dann kam sie nicht mehr ...

Selbst eine Küchenschabe war ein würdiger Gesprächspartner in einer Welt, die Soen so sah:

Alle Wesen sind Blumen
blühend
in einem blühenden Universum.

Nyogen Senzaki erzählte einmal einem amerikanischen Schüler: »Soen Roshi ist reine Liebe.« Nicht nur Küchenschaben, sondern auch bösartige Hunde und unruhige Babys waren von seiner Gegenwart wie hypnotisiert. Wie der Rattenfänger von Hameln konnte er eine Gruppe von hartgesottenen »Sitzern« in New York in einen »Rezitations-Wettkampf« hineinziehen und ihre Konkurrenzhaltung durch die lachenden Bemerkung entschärfen, dass es keinen Sieger gebe, denn: »Jeder ist der Beste!« In seinen Ärmeln hatte er Früchte, Blumen und andere Kleinigkeiten verborgen, die er beim Spaziergang in einem Park aufgesammelt hatte und später freigebig verteilte. Als ihm einmal eine Schülerin eine buddhistische Skulptur anbot, die er bewundert hatte, dankte er ihr und sagte: »Aber sind Sie nicht böse, wenn ich sie weiterschenke. Jemand anderem könnte sie auch gefallen.«

Seltsamkeiten der Natur faszinierten ihn. Während eines Retreats in Connecticut weckte er einige Teilnehmer mitten in der Nacht und führte sie, mit dem Finger an den Lippen, schweigend die Stiege hinunter. Er versammelte sie vor einem Fensterbrett und bedeutete einer Frau, mit der Taschenlampe dorthin zu leuchten. Dann zeigte er ihnen einen großen nachtblühenden Kaktus in einem Blumentopf. Ruth Lilienthal, eine von Soens ältesten Schülerinnen, war dabei. Sie erinnert sich: »Die Luft über der sich öffnenden Blüte war geladen mit Energie. Heute noch kommen mir die Tränen, wenn ich an diese wunderbare, lautlose Geburt denke.« Bei demselben Retreat hielt er dokusan in einem kuppelförmigen Kinderzelt, in das er auf allen vieren hineinkriechen musste, und seine Schüler mussten es ihm gleichtun. Nichts Heiliges ...

Aber daheim in Japan, als Zen-Meister des kaiserlichen Prinzen und des Premierministers, war Soen Roshi jeder Zoll ein traditioneller Abt.

Welcher war nun der »wirkliche« Soen – der boshafte Kobold, der in Meditations-Retreats Beethovens Neunte spielte, der mondsüchtige Tänzer, der alle hierarchischen Unterschiede wegwischte mit seiner Definition der Menschen als »Mitglieder derselben Nasenloch-Gesellschaft«; der Lehrer, der einen Schüler aus dem dokusan-Raum hinausführte, um einen wunderbaren Sonnenuntergang zu betrachten; der Dichter, dessen Material das Alltagsleben war; der Künstler, der erleuchtete Wesen schuf – oder der feierliche, traditionelle Zen-Abt, der kokushi des Kaiserhauses?

Perle Besserman suchte den Weg zum wirklichen Soen Roshi 1983 im Ryutaku-ji:

Ich stand da an einem eiskalten Februartag mit meinen Erdbeeren als Begrüßungsgeschenk und wartete auf das Zeichen seines Begleiters, dass ich ihn sehen könne. Die Mönche in der Küche kicherten. Einer sagte in holprigem Englisch: »Warum du wollen sehen Soen Roshi? Er verrückt«, und er machte mit dem Finger Kreise an der Schläfe, um das zu illustrieren. Die Erdbeeren wurden angenommen, aber keine Einladung folgte. Der Begleiter, ein mädchenhafter Typ mit langen, spitzen Fingern und aschfarbenen Augen, schüttelte nur den Kopf. Soen Roshi empfing niemanden.
Er war wieder auf einem seiner langen, völlig abgeschiedenen Retreats, bei denen er sich in seiner kleinen Hütte auf dem Gelände des Klosters einschloss. Es ging das Gerücht um, dass er sich das Haar schulterlang wachsen ließ, dass er lange, klauenartige Fingernägel hatte, dass er in die Hose pinkelte und ans Bett gebunden werden musste. Selbst in der Verborgenheit hatte Soens Leben Shakespearsche Dimensionen angenommen. Eines Tages, als ich den Balkon rund um die Mönchshalle kehrte, hörte ich die Töne einer Schubert-Sonate von der Hütte her, in der er lebte. »Vielleicht jetzt«, dachte ich, »vielleicht wird er jetzt herauskommen.« Aber er kam nicht. Ich hoffte, er käme vielleicht bei Vollmond heraus. Aber er zeigte sich nicht ein einziges Mal in den zwei Monaten, die ich dort verbrachte.

Der leitende Mönch des Ryutaku-ji erzählte mir, dass Soen Roshi ihn inspiriert habe, seinen Marxismus und sein Studium aufzugeben, um Mönch zu werden. »Er war machtvoll, wie magnetisch.« »Ja, das war er«, antwortete ich, und erinnerte mich an den Tee aus Linchis Schale, an die Schokoladenkekse und an die donnernde Stimme des Zauberers beim Weben seiner Geschichten.

War Soen Roshi schließlich »als Zen-Lehrer wirkungslos«, wie manche seiner Schüler später behauptet haben? War er wirklich »zu exzentrisch«, zu sehr Dichter und zu wenig roshi? Die Nachfolger, die den »Soen-Zauber« verewigen wollten und versuchten, nur wenige Jahre nach seinem Tod einen Heiligen aus ihm zu machen, gehörten zu seinen Lebzeiten oft selbst zu seinen Verleumdern. Einige seiner vertrautesten Schüler schreiben seinen Zusammenbruch der tiefen Betroffenheit über den Verrat an seinem Geist zu, den er bei seinen Hauptnachfolgern sah. Welchen Platz hat Zen für solche »Komödianten« wie Soen? Wo kann man die Trennlinie ziehen zwischen einer »Verrückten Wolke« und einem »normalen Verrückten«? Vielleicht wissen die Antwort nur Künstler, Kinder und Narren. Denn Soen hat am intimsten mit denen gesprochen, die sich weigerten, erwachsen zu werden, die gesucht haben nach dem »Spielen«, dem »Tanzen« und dem »Staunen«. Seine wirklichen Nachfolger sind nicht die roshi in den schwarzen Roben, sondern die Musiker und Dichter des Zen, die Maler und Teemeister, jene kleine Gruppe von dharma-Spielern, für die »Singen und Tanzen die Stimme des Gesetzes sind«.

Als er einmal im Winter allein und glücklich in einer ungeheizten Hütte in den Catskills lebte, im eisigen Beecher Lake badete und aß, was er an Pflanzen im Schnee finden konnte, ritzte er ein Gedicht in ein Holzbrett. Es lautete:

Zehn Jahre Suche im tiefen Wald –
Heute großes Gelächter am Seeufer.

Dieses Gelächter ist sein Zen-Vermächtnis.

das zen
der verrückten
wolken für
den westen

Durch die Lehrtätigkeit von Zen-Meistern wie Nakagawa Soen und Nyogen Senzaki ist der Geist der Verrückten Wolken in den Westen getragen worden. Bevor man jedoch über die Wirksamkeit des Zen der Verrückten Wolken für den Westen spricht, muss zuerst der Effekt des hierarchischen und besonders des japanischen Zen näher beleuchtet werden. Eine ganze Reihe von kleineren und größeren kulturellen Inkompatibilitäten hat bereits für Probleme unter westlichen Praktizierenden gesorgt. Diese Punkte betreffen die Haltung gegenüber dem Lehrer und der religiösen Hierarchie; den Status der Frau im Zen und die Fragen von Sexualität, Zölibat und Familie; das Verhältnis von Zen und Ethik und wie wir es in sozialpolitisches Engagement übersetzen; sowie die traditionelle »Weltflucht«, die mit dem monastischen Buddhismus im allgemeinen assoziiert wird.

Damit eine neue Religion auf fremdem Grund und Boden Wurzeln schlagen kann, müssen bestimmte charismatische Vorbilder oder ganz besondere kulturelle Trends vorhanden sein. Der Buddhismus konnte leicht in Gesellschaften Fuß fassen, deren Klassen- oder Kastenstruktur einen »Königsweg« für ihn bot. Indem diese anpassungsfähige Religion Kaiser und Könige, Shogune und Feudalkrieger ansprach, wurde ihr Dauer verliehen von einheimischen asiatischen Führergestalten, die sie in den jeweiligen Lokalfarben ausmalten. Trotzdem ist der Buddhismus unzweifelhaft buddhistisch geblieben im religiösen Inhalt, in Ritual und Praxis. Nach Jahrhunderten war der feudale Hintergrund vergessen, und eine sich entwickelnde Gesellschaft wurde zu ihrer eigenen religiösen Instanz. Das beste Beispiel dafür ist Japan, das so mit Zen getränkt ist, dass die Worte »Japan« und »Zen« oft schon austauschbar scheinen. Kunst, Literatur, der Kaiser, die Mönche und bushido sind immer noch universelle Wegweiser in Japan. Obwohl Zen als Religion von Jahr zu Jahr an Einfluss verliert, reflektiert das japanische kulturelle Grundmuster weiterhin die buddhistische Erfahrung.

Die Situation im Westen ist davon aber völlig verschieden. In den Vereinigten Staaten, wo das kulturelle Grundmuster von Jeffersons demokratischen Idealen und von puritanischem Unternehmergeist gebildet wird, hat die Säkularisierung die Gültigkeit jeder Hierarchie untergraben. Spirituelle Angebote werden durch Anzeigen, Fernsehen und Zeitungsartikel vermittelt. Diese aber haben die Tendenz, Kultur für den Massenkonsum zu nivellieren. Individuelle oder institutionelle Königsgestalten sind in der »Demokratie der Vielen« irrelevant. So ist die traditionelle Zen-Praxis, mit dem roshi, dem ehrwürdigen Lehrer, an der Spitze der Pyramide, dem Zugang der neuen Generation der Amerikaner und zunehmend auch der Europäer direkt entgegengesetzt, deren Geringschätzung von Autorität sie von jeder Art der Absolutsetzung eines Lehrers abhält. Die Kinder von heute werden von klein auf ermutigt, ihre eigenen Meinungen zu formen und sie geschickt und kritisch auszudrücken. Die Einzigartigkeit jedes einzelnen westlichen Individuums und seine Freiheit stellen ein großes Hindernis dar für die asiatische Zugangsweise des absoluten Vertrauens in »den alten Mann«. Amerikanische Zen-Lehrer wie Robert Aitken haben den roshi neu definiert als »Führer durch einen spirituellen Dschungel, welcher bestimmte Wege der Praxis verlangt.« Der Grad, bis zu dem die Worte und Handlungen eines Zen-Lehrers der Kritik des Schülers zugänglich sind, ist trotzdem eine immer noch ungelöste Frage. Auch ein westlicher Zen-Lehrer bleibt durch die autoritären Formen behindert, die er aus dem Kern des Buddhismus übernommen hat. Schließlich ist es nur der roshi, der eine »wahre« Erleuchtungserfahrung bestätigen kann, und nur der roshi, der bestimmt, wer sein Nachfolger werden soll – manchmal auch auf sehr willkürliche und autokratische Weise. Von ihm als Experten für »letzte Fragen« erwartet man, dass er mühelos mit menschlichen und weltlichen Problemen zurande kommt. So haben einige Zen-Lehrer ihre spirituelle Fachkenntnis auf die nicht-religiösen Aspekte im Leben ihrer Schüler ausgedehnt und bieten ihre Meinung und Anleitung auch in geschäftlichen und familiären Fragen an. Das führt zu einem unangenehmen Paradoxon – wenn der roshi »ein ganz normaler Typ und Freund« ist, dann ist das spirituelle Gewicht von Tradition und Titel überflüssig, ja, lächerlich im Kontext des alltäglichen Lebens im Westen. Es ist schließlich die »Besonderheit« die einen Meister ausmacht, aber »besonders« zu sein verträgt sich nicht gut mit demokratischen Idealen. Dieser Konflikt zwischen den hierarchischen Rollen der östlichen Religionen und dem Individualismus des Westens ist zum großen Teil für die Konfusion in manchen westlichen

Zen-Zentren verantwortlich, wenn Schüler ihre Lehrer in eine »doublebind«-Situation bringen, indem sie von ihnen einerseits verlangen, »authentische« Zen-Meister zu sein und andererseits gute Kumpel. Es ist nicht möglich, die asiatische Autorität eines Zen-Lehrers in einer egalitären Gesellschaft aufrechtzuerhalten.

Einige Zen-Zentren der zweiten Generation haben die sinojapanische Sutren-Rezitation abgeschafft, die Schalen und Essstäbchen, formale Roben und die traditionelle japanische Terminologie, sogar den Titel roshi. Nun sieht man »hiking retreats«; Versammlungen, die wie Bürgerversammlungen mit Wahlrecht und Einstimmigkeit bei Entscheidungen abgehalten werden, die Trennung der administrativen und der spirituellen Belange des Zentrums, und Jobrotation, die auch den Lehrer selbst bei recht geringwertigen Arbeiten noch einschließt. Manchmal fällt sogar das Wort Zen weg zugunsten des konfessionell unbelasteten Ausdrucks Meditation. Vertikale Hierarchien stürzen ein und werden zu horizontal legitimierten Gemeinschaften. Selbst Zen-Zentren, die stolz sind auf ihre »Traditionalität« nach japanischem oder koreanischem Muster, erkennen inzwischen die Notwendigkeit der weiter gestreuten Machtverteilung, der persönlichen Initiative und der familienorientierten Praxis für Laien an.

Es ist inzwischen klar geworden, dass dieser Prozess sich in den kommenden Jahrzehnten fortsetzen und das Gesicht des Zen im Westen weiter ändern wird, und er wird den demokratischen Geist einer buddhistischen Praxis zeigen, die gezwungen ist, sich ihrer neuen Heimat anzupassen, wenn sie überleben will. Das vielleicht deutlichste Beispiel für diesen Trend war die einflussreiche Rolle, die Frauen dabei spielten. Zumindest außerhalb Asiens ist die männliche Dominanz im Zen verringert worden. Die Leugnung einer weiblichen Sexualität ist nicht länger hinnehmbar für eine Gemeinschaft von Übenden, die keine kulturelle Verbindung mit dem Kodex der Samurai hat. Daher ändert sich die Sprache, um Schüler beiderlei Geschlechts zu erfassen, neue Rituale ersetzen die alten, und sexuelle Belästigung durch charismatische Lehrer wird nicht länger toleriert.

Nichts hat unsere männlich dominierte Gesellschaft im letzten Jahrhundert so grundlegend verändert wie der feministische Kampf um gleiche Rechte in allen Bereichen. Obwohl noch lange nicht ausgestanden, hat dieser Kampf Frauen an die vorderste Front einer sozialen Revolution gebracht, die nicht mehr ignoriert werden kann. Die jüdisch-christlichen Religionen des Westens mussten sich mit dem neuen Status der Frau auseinandersetzen, aber das ist noch kaum zu den traditionellen asiatisch-buddhistischen Schulrichtungen durchgedrungen [in den Jahren seit Erscheinen der engl. Ausgabe haben sich kleine Fortschritte ergeben]. Für viele Leute ist Zen immer noch eine Bastion männlicher Vorherrschaft, eine Religion für Krieger mit den Schwerpunkten Kampf, Tapferkeit und Tod. Zen-Praktizierende sind mehr als fünf Jahrhunderte lang darauf gedrillt worden, »negative«, »weibliche« Qualitäten wie emotionales Offensein, Selbstachtung und Empfindungen zu verwerfen. Die Materie des Zen ist männlich: koan, die auf spontane Dialoge zwischen Mönchen zurückgehen; Helden, die ihre weniger erleuchteten Rivalen im dharma-Gefecht besiegen; und ein Gutteil Prügel und Stockschwingen. Wie immer man es betrachtet: Zen war immer ein männlicher Übungsweg, der fast ausschließlich von Männern entwickelt und weitergegeben wurde. Man sollte sich auch nicht darüber hinwegtäuschen, dass Buddhas Demokratisierung des indischen Kastensystems Frauen nicht einschloss. Die meisten japanischen Zen-Meister, die in den späten 50er und frühen 60er Jahren in den Westen kamen, haben das männliche Modell des spirituellen Kriegers weitergeführt, der die Verblendungen durchschneidet und den Kampf um die Erleuchtung gewinnt. Aber sie waren nicht darauf vorbereitet einer sangha gegenüberzutreten, deren Mitglieder zur Hälfte weiblich waren.

Nachdem in den 80er Jahren eine Serie von Sex-Skandalen in verschiedenen amerikanischen Zen-Zentren die Stabilität des institutionellen Zen im Westen bedrohte, begannen sowohl männliche als auch weibliche Zen-Übende damit, aktiv mit neuen Formen der Praxis zu experimentieren. Anfang der 90er war, beeinflusst durch eine wachsende Zahl feministischer Leiterinnen, das monastische Zen-Modell schrittweise ersetzt worden durch eine umfassendere Form der Praxis, die konzentrierte Meditation vereinte mit den Sorgen der Laien in einer schnell der Globalisierung entgegenstrebenden Hightech-Welt. Schwerpunkte wie Familie, Beruf, Behinderung und Alter wurden ebenso ernst genommen wie klösterliche Routinen – einige Zentren gingen sogar so weit, Kinderbetreuung in den Tagesablauf von Retreats aufzunehmen und Rampen für Rollstuhlfahrer bereitzustellen.

Ein anderer Aspekt des Trendwechsels sowohl im asiatischen als auch im westlichen Zen war eine wachsende Beachtung der sozialen Gerechtigkeit. Das Zen-Establishment in Japan hat bis vor sehr kurzer Zeit in Fragen eines sozialen und politischen Engagements entweder geschwiegen oder klar die militärische Seite bevorzugt. Der offensichtliche Nihilismus des Schwertmeisters und Zen-Lehrers Takuan im 17. Jahrhundert hat den japanischen Militarismus unterstützt in Zen-Termini, die heute noch in den Ohren der Nationalisten einen gewissen Wohlklang haben.

Das erhobene Schwert hat keinen eigenen Willen,
es ist reine Leere. Es ist wie das Aufflammen eines Blitzes.
Der damit niedergeschlagene Mann ist ebenfalls Leere,
genauso wie der, welcher das Schwert erhebt ...
Hänge nicht deinen Geist an das erhobene Schwert;
vergiss alles, was du tun wolltest, und schlage den Gegner.
Richte deinen Geist nicht auf die Person vor dir –
das ist alles nur Leere; aber hüte dich auch davor,
deinen Geist an die Leere zu hängen.

Zeitgenössische Beispiele eines solchen Weltbildes sind jene chauvinistischen Zen-Meister, die den russisch-japanischen Krieg unterstützten und die nach der Niederlage im Zweiten Weltkrieg mit dem Gedanken an rituellen Selbstmord spielten. Die im Zen häufige Betonung des bushido, der kriegerischen Verhaltensregeln, welche den Verstoß gegen die buddhistische Regel des Nichttötens rechtfertigen und den Militarismus glorifizieren, hat viele westliche Zen-Übende zu der Frage geführt, ob dem japanischen Zen überhaupt irgendein ethisches System inhärent sei. Als Anmerkung zu Takuans Amoralität führt der amerikanische Zen-Lehrer Robert Aitken aus:

*Takuan Zenjis Rat liegt der Geist der Bhagavadgita zugrunde ...
Die Trennung des Absoluten vom Relativen und seine Behandlung
als etwas völlig Unbegreifliches mag guter Hinduismus sein,
die Lehre des Buddha ist es nicht. Für ihn waren das Absolute
und das Relative untrennbar voneinander, wenn es sich nicht
gerade als notwendig erwies, sie als Aspekte einer einheitlichen
Wirklichkeit [getrennt] herauszustreichen ... Das Gelöbnis von
Takuan Zenji, alle Wesen zu retten, schloss jenes nicht ein,
das er »den Gegner« nannte.*

Deutet die stark verwurzelte jüdisch-christliche Ethik des Westens auf einen unausweichlichen Prozess der »Befriedung« des Zen hin?

Obwohl sich eine engagierte, aktiv friedensfördernde Form des Zen nur langsam entwickelt und bisher alles andere als umfassend ist, haben viele amerikanische, europäische und lateinamerikanische Übende begonnen, ihre Praxis als Kombination von spiritueller Einsicht und konkreter sozialer Aktion innerhalb des Bereichs der geschichtlichen Ereignisse zu betrachten. Die amerikanische Tradition der Trennung von Kirche und Staat hat nie die starken sozialpolitischen Bewegungen beeinträchtigt, welche von religiös motivierter Moralität und einem Sinn für soziale Gerechtigkeit inspiriert waren. Der amerikanische Protestantismus mit seinem innerweltlichen Engagement und seinem handlungsorientierten Leben der »guten Taten« beginnt inzwischen auf den sonst neutralen Zen-Standpunkt abzufärben. Einige Zen-Zentren in den USA engagieren sich aktiv in der Sozialarbeit und schließen sich dazu mit jüdischen, katholischen und protestantischen ebenso wie mit anderen buddhistischen Gruppen zusammen. Dabei knüpfen sie auch an Aktionsformen an, die während des Vietnamkriegs entwickelt wurden. Indem sie sich besonders auf die Probleme von Obdachlosen, auf Umweltprobleme, Abrüstung und Rassismus konzentrieren, haben einige Zen-Zentren soziales Handeln erfolgreich in ihre formale Meditationspraxis integrieren können.

Ganz typisch hat der japanische Zen-Meister Taisen Deshimaru auf die Fragen seiner westlichen Schüler geantwortet, was denn die Leute in ihrem täglichen Leben tun sollten: »Arbeiten, auf die Toilette gehen, essen, was ihr wollt.« Aktivistische westliche Zen-Lehrer haben Deshimarus japanische Version des Zen-Lebens durch die Anregung ergänzt, auch sozial aktiv zu sein. Politisch und sozial bewusst, ebnen diese westlichen Zen-Buddhisten einen kontemplativen Weg, der sich mit dem »Drehen des dharma-Rades« ganz natürlich [tzu jan] verbindet. Wenn die Notwendigkeit einer solchen spirituell inspirierten sozialen Handlungsweise nicht beachtet wird, wird die Legitimität des Zen-Buddhismus in einer Gesellschaft unterminiert, die Ethik und Religion als untrennbar ansieht.

Der dritte große Trend in der Zen-Praxis ist begründet in der schnellen Verbreitung moderner Technik über die ganze Welt. Zum Ende des 20. Jahrhunderts war diese in vielen westlichen Zentren so »radikal« geworden, dass selbst die formelle persönliche Kommunikation zwischen Schüler und Lehrer dem »Doku-phon«, der E-mail, dem Chatroom und dem »Facebook Koan« gewichen war. Da wir täglich Zeugen der Ausbreitung immer neuerer und schnellerer Kommunikationswege werden, sollten wir vorbereitet sein auf noch viel radikalere Wandlungen in der globalen Zen-Praxis, die sich selbst Reformer wie Hakuin oder Nyogen Senzaki nicht vorstellen hätten können.

Und doch – trotz dieser radikalen Wandlungen hat Zen im Westen gezeigt, dass es sich auch seinem neuen Zuhause flexibel anzupassen vermag Indem es sich an demokratische Beschlussfassung gewöhnt, an eine tief verwurzelte Abneigung gegen Hierarchie, an feministische Ansprüche und einen unausrottbaren Drang zu »guten Taten«, tauscht Zen seine Mönchsroben gegen eine Kleidung, die einer bürgerlichen »Laiengesellschaft« angemessener ist. Zen wird zwangsläufig aufhören, die asiatischen Strukturen der letzten 2500 Jahre widerzuspiegeln. Glücklicherweise scheint es dabei jedoch nicht seine religiöse Funktion zu verlieren, nämlich einen Weg zu spiritueller Freiheit zu weisen.

Seiner grundlegenden Natur nach ist Zen kontemplativ. Zazen heißt, sich abseits der Welt niederzulassen – eine halbe Stunde täglich, ein Wochenende, für ein Wochen-Retreat oder für ein Jahr. Das ist die

Grundlage aller meditativen Traditionen. Der Buddha, ein Produkt seiner indischen Kultur, hat seine Schüler als zölibatäre Mönche und Nonnen um sich geschart. Wir sind als westliche Laien dem Rat des Buddha gefolgt, unsere eigene Autorität zu sein, und haben begonnen eine Form der Praxis zu entwickeln, die unserer Zeit und Umgebung angepasst ist. Aber die Botschaft des Zen bleibt dieselbe, sie erlaubt uns den Einblick in unser eigenes Wesen zu jeder Zeit und an jedem Ort: manchmal als Joshu, der die Sandalen auf seinen Kopf legt, oder als Ummon, »Sesamreiskuchen!« rufend, manchmal als Fuchs und manchmal auch als alte Frau, die beleidigt einen Mönch mit dem Feuerhaken schlägt. Der Zauber des Zen lebt in der Kunst des Sitzens; seine Kreativität drückt sich aus im koan, die manifeste Welt der Form ist nicht zu trennen von der wort- und bildlosen Erfahrung der Leere. Es ist ein Raum des ununterbrochenen Spiels, in dem wir mit dem Morgenstern strahlen und mit den Wildgänsen fliegen. Und doch ist es fest verbunden mit der Art von Disziplin, die nötig ist, um sich hinzusetzen und ein Leben lang ernsthaft zu meditieren, während man sich aktiv in der Welt engagiert als Lehrer, Ärztin, Mutter, Vater, Zimmermann, Professorin oder sogar als Politiker. Das ist das Zen der Verrückten Wolken. Jedes Kind ist so geboren. Diejenigen, welche aufwachsen und es mit jedem Atemzug und in jedem Augenblick leben, marschieren mit Ikkyu am Neujahrstag durch die Straßen von Sakai und schwingen ihr hölzernes Schwert auf ihrem Weg in den Morgen; sie sitzen mit Bassui in seinem gemütlichen Baumhaus beim Brotbacken; und sie erfassen das Ungeborene mit Bankei am offenen Lagerfeuer in einem Berg-Retreat.

Heute ist sogar Japan in das neue, von Laien getriebene Zen-Paradigma hineingestoßen worden, wie wir bei einem kürzlich stattgefundenen Besuch zweier von Japans ältesten Zen-Tempeln sehen konnten. Im Glauben, wir würden an einer Führung teilnehmen, schlossen wir uns einer langen Warteschlange an, bis wir entdeckten, dass wir in keiner Gruppe von Touristen waren, sondern von Sesshin-Teilnehmern, die sich für ein einwöchiges Retreat eintragen wollten. Nachdem wir selbst mit strengen monastischen Zen-Lehrern in Japan und auch im Westen geübt hatten, waren wir überrascht zu sehen, dass nicht nur die Leitung der Gruppe eine Frau hatte, sondern dass zumindest die Hälfte dieser Laienteilnehmer Frauen waren – mehr als doppelt so viele wie die Mönche des Klosters! Noch mehr aber überraschte uns die sanfte Behandlung, die sie erfuhren: kein Geschrei, keine Beleidigungen, keine Schläge – und das, während die gleiche disziplinierte Stille und »meditative« Atmosphäre aufrechterhalten wurde, die uns über 25 Jahre früher mit sehr viel härteren Methoden eingehämmert worden war. Wir sahen mit großer Freude, dass die Samen der Entwicklung unserer eigenen »Graswurzel-Zen«-Reformen nicht nur im Westen, sondern auch in der angestammten Heimat des Zen Früchte getragen hatte. Wie ist das geschehen? Angeleitet von den Radikalen, Rebellen und Reformern in diesem Buch möchten wir versuchen, diese Frage zu beantworten, indem wir ein wenig von unserer eigenen »Verrückte-Wolke«-Reise mitteilen.

Wir hatten beide die frühen 80er Jahre mit der Praxis von »Samurai Zen« mit japanischen Rinzai-Roshis verbracht, bevor wir nach Hawaii aufbrachen und Laienschüler von Robert Aitken wurden. Aufbauend auf der friedensorientierten Zenpraxis dieses amerikanischen Zen-Lehrers mit ihrem Schwergewicht auf Gewaltlosigkeit und sozialer Gerechtigkeit verließen wir Hawaii fünf Jahre später und begründeten die Princeton Area Zen Group. Unsere Praxis formten wir bewusst nach den Reformprinzipien der »Verrückten Wolken«, und unsere Erfahrung in Princeton unter Laien, die zuhause wohnten und zumeist Anfänger waren und kein besonderes Interesse am klösterlichen Buddhismus hatten, überzeugten uns, dass noch radikalere Änderungen nötig waren. Unsere amerikanische »Graswurzel-Zen«-Praxis ging also weiter, um unserer wachsenden Laiengemeinschaft entgegenzukommen, wir ließen das verbleibende monastische Drumherum wie Roshi-Titel, finanzielle Unterstützung von Lehrern, Zeremonien der Dharmanachfolge und formalen Übertragung, den Stock, Roben und andere priesterliche Rangabzeichen weg. Wie »radikal« das auch zu jener Zeit schien – wir handelten nach unserem Gefühl (das sich auch nach 25 Jahren nicht geändert hat), was für eine engagierte Zen-Praxis wesentlich ist: tägliches Zazen, Retreats, Koan-Praxis und Zwiegespräche, Dharma-Vorträge und das Rezitieren von wichtigen Zen-Sutren auf Sinojapanisch und Englisch. Ganz in der unsteten Tradition unserer »Verrückte

Wolken«-Vorfahren zogen wir nach weiteren fünf Jahren weiter und kamen nur nach Princeton zurück, um Retreats zu leiten, bis wir 2005 unsere Lehrverantwortung an Bill Boyle weitergaben, nachdem er die einstimmige Bestätigung durch die PAZG-Mitglieder erhalten hatte. In den letzten fünf Jahren haben wir unsere Zeit aufgeteilt zwischen Melbourne in Australien und Honolulu auf Hawaii. Diese neue Situation verlangte wieder eine neue Wendung in unserer Praxis – eine, die das Graswurzel-Zen und das der Verrückten Wolken verbindet mit den Elementen, die inspiriert sind von allen unseren radikalen Ahnen.

P'ang-yün und Ling-chao sind weiterhin die Modelle für unser familiäres Zen im Mentor-Stil, das partnerschaftliche Beziehung lehrt mit dem Schwerpunkt auf traditioneller Koan-Praxis mit engagierten Schülern von außerhalb des Zendo.

Der eigenwillige Humor und die spielerisch-tiefgründigen koan und mondo von Rinzai und P'u-hua sind ein unverzichtbarer lebendiger Hinweis auf die Freude in der alltäglichen Zen-Praxis.

Der Meilenstein von Bassuis koan »Wer ist es, der dieses Geräusch hört?« bringt die nie-endende Erfahrung der Selbstverwirklichung zurück, verbunden mit der mitfühlenden Bodhisattva Kannon, die alle Wesen vom Leiden befreit.

Ikkyus Zurückweisung der »Dharma-Übertragung« und leidenschaftliches Eintauchen in die »Welt der zehntausend Dinge« richtet unsere Aufmerksamkeit auf die wechselnden Bedingungen des Lebens und schiebt gleichzeitig allen egoverhafteten Gedanken an ein »eigenes Reich« einen Riegel vor.

Indem sie das ganze Zen in die unmittelbare Erfahrung des Augenblicks konzentriert, zielt Bankeis Lehre vom »Ungeborenen« auf das gewöhnliche Leben außerhalb des Zendo als fruchtbares Feld der Praxis. Seine Unabhängigkeit und sein säkularer Liberalismus passen perfekt zu unserem amerikanischen »Graswurzel«-Stil eines freigeistigen Zen.

Indem er Askese und selbstgewählte Schmerzen ablehnte, die so oft mit Zen-»Disziplin« verwechselt werden, ist Hakuins »großmütterliche« Sorge um seine eigene körperliche und geistige Gesundheit und die seiner Schüler eine immerwährende Mahnung, dass »ebendieser Körper der Buddha ist.«

Nyogens Metapher von Zen als Garten und dem Zen-Lehrer als Gärtner, der nie vergisst, dass er »ebenso eine Blume im Garten« ist, ist der Kern unserer egalitären Graswurzel-Zenpraxis. Wo immer wir hingehen, unser »Floating Zendo« mit seinen Glocken, Klappern, Sitzkissen, und dem Container der »Buddha-Box« begleitet uns, wenn wir unserem »amerikanischen Hotel« die Straße des Dharma hinab folgen.

Und schließlich steckt Soens herzhaftes Lachen und schenkelkopfender Ruf des »Nur dies!« jeden erleuchteten Schritt der Reise mit spontaner Freude an.

Wenn diese Radikalen, Rebellen und Reformer uns auch immer neu inspirieren, wir dürfen nicht vergessen, dass sie oft marginalisiert wurden, ihre Lehre »gereinigt« durch Traditionalisten, deren weltliche Verbindungen zu Macht und Politik die Verrückte-Wolken-Vision des Zen ins Abseits drängte. Ikkyus Stimme ruft laut, um sie zurückzuholen; provoziert uns, furchtlos in unsere eigene kreative Tiefe zu springen, offen für denselben Ursprung überschäumender Energie, der die Quelle seiner Praxis war; und sie verlangt von uns, den Felsen des Ich zu einem Kiesel abzuschleifen und die dunkelsten Tiefen unseres Selbst auszuloten – so ungekünstelt wie ein Kätzchen, das sich mit einem Garnknäuel herumbalgt. P'ang und Nyogen, Rinzai und Hakuin haben nie aufgehört, uns zu drängen, auf unseren eigenen Füßen zu stehen. Wir haben nur nicht hingehört. Zu lange sind sie außerhalb des Hauptflussbetts gehalten worden, von weitem als religiöse Genies bewundert, denen man in ihrer »Exzentrizität«, ihrem »Anarchismus« oder, im Fall Ikkyus, in ihrer »Ausschweifung« nicht nacheifern dürfe. Das Zen der Verrückten Wolken ist weder hedonistisch noch exzentrisch. Es ist die natürliche Entwicklung jener, deren Einsicht in das Unaussagbare als die spirituelle Form vom Ausdruck des Selbst in eben diesem

Körper und an eben diesem Ort zutage tritt. Es spielt auf einer formlosen Bühne, sein Geist drückt sich aus in Pu-huas Purzelbaum, in Hakuins Karikaturen, in Ikkyus komischer Poesie. Es spricht mit uns in Gesten. Wie wiegender Bambus oder wie grüne Bohnen auf unserer Gabel umgibt es jeden Augenblick unseres Lebens mit Glanz.

epilog

Vom Zen der Verrückten Wolken zum Graswurzel-Zen

Graswurzel-Zen ist eine an der Gemeinschaft orientierte Praxis, es unterstützt und ermutigt die individuelle Entwicklung im Rahmen demokratischer Entscheidungsfindung und sozialer Verantwortlichkeit. Das heißt aber nicht, dass man die klösterliche Tradition ablehnen müsste. Es wird immer Raum für Menschen sein, die einer tieferen Berufung folgen und Mönch bzw. Nonne werden. Nicht jeder, der an Zen-Meditation interessiert ist, sollte sich verpflichtet fühlen, unseren Weg der Laien-Praxis zu beschreiten. Aber genau darum sollten sich auch Menschen, die unser Interesse am Graswurzel-Zen teilen, nicht am Monastizismus orientieren müssen. Unsere Art des Zen wendet sich von Hierarchien jeder Art ab und kann deshalb im alltäglichen Leben ganz gewöhnlicher Leute seinen Ort finden; Menschen, die sich selbst nicht notwendig als Buddhisten betrachten, die sich aber ebenso wie Ordinierte dazu berufen fühlen, eine Antwort auf die spirituellen Fragen ihres Lebens zu finden. Die formale Praxis der Sitzmeditation, Retreats, Einzelgespräche mit Lehrenden und die Erfahrung der spirituellen Einsicht sind alle erhalten geblieben, obwohl Robe und rasierter Kopf, der Kodex der Samurai und männliche Vorherrschaft verschwunden sind. Dieser letzte Punkt ist besonders signifikant vor dem Hintergrund der jahrhundertelangen Unterordnung der Frau in den meisten Religionen der Welt, den traditionellen Zen-Buddhismus mit eingeschlossen.

Das aus Japan in den 50er Jahren importierte Zen erwies sich als perfekt kompatibel mit den traditionellen westlichen Mustern der männlichen Vorherrschaft. Indem es Grundsätze und Trainingsmethoden kombinierte, die beide auf den Bildern von männlicher Transzendenz und weiblicher Verhaftung am Stofflichen beruhten, hat es das zölibatäre Leben glorifiziert und den Körper verteufelt. So sind selbst jene Frauen, die ihren geringeren Status überwinden wollten, indem sie Nonnen wurden, von der Hierarchie ausgeschlossen geblieben. Viele Frauen haben stillschweigend sexuelle und psychische Erniedrigung und Ausbeutung ertragen, nur um in der sangha anerkannt zu werden. Als diese Missbräuche nach und nach ans Licht kamen, haben sich nicht wenige Frauen hinreichend ermutigt gesehen, nicht nur die Beziehung zwischen Zen-Lehrern und ihren Schülern in Frage zu stellen, sondern die patriarchalischen Strukturen selbst, welche der Praxis ihre Form gaben. In den 80er Jahren hatte die Frauenbewegung, die inzwischen vom Westen aus selbst die entlegensten und frauenfeindlichsten Bastionen des asiatischen Mönchstums erreicht hatte, eine neue Stufe der spirituellen Revolution der Nachkriegszeit hervorgebracht. Nun wurde weniger beachtet, ob ein Zen-Meister seine Traditionslinie wohl zu Recht vertrat, wichtiger war die Frage, ob man Verantwortlichkeit für seine eigene Praxis übernehmen und seiner eigenen Erfahrung vertrauen konnte. Die feministische Herausforderung männlicher Zen-Lehrer wurde ausgeweitet auf die Fragwürdigkeit von Status, männlichkeitsbetonten Bildern und Symbolen und auf den Stil der Weitergabe der Lehre. Verwurzelt in einem Modell von spiritueller Partnerschaftlichkeit, die auf Machtverteilung beruht, ist inzwischen eine mehr ganzheitliche, integrierte Form der Zen-Praxis entstanden, um den jeweiligen Bedürfnissen von Frauen und Männern heute gerecht zu werden.

Von diesem neuen Paradigma inspiriert, betont das Graswurzel-Zen die Gleichwertigkeit der Geschlechter, entwickelt eine familienorientierte Praxis, die auch Kinder mit einbezieht, berücksichtigt die Arbeitsbedingungen des Einzelnen und ist den Idealen sozialer Gleichheit verpflichtet. Das Vorgehen in der Gemeinschaft wird demokratisch diskutiert und umgesetzt und nicht von oben dekretiert. Dieses Zen kann von jedem geübt werden, religiös oder nicht, der sich einer Verwirklichung des Selbst[1] verpflichtet fühlt und Meditation zu einem ernsten Anliegen macht und nicht zu einem flüchtigen Hobby. Graswurzel-Zen ermutigt das Übernehmen und Teilen von Verantwortung und die demokratische Entscheidungsfindung. Wenn wir demokratische Strukturen in Politik und Gesellschaft unterstützen, warum sollten wir nicht auch auf spirituelle Demokratie hinarbeiten? Zen ist keine isolierte metaphysische Praxis jenseits unserer Welt. Unsere wahre Herausforderung ist es, uns der wechselseitigen Abhängigkeit aller Dinge immer mehr bewusst zu werden und diese Einsicht in die Praxis umzusetzen, indem wir die politische, soziale und spirituelle Dimension unserer Existenz miteinander verknüpfen. Die Einheit des Seins, die in der Zen-Meditation erfahren wird, muss sich in der Welt ausdrücken als Offenheit, Gewaltfreiheit, Güte, Freundschaft und Demokratie.

Besonders für Laien bedeutet spirituelle Einsicht die Integration der Erkenntnis von der Interdependenz aller Dinge mit dem Weg, wie wir in der Welt leben und handeln. Erst wenn die Meditation uns wirklich nahebringt, dass wir selbst nichts anderes sind als der lautstarke Nachbar nebenan, die obdachlose Frau im Park oder der gefleckte Uhu, werden soziales und ethisches Engagement zu unserer zweiten Natur. Das ist die Art der Zen-Praxis, die gleichbedeutend ist mit dem »Zen des Lebens« in der geschäftigen Welt, in der wir hier und jetzt leben.

Zen-Übende von heute beschreiten einen schmalen Grat zwischen Meditation und Aktion. Das heißt, dass die berufstätige Mutter sich ebenso verpflichtet fühlt, sich jeden Tag für eine halbe Stunde auf ihr Kissen zu setzen, wie dazu, ihre Kinder zur Schule zu bringen und pünktlich zur Arbeit zu erscheinen. Die Anwendung jenes Instrumentariums, das in 2500 Jahren Erfahrung mit der Sitzmediation entwickelt wurde, zeigt, dass es für eine Hausfrau in New Jersey, einen österreichischen Universitätsprofessor oder eine australische Krankenschwester heute ebenso wirksam ist wie damals bei Shakyamuni Buddha. Wenn sie dem Weg des Buddha folgen, müssen westliche Meditierende, wie der Buddha dies getan hat, die leere Perfektion von nirvana als Alternative zur lärmenden Welt der zehntausend Dinge zurückweisen. Im Gegensatz zu anderen spirituellen oder religiösen Wegen, die sich auf eine Intervention von außen durch einen Gott oder eine Übertragung durch einen Meister verlassen, liegt die Verantwortung im Zen einfach auf den Schultern der jeweils Übenden. Wir selbst entscheiden, täglich in Meditation zu sitzen und an Retreats teilzunehmen, während wir zugleich unserem Job nachgehen, uns um Kinder und alternde Eltern sorgen, zur Wahl gehen und uns für die Rettung unseres Planeten engagieren. Wie der Buddha – von dem gesagt wird, dass er immer noch übe – sind wir ebenfalls jeden Augenblick unseres Lebens eingeladen, uns auf den Weg einzulassen. Glücklicherweise müssen wir dazu keine weite Reise mehr auf uns nehmen.

Graswurzel-Zen in New Jersey

Inspiriert von den Rebellen und Reformern in diesem Buch, haben wir den asiatischen Wurzeln des Zen der Verrückten Wolken einen Schössling entnommen und ihn in die Erde des Westens verpflanzt. Nachdem wir über 15 Jahre lang schwarze Roben getragen und die strengen japanischen Klosterregeln befolgt hatten, konnten wir nicht länger die Augen vor der Tatsache verschließen, dass wir westliche Menschen waren, die in der Laiengesellschaft des ausgehenden zwanzigsten Jahrhunderts lebten. Darüber hinaus verstanden wir uns als »fortschrittlich«, interessiert an Bürgerrechten, Ökologie und Feminismus und engagiert gegen wirtschaftliche Ausbeutung und Gewalt. Wir waren betroffen von dem patriarchalen und hierarchischen Wesen des traditionellen japanischen Zen, seinem Militarismus, seiner Distanz zu sozialer Aktion und den Angelegenheiten dieser Welt. Wir waren beunruhigt zu sehen, dass so viele »Westler«, die einmal tief in die Übung des Zen involviert gewesen waren, diese aufgaben, weil sie Zen zunehmend »irrelevant« für ihr Leben fanden.

So haben wir vor 25 Jahren, als wir in Princeton, New Jersey, lebten, eine kleine Zen-Gruppe begründet und begonnen, mit einer eher amerikanischen Graswurzel-Version der Zen-Übung zu experimentieren. Obwohl wir uns von dem ursprünglichen feudal-kulturellen Stil dispensierten, hielten wir es für unabdingbar, dem »Herzen« unseres Zen-Trainings treu zu bleiben, das zazen einschließt – die formale Sitzmeditation; sesshin – Meditations-Retreats im Schweigen; dharma-Vorträge – praxisbezogene Vorträge von Zen-Lehrern; koan – eine Methode des direkten Austauschs zwischen Lehrer und Schüler zur Erleichterung der spirituellen Einsicht; und dokusan – Zwiegespräch zwischen Lehrer und Schüler.

Von Anfang an waren wir, genauso wie die ursprüngliche Handvoll Mitglieder, die mit uns den Meditationsabend am Mittwoch frequentierte, entschlossen, dass die Princeton Area Zen Group – unter diesem Namen ist sie bekannt geworden – ein an Gemeinschaft orientiertes Zen-Zentrum ohne Bindung an einen Ort oder eine Tradition sein sollte, mit dem Zweck, jeden in die Praxis des zazen einzuführen, der einen ernsthaften Wunsch nach Verwirklichung des Selbst hegt. Nach drei Jahren war die Zahl der Mitglieder so gewachsen, dass ein größerer Raum gemietet werden musste und ein Mitgliedsbeitrag erhoben werden konnte, statt sich auf Spenden zu verlassen. In ihren Faltblättern bezeichnete sich die PAZG jetzt als »Gruppe Gleichgesinnter, die gemeinsam jeden Sonntagabend Zen-Meditation üben und im gleichen Maß verantwortlich sind für die Erhaltung und Unterstützung des dojo, des »Ortes der Übung«. Regelmäßige sesshin wurden abgehalten, Anfängerabende eingeführt, um Neulingen Zen nahezubringen, und wir beide engagierten uns in der Stadtgemeinde von Princeton, hielten Vorträge, Seminare und Workshops und nahmen Verbindung auf mit dem christlichen und jüdischen Klerus, die sich und ihre Gemeindemitglieder mit der Übung der Meditation bekanntmachen wollten.

Inspiriert von der profanen Atmosphäre und pragmatischen Sprache des Graswurzel-Zen schufen Mitglieder der PAZG – ob sie sich nun »Buddhisten«, »gläubige Katholiken«, »ethnische Juden« oder »ungebunden« nannten – mit der Zeit eine Mischung von östlicher und westlicher Zen-Praxis, bei der sie sich wohlfühlen konnten. Als zur Wahl gestellt wurde, ob wir einen Altar beibehalten sollten mit der traditionellen Statue oder einem Bild des Buddha, ob wir Räucherstäbchen verwenden und eine abgekürzte Version buddhistischer Sutras auf Sino-Japanisch rezitieren sollten, wurde z. B. einhellig mit »ja« gestimmt. Die entspannte, nicht-hierarchische Beziehung zwischen Lehrern und Schülern, die persönlichen Freundschaften, die sich unter den Mitgliedern entwickelten, und die Verbundenheit unter jenen, die die Bemühungen der Gruppe mittrugen, schufen eine Gemeinsamkeit, die jeden sektiererischen Streit von vornherein ausschloss. Keines der Mitglieder sah Zen als exotischen Ostimport, der zur Entfremdung vom »wirklichen Leben« führen könne. Mit nicht-praktizierenden Ehegatten, mit Kindern, anderen Familienmitgliedern und Freunden, die zum Essen und zu spontanen Partys nach Wochenend-Retreats mitgebracht wurden, erstreckten sich die sozialen Kontakte auch über die Zen-Gruppe hinaus; und sogar Ortsansässige, die ursprünglich befürchtet hatten, dass sich da in ihrer Mitte eine Sekte breitmachen könnte, zeigten sich zunehmend interessiert. Der Umstand, dass weder Lehrer noch Schüler schwarze Roben trugen oder sich den Kopf rasierten (eine klösterliche Tradition, die in vielen amerikanischen Laien-Zen-Zentren immer noch üblich ist), half ebenfalls mit, die PAZG in das soziale und intellektuelle Leben außerhalb der zendo zu integrieren.

Als Lehrende begrüßten wir es, in einer Gruppe zu sein, die zum überwiegenden Teil aus Anfängern ohne vorhergehende Zen-Erfahrung und ohne Vorurteile über die Zen-Praxis bestand. Unsere Schüler fragten nicht, ob die Sitzmeditation, die sie lernten, japanisch oder amerikanisch, alt oder neu war. Die Ärztinnen, Umweltschützer, Künstler, Studentinnen, Hausfrauen, Buchhalter, Dichterinnen, Beamten, Therapeutinnen und Rentner, die mit uns saßen, waren weniger an Fragen nach Hierarchie, Traditionslinie oder anderen Themen des »Kirchen-Zen« interessiert als daran, sich wirklich auf ihr Kissen zu setzen und den »Buddha-Weg« für sich selbst zu erfahren. Und weil die alte chinesische Praxis der Meditation mit koan sich stets auf ihre eigene Erfahrung im täglichen Leben bezog, war sie den Mitgliedern leicht zugänglich. Dass wir als Ehepaar auftraten und keine Symbole religiöser Autorität mit uns herumtrugen (und nicht von der Gruppe finanziell unterstützt wurden, sondern unseren Lebensunterhalt, so wie andere auch, selbst verdienten), half ebenfalls mit, die klerikale, vorwiegend maskuline Atmosphäre zu entspannen, die lange mit Zen verbunden schien. Dokusan (ohne die komplizierten Niederwerfungen und klösterlichen Formalitäten des traditionellen asiatischen Zen) öffnete neue Wege der Kommunikation, die sonst durch die kulturellen Unterschiede verschüttet geblieben wären; und auch sesshin, bei denen alle Teilnehmer für Organisation, Finanzierung und Ausführung praktischer Tätigkeiten gleich verantwortlich waren, dienten dazu, eine demokratischere Form der Zen-Praxis hervorzubringen.

Disziplin – ein Schreckgespenst in unserer zur Nivellierung neigenden Zeit – musste niemandem mit dem langen Holzstock [kyosaku] nahegebracht werden, der in Klöstern und in vielen Zen-Zentren bei uns auch heute noch üblich ist. Die meisten Mitglieder der Gruppe waren verantwortungsbewusste berufstätige Erwachsene mit Kindern, denen sie selbst Disziplin beibrachten, einige waren weißhaarige Senioren, und es schien uns irgendwie unpassend, durch die zendo zu marschieren und sie mit dem Stock auf den Rücken zu schlagen, um sie wach zu halten. Als Ergebnis unseres zunehmenden Bestrebens, Zen zu »verweiblichen«, wurden stattdessen eine Haltungskontrolle und eine »Massage« von Akupressurpunkten eingeführt; und denjenigen, die nicht in Lotoshaltung auf einem zafu sitzen konnten, wurde gezeigt, wie man zazen auf einem Stuhl sitzt.

Westliche Laien-Zen-Lehrende am Ende des 20. Jahrhunderts zu sein bedeutet, das zu akzeptieren, was wir »Rollenpluralität« nennen. Wie die berüchtigten Zen-Skandale der 80er Jahre gezeigt haben, hat die traditionelle Rolle des roshi als lebender Manifestation der Erleuchtung dazu geführt, dass Schüler diese Rolle des »Meisters« auf alle anderen Aspekte des menschlichen Daseins ausgedehnt haben. Sie nahmen an, dass ihr Lehrer nicht unmoralisch handeln könne. Selbst eindeutig unmoralische Verhaltensweisen wie Drogenabhängigkeit oder sexueller Missbrauch durch den roshi wurden als dessen »mystische Lehren« angesehen, die »gewöhnlichen« Übenden eben nicht verständlich seien. Diese automatische Übertragung der besonderen Rolle des »Meisters« auf alle Lebensbereiche hielt die Schüler davon ab zu erkennen, dass ihr Lehrer eben nicht perfekt war. Als menschliche Wesen spielen wir alle viele verschiedene Rollen, ebenso wie wir verschiedene Stärken und Schwächen haben. In manchen Rollen sind wir aufgerufen voranzugehen, in anderen müssen wir erfahreneren Leuten folgen.[2)] Das Akzeptieren der Pluralität unserer Rollen heißt, dass qualifizierte Zen-Lehrer imstande sein sollten, ihre Schüler in der Meditation anzuleiten, dass sie aber andererseits willens sein müssten, in anderen Bereichen von ihren Schülern zu lernen. Mit anderen Worten: Sowohl Schüler als auch Lehrer müssen sich selbst erlauben, in wechselnden Situationen verschiedene Rollen anzunehmen und vorgefasste versteinerte Hierarchien loszulassen, die das freie Wechselspiel der menschlichen Interaktion behindern.

Als Zen-Lehrende haben wir immer wieder die Notwendigkeit erfahren, mit unseren Schülern enge Freundschaften zu entwickeln, wenn wir nicht auf das »unfehlbare dharma-Auge« beschränkt sein wollten. Wir wollten die Möglichkeit haben, mit jemandem eine Tasse Kaffee trinken zu gehen und als Konversationspartner auf Augenhöhe angesehen zu werden. Wir wollten Schüler zum Abendessen einladen können und mit ihnen offen über Politik, Beruf und Kultur reden können in einer Atmosphäre der Gleichheit, die dem freien Ideenaustausch dient. Unser Graswurzel-Zen ist also auf einem gemeinsamen Engagement in Meditationspraxis und Freundschaft begründet. Der griechische Philosoph Sokrates nannte solche Gefühle für Respekt und Bindung in Freundschaft philia – ein Begriff, der in unserer entfremdeten Massengesellschaft seine Zugkraft weitgehend verloren hat. Da die Praxis der philia wohl nur in einer überschaubaren, dezentralisierten Umgebung möglich ist, haben wir gemeinschaftlich beschlossen, unsere Zen-Gruppe in Größe und Reichweite begrenzt zu halten.

---

1) Das Modewort »Selbstverwirklichung« ist in diesem Zusammenhang nur mit großen Vorbehalten anwendbar.

2) Vgl. Chao-chou (778–897): »Wenn ein fünfjähriges Kind mich über das dharma belehren kann, werde ich das demütig annehmen, und wenn ich einen neunzigjährigen Weisen über das dharma belehren kann, werde ich das demütig tun.«

Quellenangaben

Einführung
»Es gibt keinen Buddha und keine Patriarchen ...«
 Kenneth Chen: *Buddhism in China*.

P'ang-yün
Alle direkten Zitate und Gedichte stammen aus:
 A Man of Zen. The Recorded Sayings of Layman P'ang.
 (ins Englische übersetzt von Ruth Fuller Sasaki)

Rinzai
Alle direkten Zitate stammen aus:
 The Record of Rinzai (übersetzt von Ruth Fuller Sasaki)
 und aus: Kenneth Chen: *Buddhism in China*.
»Heutzutage haben nur wenige den wahren Glauben ...«
 Buddhism in China
»Ich rede auf diese Weise nur ... «
 The Record of Rinzai
»Geist ist ohne Form und durchdringt die zehn Richtungen ...«
 The Record of Rinzai
»Da gibt es Schüler, die ihre Kette und Kugel herumschleppen ...«
 The Record of Rinzai
»Da gibt es manche buddhistische Sucher, die schon den Fehler ...«
 The Record of Rinzai

Bassui
Alle direkten Zitate stammen aus:
 Bassui Zenji: Talks with Students
Arthur Bravermans Manuskript von 1989 (unveröffentlicht).
Später veröffentlicht unter dem Titel:
 Mud and Water. A Collection of Talks by the Zen Master Bassui.

Ikkyu
Alle direkten Zitate und Gedichte stammen aus:
  Sonja Arntzen: Ikkyu and the Crazy Cloud Anthology
  und aus: *Jon Covell: Zen Core: Ikkyu's Freedom.*
»Von der Welt der Leidenschaften ...«
  Zen Core
»Räuber sind nie in armen Häusern anzutreffen ...«
  Ikkyu and the Crazy Cloud
»Gier nach Luxus, nach Reis und Geld ...«
  Zen Core
»Nach zehn Tagen in diesem Tempel ...«
  Zen Core
»Ich bin ein einfacher Mann ...«
  Zen Core
»Ich schäme mich, noch unter den Lebenden zu sein ...«
  Zen Core
»Meine Hand Moris Hand nennen ...«
  Ikkyu and the Crazy Cloud
»Wer führt die Grundtradition der Rinzai-Schule weiter ...?«
  Zen Core
»Nach meinem Tod werden unter meinen Schülern ...«
  Zen Core
»Männer inmitten ihrer Trunkenheit ...«
  Ikkyu and the Crazy Cloud

Bankei
Alle direkten Zitate und Gedichte stammen aus:
The Unborn: The Life and Teaching of Zen Master Bankei
(ins Englische übersetzt von Norman Waddell)
und aus: *Peter Haskel: Bankei Zen, Translations from the Record of Bankei.*

»Ich trieb mich gnadenlos an und erschöpfte mich ...«
The Unborn

»Ich habe zweiundsiebzig Jahre gelebt und ...«
The Unborn

»Du machst dich selbst innerlich zu einem erstklassigen Tier ...«
The Unborn

»Ich empfehle niemandem zu schlafen ...«
Bankei Zen

»Versuche, dreißig Tage im Ungeborenen zu verbleiben ...«
The Unborn

»Ich will euch etwas erzählen über die Frage des Buddha-Geistes der Frau ...«
Bankei Zen

»Meine eigenen Kämpfe habe ich ...«
The Unborn

»Es ist diese Albernheit, durch die der Tathagata ...?«
The Unborn

»Was macht es aus, das Neue Jahr, das Alte ...?«
Bankei Zen

Hakuin
Alle direkten Zitate stammen aus:
Philip Yampolsky: The Zen Master Hakuin
und aus: *Heinrich Dumoulin: Geschichte des Zen-Buddhismus, Bd. 2.*

»Plötzlich stand vor mir der große Zweifel ...«
Geschichte des Zen-Buddhismus

»Im Bereich der zehntausend Buddhas ...«
The Zen Master Hakuin

»Ich habe mich entschlossen, jeden dadurch zu belehren ...«
The Zen Master Hakuin

»Da gibt es diese blinden, glatzköpfigen Idioten ...«
The Zen Master Hakuin
»Ungefähr zweihundert Jahre ist es her ...«
The Zen Master Hakuin
»Die Praxis des Lotos-Sutra besteht von heute an darin ...«
The Zen Master Hakuin
»Anfang und Ende eines Kriegers ist die körperliche ...«
The Zen Master Hakuin
»Oft leben Zen-Meister, und ebenso ihre Schüler ...«
The Zen Master Hakuin

Nyogen
Alle direkten Zitate und Gedichte stammen aus:
Nakagawa Soen u.a.: *Namu Dai Bosa*, Nyogen Senzaki: *Like a Dream, Like a Fantasy*, Nyogen Senzaki: *Comments on the Mumonkan*, (unveröffentlichtes Manuskript) Nyogen Senzaki / Ruth Strout McCandless: *Keine Spuren im Wasser*, Genro: *Die hundert Zen-Koans der ›Eisernen Flöte‹*.

»Ich prägte den Ausdruck ›Mentorgarten‹ ...«
Keine Spuren im Wasser
»Bruder Nyogen versucht es, das Leben eines bhikkhu zu leben ...«
Die hundert Zen-Koans
»Freunde im dharma, begnügt euch mit eurem eigenen Kopf ...«
Like a Dream
»Es ist nicht genug, den Leuten zu erzählen, daß es möglich ist ...«
Namu Dai Bosa
»Einige Amerikaner zahlen kräftig ...«
Comments on the Mumonkan
»Wenn irgend jemand sich närrischerweise vom Rest der Welt ...«
Comments on the Mumonkan
»Als mein Meister noch lebte, bat ich ihn ...«
Keine Spuren im Wasser
»Es gibt keine Abstufung im Zen ...«
Comments on the Mumonkan
»Ich gehe keiner so komischen Tätigkeit nach ...«
Comments on the Mumonkan

»Was ist das für ein Geist, der den Mond erkennt?«
   Namu Dai Bosa
»Buddhismus unterstützt die Unabhängigkeit des Denkens ...«
   Namu Dai Bosa
»Als ich in Japan ein junger Mönch war ...«
   Comments on the Mumonkan
»Es ist eine Schande, daß Zen in Japan Verbindungen zu ...«
   Comments on the Mumonkan
»Hunderttausend Bonzen sind mit Sake getränkt ...«
   Comments on the Mumonkan
»Das Ideal meines Lebens wäre, ein zweckloser Pilz zu werden ...«
   Comments on the Mumonkan

Soen
Alle direkten Zitate und Gedichte stammen aus:
   Soen Roku: The Doings and Sayings of Zen Master Soen
   (hrsg. von Eido Shimano)
   und aus: Nakagawa Soen u.a.: *Namu Dai Bosa*.
»Wir beide gingen häufig am späten Abend ...«
   Soen Roku
»Mein Geist hörte auf zu suchen. Er wurde klar und heiter. Schopenhauer ...«
   Soen Roku
»Gewöhnliches ist außergewöhnlich ...«
   Soen Roku
»Sterben heißt nur, sich der Mehrheit anschließen ...«
   Namu Dai Bosa
»Meine Freunde sagen mir, daß die Stadtmauer von Jerusalem ...«
   Soen Roku
»Meditation selbst ist nicht Zazen ...«
   Namu Dai Bosa
»Die Schabe ist mein Lieblingstier ...«
   Soen Roku
»Alle Wesen sind Blumen ...«
   Soen Roku

Das Zen der Verrückten Wolken für den Westen
»Das erhobene Schwert hat keinen eigenen Willen ...«
   Robert Aitken: The Mind of Clover
»Die Trennung des Absoluten vom Relativen ...«
   Robert Aitken: The Mind of Clover

Die Autoren möchten für die Erlaubnis danken, aus den angeführten Werken zu zitieren.

Glossar

-An (chin., jap.): »Hütte«; Suffix für eine Einsiedlerklause oder ein Kleinkloster
Anatta (Pali, Sanskrit anatman): Nicht-Ich(haftigkeit)
Ango (jap.): => kessei
Anicca (Pali, Sanskrit anitya): Unbeständigkeit (alles Seienden)
Arhat (Sanskrit, chin. lo-han): »Würdiger«; jemand, der die höchste Stufe des Theravada erreicht, aber seine eigene Erleuchtung noch nicht transzendiert hat, um alle Wesen zu retten. Stufe vor dem Bodhisattva.

Bakufu (jap.): Militärregierung unter dem Tokugawa-Shogunat
Bodhisattva (Sanskrit, jap. bosatsu): Verkörperung der Selbstlosigkeit im Mahayana-Buddhismus; jemand, der den Eintritt ins nirvana zurückstellt, bis alle Wesen dieses erlangt haben.
Bhikkhu (Pali, Sanskrit bhiksu): Hausloser Mönch; Mitglied der sangha im klassischen Buddhismus
Bokushu (jap.): Anhänglichkeit, festhalten
Bonze: Lehnwort aus dem Japanischen, dort bozu, oder höflicher bosan: Mönch
Bushido (jap.): »Der Weg kämpfender Ritter«; Ehrenkodex der Samurai

Chien-hsing (chin.): => kensho
Chinzo (jap.): Offizielles Zen-Porträt eines Abtes
Chonin (jap.): Städter, Kaufmannsklasse unter den Tokugawa
Chü-shih (chin., jap. koji): »Glaubender Herr«; Bezeichnung für Zen-Laien in der T'ang-Zeit.

Daigi (jap.): »Großer Zweifel«; die »dunkle Nacht der Seele« (vgl. spanische Mystik), welche satori vorausgeht.
Daikangi (jap.): »Große Freude«; der natürliche Fluss von Liebe und Güte, der aus der Erfahrung des satori entsteht.
Daimyo (jap.): Provinzfürst, Chef eines Clans
Daishi (jap.): »Großer Tod«; die Vernichtung des Ich (Ego); auch Metapher für satori.
Dharma (Sanskrit, chin. fa, jap. ho): Wahrheit, Große Ordnung, Lehre des Buddha.
Dharmakaya (Sanskrit): »Wahrheitsleib«; die wahre Buddha-Natur oder transzendente Wirklichkeit.
Do (jap.): => tao

Dojo (jap., chin. tao-ch'ang): Allg. »Ort des (Übungs-)Weges«; also auch Judohalle o. Ä.
Dokusan (jap.): »Allein gehen« => sanzen

Furyu (jap.): Wort mit einem sehr breiten Bedeutungsspektrum, von »subtil« bis »ganz natürlich fließend«; Ikkyus Zen.
Fusho (jap., chin. wu-sheng): »Ungeboren«; Bankeis Form der Weitergabe des Zen; mit Betonung des »Weges des Hörens« gegenüber ritualisierter Meditation oder koan-Arbeit.

Gaijin (jap.): (Besonders westlicher) Ausländer
Gatha (Sanskrit): »Lied«; auch spirituelles Gedicht, sutra.
Giri (jap.): Pflicht
Go-i (jap.): => wu-wei
Goi koan (jap.): Die schwierigste Stufe der koan-Arbeit; mit Hilfe dieser koan sollen die »Fünf Stufen des Phänomenalen und des Wirklichen« des Tung-shan (Tozan) durchdrungen werden.
Gonsen koan (jap.): Diese koan helfen, die schwierigen Aussprüche der alten Meister zu klären.
Gozan (jap.): »Fünf Berge«; Tempelzusammenschluss in Japan, Nachahmung einer ähnlichen Konstellation in China [wu-taishan], wobei einigen ausgewählten Klöstern ein besonderer Status sowie spezielle Privilegien und finanzielle Unterstützung durch den Kaiserhof zuerkannt wurden.

Haiku (jap.): Japanische Gedichtform in siebzehn Silben; abgeleitet aus dem renga [Kettengedicht] und dem tanka [31-silbiges Kurzgedicht], meist im Thema dem Zen nahestehend.
Han (jap., chin. pan): »Brett«; dickes Holzbrett, das in Zen-Klöstern angeschlagen wird, um die Mönche zum Sitzen zusammenzurufen.
Hara (jap.): »Bauch«; Punkt der Konzentration 5 cm unter dem Nabel; Energiezentrum – entspricht dem chin-lu, dem »goldenen Ofen« im unteren Zinnoberfeld des Taoismus.
Harakiri (jap.): »Bauch schneiden«; grobe Bezeichnung für => seppuku
Hinayana (Sanskrit): »Kleines Fahrzeug«; geringschätzige Bezeichnung für => Theravada.
Ho (chin., jap. katsu): »Schreien«; der Schrei des Rinzai, der verbale Aspekt des Schwertes des Manjusri, der ebenso den Strang des Denkens durchtrennen soll wie dieses.
Ho-shang (chin., jap. osho): Anrede für einen voll ordinierten Mönch.

Hogo (jap.): Mündliche Belehrung, meist in Form eines dharma-Vortrags
Hojo (jap.): Regierung des Shogunats; auch Abt eines Zen-Klosters
Hossen (jap.): »dharma-Gefecht«; Dialog zwischen Zen-Adepten, rational meist nicht nachvollziehbar.
Hosshin koan (jap.): Stufe der koan-Arbeit, welche die Einsicht des Schülers in seine Wahre Natur vertiefen soll.
Hotei (jap.) => Pu-tai
Hua-tou (chin., jap. wato): »Wort-Kopf«; das Kernstück eines kung-an, wird häufig mit diesem verwechselt.
Hua-yen (chin., jap. Kegon, Sanskrit Avatamsaka): »Blumenschmuck«; philosophische Schule in China und Japan (geht zurück auf das gleichnamige Sutra), die sehr viel zum philosophischen Hintergrund des Ch'an beitrug.

Inka (jap.): Siegel der Erleuchtung; ausgestellt von einem Zen-Meister zur Bestätigung eines Schülers. Ähnlich: shiho.

Jizo (jap., Sanskrit Ksitigarbha): In Japan beliebter »Bodhisattva der Rettung«, besonders im Zusammenhang mit Kindern [Abtreibungen!].
Joriki (jap.): Kraft der Konzentration, die durch Sitzpraxis erworben wird.
Jujukai (jap.): »Zehn Hauptgebote« => kairitsu
Jukai (jap.): Zeremonie der Annahme der kairitsu; öffentliche »Zufluchtnahme« zu den Drei Juwelen des Buddhismus.

Kabuki (jap.): Volkstümliches Theater mit deftiger Handlung und humoristischen Einlagen, im Gegensatz zum extrem zurückhaltend agierenden No.
Kaikyoshi (jap.): Bevollmächtigter Vertreter einer Zen-Schule für ein bestimmtes Land.
Kairitsu (jap.): Gebote und Regeln
Kami (jap.): Gottheiten des Shintoismus; der japanische Kaiser wurde als »lebender kami« angesehen.
Kannon (jap., chin. Kuan-yin, Sanskrit Avalokitesvara): »Die/der die Geräusche der Welt hört«; Bodhisattva der Güte und des Mitgefühls.
Karma (Sanskrit): Buddhistisches Konzept des Gesetzes von Ursache und Wirkung.
Katsu (jap.) => ho
Kegon (jap.) => hua-yen
Kensho (jap., chin. chien-hsing): Einsicht in die eigene Wahre Natur, Erleuchtungserfahrung.
Keisaku => kyosaku

Kessei (jap., auch ango): Zwei- bis dreimonatige Übungsperiode; in einem Zen-Kloster zweimal jährlich abgehalten.

Kikan koan (jap.): Diese koan führen zu einem besseren Verständnis der differenzierten phänomenalen Welt durch das »Auge der Erleuchtung«.

Koan (jap., chin. kung-an): »Öffentlicher Aushang«; im Zen als Meditationshilfe verwendete Ausschnitte aus => mondo, meist mit Kommentaren; Mittel, um unter Umgehung des Intellekts das dualistische Denken zu durchbrechen.

Kokushi (jap.): »Landesmeister«; höchster Rang, der einem Zen-Meister von der japanischen Regierung verliehen werden kann.

Koto (jap.): Japanisches Musikinstrument, ähnlich der griechischen Lyra.

Kundalini (Sanskrit): »Schlangenkraft«; im Yoga spirituelle Energie, die, wenn erweckt, die Wirbelsäule die chakren entlang hochsteigt.

Kung-an (chin.) => koan

Kyosaku (jap., auch keisaku): Abgeflachter hölzerner Stock; in Zen-Klöstern verwendet, um schläfrige oder verkrampfte Meditierende zu ermuntern und Anhaftungen zu durchtrennen (vgl. Schwert des Manjusri).

Kyo-un (jap.): »Verrückte Wolke«; Selbstbezeichnung Ikkyus, um sein Zen zu charakterisieren.

Lo-han (chin.) => arhat

Mahayana (Sanskrit): »Großes Fahrzeug«; Im 1. und 2. Jh. in Nordindien entstandene und in Ostasien verbreitete Form des Buddhismus mit Betonung des Bodhisattva-Ideals.

Manjusri (Sanskrit, chin. Wen-shu, jap. Monju): Bodhisattva der Weisheit, dessen Kennzeichen das die Verblendungen durchschneidende Schwert ist.

Mantram (Sanskrit, Pl. mantra): Silbe oder Silbenfolge mit immanenter spiritueller Kraft.

Mentorgarten: Nyogen Senzakis Ausdruck für sein unhierarchisches Zen-Modell, in dem jeder als Lehrer und Schüler zugleich betrachtet wird. In Anlehnung an den Begriff »Kindergarten« des deutschen Reformpädagogen Friedrich Fröbel (1782–1852).

Mokusho (jap., chin. mo-chao): Schweigende (andere Lesart: heiter-gelassene) Erleuchtung/Widerspiegelung; besonders in der Soto-Schule gepflegt.

Mondo (jap.): Kurzer Zen-Dialog zwischen Lehrer und Schüler oder spontaner Austausch zwischen Zen-Meistern, in dem die eigentliche Erkenntniserfahrung ausgedrückt werden soll.

Mu-i (jap.) => wu-wei

Mukei (jap.): Wortspiel Ikkyus, in dem er sich selbst als »Mönch vom Traum-Boudoir« bezeichnete.

Naikan (jap.): »Innenschau«; Visualisierungs-Therapie des Eremiten Hakuyu, mit der er Hakuin heilte. Kein Zusammenhang mit der bekannten modernen Naikan-Methode.

Nanto koan (jap.): Sie weisen hin auf die Nicht-Andersheit [vgl. Meister Eckhart] inmitten der Alltagserfahrung.

Nembutsu (jap.): Kurz für »namu amida butsu«; ein mantram, mit dem der Name des rettenden Buddha Amida immer aufs Neue wiederholt wird; diese Praxis wurde von Honen, dem Begründer der Reinen-Land-Schule des Buddhismus in Japan, im 12. Jh. eingeführt.

Nichiren-Buddhismus (jap.): Die Schule des Lotos-Sutra; eine volkstümliche Form des japanischen Buddhismus, die Verehrung und das Gebet betont: »namu myoho renge kyo« – »Verehrung dem Lotos des wunderbaren Gesetzes.« Nichiren, der Begründer der Schule im 13. Jh., verkündete, dass die letzte Wahrheit des Buddhismus nur im Lotos-Sutra zu finden sei.

Ninjo (jap.): Emotion(en)

Nirvana (Sanskrit): »Verlöschen«; Ziel aller Schulen des Buddhismus. Nicht benennbare oder rational fassbare Existenzweise, der von den verschiedenen Schulen verschiedene Inhalte zugeordnet werden. Im Zen, wie allgemein im Mahayana, wird nirvana als vom Wandel der Welt nicht verschieden angesehen.

No (jap.): Theater der Oberschicht im klassischen Japan; viel Andeutung, wenig Mienenspiel und Handlung.

Obaku-Zen (jap., chin. huang-po-ch'an): Nach dem Meister der T'ang-Dynastie benannte Zen-Schule (größte nach Soto und Rinzai).

Oibara (jap.): Ausdruck der Hingabe eines Samurai an seinen Lehnsherrn, indem er ihm in den Tod folgt.

Osho (jap.) => ho-shang

Pai-i (chin., jap. hakui): »Weißes Gewand«; klassischer Ausdruck für buddhistische Laien.

Paramita (Sanskrit): »Das andere Ufer erreicht haben«, transzendent; die sechs paramita, »Vollendungen«, sind: Gebefreudigkeit, Disziplin, Geduld, Ausdauer, Meditation und Weisheit.

Prajna (Sanskrit): »Weisheit«; prajna-paramita, die sechste der paramita; besonders aber die transzendente Weisheit der prajna-paramita-sutra (s. Herz-Sutra und Diamant-Sutra).

Pratitya samutpada (Sanskrit): Abhängiges Entstehen, wechselseitige Abhängigkeit (alles Seienden).

Pu-tai (chin., jap. Hotei): »Hanfsack«; halblegendärer Mönch, der mit einem riesigen Bettelsack umherwanderte und daraus die Kinder beschenkte. Inkarnation des »Buddha der Zukunft«, Maitreya.

Renga (jap.): Kettengedicht; improvisiert in Form eines meist humoristischen Wechselgesprächs in einer Runde von Teilnehmern.
Rinzai-Zen (jap., chin. lin-chi-ch'an): Begründet von Lin-chi I-hsüan (Rinzai Gigen) in der T'ang-Zeit und im 13. Jh. von Eisai und Daio in Japan eingeführt; betont die koan-Praxis.
Roshi (jap.): »Alter Meister«, Zen-Meister

Saisen-ichi (jap.): Altes japanisches Konzept der Einheit von Staat und Religion; in der Meiji-Ära wiederbelebt.
Sake (jap.): Reiswein, wird warm getrunken.
Sala-Baum (Sanskrit): Legendärer Baum, der sich beim Tod des Buddha weiß gefärbt haben soll.
Samadhi (Sanskrit): Zustand tiefer Versenkung.
Sangha (Sanskrit): Ursprünglich Ordensgemeinschaft der Buddha-Mönche und -Nonnen; in der Mahayana-Tradition erweitert auf alle Bekenner/-innen des Buddhismus.
Sanzen (jap.): »(Zum) Zen gehen«; Einzelgespräch zwischen Lehrer und Schüler. Ähnlich: dokusan.
Satori (jap., chin. wu): Selbst-Verwirklichung, Erleuchtung
Senryu (jap.): Siebzehnsilbiges Kurzgedicht ähnlich dem haiku; häufig mit humorvoller oder philosophischer Bedeutung.
Seppuku (jap.): Ritueller Selbstmord
Shi (jap.): »Tod«; wichtiger koan im Samurai-Training.
Shiho (jap.) => inka
Shika (jap.): Mönchsältester
Shiki (jap.): Die zivile Bürokratie der Minamoto-Periode im 13. Jh.
Shin-Buddhismus (jap.): Schule des Reinen-Land-Buddhismus; begründet durch den buddhistischen Mönch Shinran (1173– 1262), der allen Rettung versprach, die gläubig den mythischen Buddha Amida anrufen mit der Formel »namu amida butsu«. Shin ist die verbreitetste buddhistische Schule in Japan.
Shingon (jap.): »Wahres Wort«; esoterische Schule des Buddhismus, begründet von Kukai (774–835), abgeleitet vom indischen und tibetischen Tantrismus. Konzentriert sich auf den Glauben an den kosmischen Buddha Vairocana und betont rituelle Übungen von mantra und mandala (kosmische Symbole).

Shinto (jap.): »Weg der Götter«; ursprünglich animistische Religion mit Schwerpunkt auf Ahnenverehrung und ritueller Reinigung; in der Meiji-Ära japanische Staatsreligion mit Vergottung des Kaisers.
Shogun (jap.): »Reichsfeldherr«; Regent in Japan vom 13.–19. Jh.
Shunyata (Sanskrit) => sunyata
Shuso (jap.): Obermönch
Ssu (chin.) => -ji
Soto-Zen (jap., chin. ts'ao-tung-ch'an): Zahlenmäßig größte japanische Zen-Schule; benannt nach den Gründern in der T'ang-Zeit Tung-shan Liang-chieh (Tozan Ryokai) und Ts'ao-shan Pen-chi (Sozan Honjaku); in Japan eingeführt im 13. Jh. durch Eihei Dogen; betont shikantaza, »einfach sitzen«.
Suiboku-ga (jap.): Japanische Tuschmalerei
Sumeru (Sanskrit, auch Meru): »Weltenberg« im Zentrum des Universums.
Sunyata (Sanskrit, chin. k'ung, jap. ku): Leerheit; mit der Konnotation »Soheit« [tathata].
Sutra (Sanskrit, chin. ching/king/ging): Schrift, Gespräch, Klassiker; Bezeichnung der heiligen Texte des buddhistischen Kanons.

Tao (chin., jap. do): »Weg«; auch im Zen ein zentraler Begriff, vom Taoismus übernommen; in Japan angewandt auf die »Kunst-Wege« wie cha-do, sho-do, kyu-do, ju-do etc.
Tathagata (Sanskrit): »Der so Gegangene«; der Buddha-Aspekt der Möglichkeit und Hervorbringung; die immanente Verkörperung des Absoluten.
Tathata (Sanskrit): So-sein, Soheit, Das-was-ist
Teisho (jap.): Dharma-Vortrag eines Zen-Meisters, bei dem es weniger auf die gesprochenen Worte ankommt als auf das (u. U. auch schweigende) Aufweisen der Erleuchtung.
Tenzo (jap.): Klosterkoch; eine der anspruchsvollsten Aufgaben im Zen-Kloster.
Theravada (Pali): »Weg der Alten«; die »orthodoxe« Strömung des Buddhismus in Südostasien, mit Betonung auf Mönchtum und Erleuchtung und nirvana als Ziel. Historisch genaugenommen ein Unterbegriff von hinayana.
Tripitaka (Sanskrit): »Dreikorb«; die frühesten schriftlichen Zeugnisse der Buddha-Lehren.
Tzu-jan (chin.): »Selbst-artig«; zentraler Begriff im Taoismus: von selbst, natürlich, spontan.

Ungeboren (jap. fusho): Bankeis Ausdruck für das Absolute, das sich im Alltag verwirklicht.

Unsui (jap.): »Wolke-Wasser«; Mönch(sschüler); Andeutung für das Durchschreiten der Welt, ohne eine Spur zu hinterlassen.

Wabi (jap.): Ästhetisches Ideal der Einfachheit und Unmittelbarkeit.
Wato (jap.) => hua-tou
Wu (chin.) => satori
Wu-sheng (chin.) => fusho
Wu-wei (chin.): Mehrere Bedeutungen, u.a.:
  (jap. mu-i) Das »Nicht-Handeln« des Lao-tse
  (jap. go-i) Die »Fünf Stände (Stufen)« des Tung-shan
  (jap. mu-i) Grundsatz der »nicht-stufenweisen« Einsicht im Zen

Yüan (chin.) => -in

Zabuton (jap.): Sitzmatte, Unterlage für das Sitzkissen
Zafu (jap.): Sitzkissen für zazen
Zaibatsu (jap.): Japanisches Wirtschaftsmonopol bzw. dessen Mitglieder.
Zazen (jap.): Sitzmeditation
Zazenkai (jap.): Kurzretreat über ein Wochenende o. Ä.
Zendo (jap., chin. ch'an-t'ang): Zenhalle; im europäischen Sprachgebrauch werden auch Gruppen so bezeichnet, die sich als klösterliche Gemeinschaft verstehen.

Bibliographie

Aitken, Robert. *Ethik des Zen [The Mind of Clover].* München: Diederichs, 1989.
Aitken, Robert. *The Mind of Clover: Essays in Zen Buddhist Ethics.*
 San Francisco: North Point Press, 1984.
Aitken, Robert. *Zen als Lebenspraxis [Taking the Path of Zen].*
 München: Diederichs, 1988.
Aitken, Robert. *A Zen Wave: Basho's Haiku & Zen.* Tokyo: Weatherhill, 1985.
Arntzen, Sonja (Hrsg. u. Übers.). *Ikkyu and the Crazy Cloud Anthology.*
 Tokyo: University of Tokyo Press, 1986.

Bankei Eitaku. *Die Zen-Lehre vom Ungeborenen [The Unborn].*
 Hrsg. Norman Waddell. Bern: Scherz, 1988. (s. Waddell)
Beasley, William Gerald. *Japan: Geschichte des modernen Japan [The modern history of Japan].* Köln: Grote, 1964.
Bellah, Robert. *Togugawa Religion.* New York: The Free Press, 1985.
Blyth, R. H. *Zen and Zen Classics. Bd. 5.*, Tokyo: Hokuseido Press, 1962.
Braverman, Arthur (Übers.). *Bassui Zenji: Talks with Students.* Unveröffentlichtes Manuskript, 1989. [Erschienen u. d. Titel Mud and Water: A Collection of Talks by Zen Master Bassui. San Francisco: North Point Press, 1989.]

Ch'en, Kenneth. *Buddhism in China.* Princeton, New Jersey
 Princeton University Press, 1964.
Chung-yuan, Chang (Übers.). *Original Teachings of Ch'an Buddhism.*
 New York: Grove Press, 1982.
Cleary, Thomas (Übers.). *Der Mond scheint auf alle Türen [Zen essence].*
 Bern: Barth, 1992.
Cleary, Thomas / J. C. Cleary (Übers.). *The Blue Cliff Record. 3 Bde.,*
 Boston: Shambhala 1977.
Covell, Jon / Sobin Yamada. *Zen's Core: Ikkuy's Freedom.*
 New Jersey: Hollym International Corp., 1980.

Dumoulin, Heinrich. *Geschichte des Zen-Buddhismus.* Bern: Francke
 1) Indien und China. 1985 · 2) Japan. 1986
Dumoulin, Heinrich. *Zen Enlightenment.* New York: Weatherhill, 1983.

Epstein, Perle. *Oriental Mystics and Magicians.* New York: Doubleday, 1975.

Fields, Rick. *How the Swans Came to the Lake.* Boulder, Colo.: Shambhala, 1981.
Fitzgerald, C. P. A *Concise History of East Asia.* New York: Praeger, 1966.
Fitzgerald, C. P. A *Short Cultural History of China.* (Hrsg. C. G. Seligman).
   New York: Appleton-Century, 1938.

Genro. *Die hundert Zen-koans der »Eisernen Flöte« [Senzaki, Nyogen: The Iron Flute].* Zürich: Origo, 1973.

Hakuin Zenji. *The Embossed Tea Kettle. Orategama and other works.*
   London: Allen & Unwin, 1963.
Haskel, Peter (Übers.). *Bankei Zen: Translations from the Record of Bankei.*
   New York: Grove Press, 1984.
Hoffman, Yoel (Übers.). *Japanese Death Poems.* Tokyo: Charles E. Tuttle, 1986.
Hoover, Thomas. *Die Kultur des Zen [Zen culture].* München: Diederichs, 1983.
Hoover, Thomas. *The Zen Experience. New York:* New American Library, 1980.
Hyers, Conrad. *Zen and the Comic Spirit.* London: Rider, 1974.

Johnson, Wallace. *The T'ang Code.*
   Princeton, N. J.: Princeton University Press, 1979.

Kapleau, Philip. *Die drei Pfeiler des Zen [The three Pillars of Zen].*
   Bern: Barth, 1972.
Kasulis, T. P. *Zen Action / Zen Person.* Honolulu: University of Hawaii Press, 1981.
Kitagawa, Joseph. *Religion in Japanese History.*
   New York: Columbia University Press, 1966.

Leggett, Trevor (Übers.). *A Second Zen Reader.* Tokyo: Charles E. Tuttle, 1988.
Lloyd, Arthur. *The Creed of Half Japan.* London: Smith, Elder, 1911.

McMullen, David. *State and Scholars in T'ang China.*
   New York: Cambridge University Press, 1988.
Meyer, Milton. *China: An Introduction.* New Jersey: Littlefield Adams, 1978.
Miura, Isshu / Ruth Fuller Sasaki. *Zen Dust.*
   New York: Harcourt, Brace and World, 1966.

Mukoh, Takao (Übers.). *The Hagakure.* Tokyo: Hokuseido Press, 1980.
Murano, Koken. *Buddha and His Disciples.* Tokyo: Sanyusha, 1932.

Nakagawa Soen. *Endless Vow. The Zen Path of Soen Nakagawa.*
   Boston: Shambhala, 1996.
Nakagawa Soen. *The Soen Roku: The Sayings and Doings of Master Soen.*
   (Hrsg. Eido Shimando). New York: Zen Studies Society Press 1986.
Nakagawa Soen / Nyogen Senzaki / Eido Shimano. *Namu Dai Bosa:*
   A Transmission of Zen Buddhism to America. (Hrsg. Louis Nordstrom)
   Bhaisajaguru Series. New York: Theatre Art Books, 1976.
Nakamura, Kichisaburo. *The Formation of Modern Japan.*
   Honolulu: East / West Center Press, 1962.
Nukariya, Kaiten. *The Religion of the Samurai.* London: Luzac, 1913.

Perry, John Curtis / Bardwell L. Smith. *Essays on T'ang Society.*
   Leiden: E. J. Brill, 1976.

Reischauer, Edwin (Hrsg. u. Übers.). *Ennin's Diary: The Record of a Pilgrimage*
   to T'ang in Search of the Law. New York: Roland Press, 1955.

Sanford, James. *Zen Man Ikkyu.* Chico, Calif.: Scholars Press, 1981.
Sansom, George B. *Japan: von der Frühgeschichte bis zum Ende des Feudalsystems*
   [Japan, a short cultural history]. München: Kindler, 1967.
Sasaki, Ruth Fuller (Übers.). *A Man of Zen: The Recorded Sayings of Layman*
   P'ang. Tokyo: Weatherhill, 1976.
Sasaki, Ruth Fuller (Übers.). *The Record of Lin-Chi.*
   Kyoto: Institute for Zen Studies, 1975.
Schloegl, Irmgard (Übers.). *The Zen Teachings of Rinzai.*
   Berkeley: Shambhala, 1976.
Senzaki, Nyogen. *Like a Dream, Like a Fantasy: Zen Writings of Nyogen Senzaki.*
   (Hrsg. Eido Shimano). New York: Japan Publications, 1978.
Senzaki, Nyogen. *On Zen Meditation: What a Buddhist Monk in America Said.*
   Kyoto: Bukkasha, 1936.
Senzaki, Nyogen / McCandless, Ruth Strout. *Keine Spuren im Wasser. [Buddhism*
   and Zen]. Zürich: Theseus, 1992.

Shibayama, Zenkei. *Eine Blume lehrt ohne Worte [A Flower doesn't talk].*
München: Barth, 1989.
Suzuki, D. T. *Essays in Zen Buddhism I – III.*
New York: Grove Press 1984, deutsch: Suzuki, Daisetz. *Karuna: Zen und der Weg der tätigen Liebe.* München: Barth, 1989.
Suzuki, Daisetz. *Koan: Der Sprung ins Grenzenlose.* München: Barth, 1988.
Suzuki, Daisetz. *Mushin: Die Zen-Lehre vom Nicht-Bewußtsein.*
München: Barth, 1987.
Suzuki, Daisetz. *Prajna: Zen und die höchste Weisheit.* München: Barth, 1990.
Suzuki, Daisetz. *Satori: Der Zen-Weg zur Befreiung.* München: Barth, 1987.
Suzuki, Daisetz. *Shunyata: Die Fülle in der Leere.* München: Barth, 1991.
Suzuki, Daisetz. *Zazen: Die Übung des Zen.* München: Barth, 1988.

Tanahashi, Kazuaki: *Der Zen-Meister Hakuin Ekaku [Penetrating laughter].*
Köln: DuMont, 1989.

Varley, H. Paul. *Japanese Culture.* Honolulu: University of Hawaii Press, 1984.
Victoria, Brian A. *Zen, Nationalismus und Krieg. Eine unheimliche Allianz.*
Berlin: Theseus, 1999.

Waddell, Norman (Übers.). *The Unborn: The Life and Teaching of Zen Master Bankei.* San Francisco: North Point Press, 1984.
Wetering, Janwillem van de. *Der leere Spiegel. Erfahrungen in einem japanischen Zen-Kloster.* Reinbek: Rowohlt 1977.
Wright, Arthur. *Buddhism in Chinese History.*
Standford: Stanford University Press, 1959.
Wright, Arthur / Denis Twitchett. *Perspectives on the T'ang.*
New Haven: Yale University Press, 1973.

Yamada Koun. *Mumonkan. Zen-Meister Mumons Koan-Sammlung »Die torlose Schranke« [Gateless gate].* München: Kösel, 1989.
Yampolsky, Philip. *The Zen Master Hakuin.*
New York: Columbia University Press, 1971.
Yamagida, S. *»The Life of Lin-Chi I Hsuan.«*
In: Eastern Buddhist 5–2 (1972): 70–94.

Die Autoren

Manfred Steger, ehemaliger Leistungssportler, Lastwagenfahrer, Banker und Zen-Mönch, hat sein Zen-Training im Bodhidharma Zendo in Wien bei Genro Koudela Roshi begonnen, einem Schüler von Joshu Sasaki Roshi. 1986 wurde er Schüler von Robert Aitken Roshi in der Diamond Sangha in Hawaii und lebte als reisender Zen-Lehrer in Hawaii, Australien und Europa. Als Lehrbeauftragter für Buddhismus an der Universität von Hawaii hat er eine Reihe von Artikeln über Laien-Zen-Praxis veröffentlicht. 1991 gründete er mit seiner Frau Perle Besserman die Princeton Area Zen Group, deren Lehrer die beiden jetzt seit vielen Jahren sind. 1995 hat er sein Studium mit der Promotion in Politischer Wissenschaft an der Rutgers University abgeschlossen. Als Professor für Politische Wissenschaften an der Illinois State University ist er besonders interessiert am Zusammenhang von Spiritualität, Politik und Sozialethik. 1999 erschien sein Buch über Gandhis gewaltlosen Nationalismus.

Perle Besserman hat an der Columbia University in vergleichender Literaturwissenschaft promoviert und ist Professorin für Anglistik an der Illinois State University. Bevor sie in Hawaii Manfred Steger begegnete, praktizierte sie Zen in Israel, Europa, Japan und den USA bei verschiedenen Schülern von Nakagawa Soen Roshi. Sie hat mehrere Bücher über spirituelle Themen und auch belletristische Titel veröffentlicht. Sie interessiert sich zunehmend für weibliche Spiritualität und leitet verschiedene Workshops und Meditations-Retreats, die weibliche Weisheit in die Zen-Praxis zu integrieren suchen. Zu ihren Büchern zählen auch *Zen oder die Kunst, das Leben zu meistern*, (Herder) und *Teachings of the Jewish Mystics* (Shambhala/Random House).